CB045358

Bellvm Civile
A Guerra Civil

CAIO JÚLIO CÉSAR

BELLVM CIVILE
A GUERRA CIVIL

Tradução, introdução e notas de
ANTONIO DA SILVEIRA MENDONÇA

2ª edição

Estação Liberdade

FAPESP

© Antonio da Silveira Mendonça, 1999
© Editora Estação Liberdade, 2019, para esta tradução

REVISÃO (LATIM) Antonio da Silveira Mendonça
REVISÃO (PORTUGUÊS) Fábio Fujita
COMPOSIÇÃO Antonio Kehl e Anita Cortizas
MAPAS Angel Bojadsen e Antonio Kehl
SUPERVISÃO EDITORIAL Letícia Howes
EDIÇÃO DE ARTE Miguel Simon
EDITOR RESPONSÁVEL Angel Bojadsen

CIP-BRASIL. CATALOGAÇÃO NA PUBLICAÇÃO
SINDICATO NACIONAL DOS EDITORES DE LIVROS, RJ

C414b

César, Caio Júlio
   Bellvm civile = A guerra civil / Caio Júlio César ; tradução, introdução e notas de Antonio da Silveira Mendonça. - 2. ed. - São Paulo : Estação Liberdade : FAPESP, 2019.

   Tradução de: Bellvm civile
   "Edição bilíngue latim-português"
   ISBN 978-85-85865-94-8

   1. Roma - História - Guerra civil, 49- 45 a.C. I. Mendonça, Antonio da Silveira. II. Fundação de Amparo à Pesquisa do Estado de São Paulo. III. Título.

19-58606   CDD: 937.05
                      CDU: 94(37)

Leandra Felix da Cruz - Bibliotecária - CRB-7/6135
18/07/2019 23/07/2019

Todos os direitos reservados à Editora Estação Liberdade. Nenhuma parte da obra pode ser reproduzida, adaptada, multiplicada ou divulgada de nenhuma forma (em particular por meios de reprografia ou processos digitais) sem autorização expressa da editora, e em virtude da legislação em vigor.

Esta publicação segue as normas do Acordo Ortográfico da Língua Portuguesa, Decreto nº 6.583, de 29 de setembro de 2008.

EDITORA ESTAÇÃO LIBERDADE LTDA.
Rua Dona Elisa, 116 | Barra Funda
01155-030 São Paulo – SP | Tel.: (11) 3660 3180
www.estacaoliberdade.com.br

Antonio da Silveira Mendonça é professor adjunto da Universidade de São Paulo, onde leciona no curso de pós-graduação (Língua e Literatura Latina). Foi professor do Instituto dos Estudos da Linguagem da Unicamp. Traduziu várias obras, entre as quais o *De Pictura*, de L. Battista Alberti (Ed. Unicamp), *A conjuração de Catilina e a Guerra de Jugurta*, de Salústio (Ed. Vozes), e *Remédios do amor*, de Ovídio (Ed. Nova Alexandria).

Sumário

A Obra

17 Introdução
37 Liber Primvs
   Livro Primeiro
137 Liber Secvndvs
   Livro Segundo
189 Liber Tertivs
   Livro Terceiro

Mapas

34-35 Império Romano na morte de César (44 a.C.)
56-57 Itália sob a República
116-117 Hispânia da década de 50 a.C.
204 A batalha de Farsália em 59 a.C., na Tessália
205 Ilírico, Macedônia e Grécia na época da República
304 Delta do Nilo, com Alexandria e Pelúsio
305 Alexandria na época de Júlio César

Ilustrações

46 O fórum
47 A cúria
70 Pompeu
71 César
80 Catão de Útica
81 Cícero

*O curso da História é caprichoso
e arisco, dependendo de quem a observa,
do pensar de quem a examina e dos vezos
de quem narra, fruto das humanas
limitações de que ninguém escapa.*

João Ubaldo Ribeiro
(em *O feitiço da Ilha do Pavão*)

Prefácio

A obra que aqui se apresenta não se dirige apenas aos estudiosos da literatura e da história de Roma; ao vertê-la para o português, o tradutor esteve sempre convencido de que tem ela todos os motivos para seduzir o leitor interessado nos grandes temas e nos personagens que tiveram singular destaque na história da humanidade. Ela é, ainda, apesar dos seus dois mil anos de existência, um depoimento instigante de um dos gênios do mundo antigo sobre um período crucial das instituições republicanas romanas, do qual ele foi a figura mais expressiva e seguramente o observador mais arguto. É fonte primária indispensável para o estudo e o conhecimento da crise política que, alguns anos antes da era cristã, veio desaguar no Império. Como todo depoimento do gênero memorialista, inevitavelmente, ainda que não sofresse suspeitas de distorções históricas, decorrentes de posições políticas bem marcadas e de seus objetivos, reflete uma visão fragmentária da realidade.

É fato inegável que o *Bellum Ciuile* de César é um relato de conteúdo histórico com nítido objetivo de propaganda e justificativa política, redigida com extraordinária maestria por quem finge estar preocupado em retratar imparcialmente a realidade nua dos acontecimentos de que é o protagonista. Daí vem a opinião unânime entre os historiadores de que é obra de manipulação, embora haja clara discordância entre os especialistas sobre se o autor possa se enquadrar entre os deformadores da história. A nosso ver, como precursor dos modernos marqueteiros políticos, César sabe, em causa própria, com extraordinária eficiência, selecionar os dados que lhe interessam e pôr em destaque as qualidades próprias, contrapondo-as aos defeitos dos adversários. Nas notas de rodapé preocupei-me particularmente (talvez em demasia?) em advertir o leitor sobre o aspecto promocional da obra.

A clarividência dos meus editores jamais pôs óbices a que, mesmo com aumento de custos, ao lado da tradução portuguesa, aparecesse o original latino na grafia da chamada pronúncia restaurada, hoje consagrada e adotada nos melhores centros universitários. O texto latino, que será de utilidade nos institutos de ensino superior para os que querem beber na fonte as suas riquezas linguísticas e históricas, foi aqui reproduzido após meticuloso exame de boas e categorizadas edições estrangeiras.

A tradução – assunto tão polêmico e ácido entre os poucos que a valorizam entre nós e ao mesmo tempo tão pouco reconhecido por boa parte de críticos e editores – procurou evitar no português a reprodução servil das estruturas linguísticas do latim clássico, o que a tornaria de leitura árdua, senão obscura, e esteve sempre empenhada em ser o mais possível fiel e atual. A crítica, se achar o trabalho digno de apreço, apresentará sugestões e fará observações pertinentes, sempre bem-vindas, oportunas e mesmo fundamentais para que surjam, entre nós, pessoas e equipes que cheguem a um denominador comum, ao estabelecimento de uma *koiné* no campo da tradução de obras antigas e modernas, o que no domínio das literaturas clássicas já é tradição em países europeus.

Louve-se o esforço dos editores que fizeram de tudo para que as notas de rodapé aparecessem imediatamente junto à página do texto a que se referem, bem como ao original latim, processo que, a nosso ver, é bem menos desconfortável e mais eficaz do que quando são colocadas no final dos livros e quase nunca lidas.

Agradeço vivamente aos que me ajudaram e demonstraram interesse pelo meu trabalho. À Fapesp que financiou parte dos recursos para a publicação. Ao colega e amigo Paulo Sérgio de Vasconcellos, professor do Instituto de Estudos da Linguagem da Unicamp, que leu e analisou com enorme competência e espírito crítico os originais. O mesmo fez a professora Simone Ligabo Gonçalves, de olho sempre atento e minucioso. Zulmira, minha mulher, releu o texto e o discutiu sempre com pertinência e acuidade. Os filhos, Luís Fernando, Marcos e Flávia, sempre demonstraram interesse e me deram apoio, particularmente o Marcos, em minhas lides muitas vezes conflituosas com o computador. Uma pessoa a que muito devo e que nos deixou há alguns anos continua sempre viva a meu lado. Dotada de singular perspicácia e dedicação, fez de sua carreira universitária um ato de doação a alunos e colegas e de renúncia pessoal. A Isaac Nicolau Salum o preito de gratidão e saudades.

A. S. M.
São Paulo, abril de 1999

Introdução

Penso que umas poucas considerações sobre a situação política da Roma do século I a.c. podem fornecer alguns dados para uma melhor avaliação desta obra de César.

Acostumados à frequência com que em nossa história os militares, alegando às vezes os mais nobres propósitos democráticos, têm interferido e perturbado o andamento normal de nossas instituições, o relato da rebelião armada de César contra o Senado, de que dá conta este livro, pode parecer-nos nada mais nada menos que uma simples quartelada, igual a muitas das que temos tido. É bem verdade que haverá momento em que a leitura dos fatos, sem o necessário conhecimento do contexto histórico, poderá corroborar essa presunção, quando virmos César se queixar dos atentados à sua dignidade, e a tropa, ululante, declarando-se disposta a defender seu comandante, vítima das injustiças da classe dominante dos políticos, arremeter contra a constituição do Estado.

Os historiadores, descartando a ideia de um mero golpe militar, preferem ver na rebelião de César o desfecho de um complexo processo revolucionário em ebulição desde a metade do século II a.C., com o qual se caldeiam e se misturam também rivalidades e competições caudilhescas pela liderança política na Cidade.

A passagem da Cidade-Estado ao Estado-Império se processara sem que as instituições tivessem se acomodado às novas realidades imperiais. Confrontada com as exigências das conquistas e a manutenção da ordem nas províncias, a administração senatorial e republicana, sem quadros ou disposição para enfrentar os problemas novos, se omitia, concedendo missões e comandos especiais de longa duração e de grandes recursos militares a generais-políticos que, com o passar do tempo, passaram a exercer um poder paralelo no Estado. Ao se falar de militarismo na tarda República romana, é bom sempre se prevenir contra o anacronismo histórico; lá os políticos é que se fazem generais, enquanto muitas vezes, entre nós, os militares de generais se fizeram políticos com seus *pronunciamientos*.

Desde a Antiguidade, historiadores, como Salústio, balizaram a metade do século II a.C. como um momento crucial e decisivo da história romana, coincidente com a destruição de Cartago (146 a.C.), embora nem sempre seja, entre eles, de consenso o diagnóstico dos motivos da crise.

A progressiva conquista de vastos territórios, com a resultante hegemonia romana sobre o Mediterrâneo, teve como consequência, no campo cultural, um amplo contato de Roma com a civilização helênica, provedora de sistemas filosóficos, de modelos literários, de novas ideias sobre regimes políticos. No âmbito da economia, Roma viu afluir à Itália um acervo enorme de bens, constituídos de despojos e expropriações dos países dominados, de um grande contingente de mão de obra barata formada de presas de guerra escravizadas, sem falar dos tributos impostos aos vencidos.

Do bolo da conquista, uma parte foi para a já favorecida classe senatorial, detentora de terras e nada inclinada a aceitar reformas que viessem a pôr limites em suas conquistas e seu acrescido poder; dessa prosperidade também se beneficiou um grupo social emergente, cogumelo do sistema imperialista, formado de banqueiros, negociantes e sociedades privadas de arrecadação de impostos nas províncias.

Uma grande massa de pequenos proprietários rurais, que forneceu o grosso dos efetivos das legiões e deu o sangue nas longas campanhas militares, teve como recompensa a perda de suas propriedades, porque foi desalojada ou expulsa delas ou porque se viu obrigada a vendê-las, arruinada com a longa ausência e incapaz que estava de competir com a agricultura extensiva dos latifúndios, beneficiados com a mão de obra barata dos escravos.

O fato indiscutível é que no decorrer do século II a.C. se assiste ao fenômeno do despovoamento do campo e à consequente imigração para as cidades de um grande número de cidadãos que foram engrossar a miserável clientela da plebe urbana. Essa população desempregada, descrita como instável, turbulenta e pronta a servir de massa de manobra de políticos desejosos de ascensão na carreira das honras, era mantida sob suspeição pela classe dirigente.

Com essa classe de excluídos estiveram ligados, pelo menos em certos períodos de suas carreiras, homens públicos de perfil político diferenciado, mas agrupados e identificados politicamente pelo nome de *populares*. Entre esses políticos se destacam os Gracos (os iniciadores), Mário, Cina, Pompeu, Crasso, Catilina, César, Clódio. Eles mantiveram com a plebe uma aliança de mútua colaboração e assistência. Assumiam a defesa dos interesses dela e dela recebiam o apoio político.

Como é sabido, Tibério Graco e, mais tarde, seu irmão Caio, ambos na qualidade de tribunos da plebe, patrocinaram a causa dos sem-terra da época, em franco confronto com a política da aristocracia que tinha interesse em manter a ocupação das terras públicas. Com o assassínio dos Gracos e o malogro da reforma agrária por eles proposta para aliviar a situação da plebe, ocorreu uma fissura e uma divisão na política interna romana, e as sérias divergências entre os grupos fizeram aparecer dois posicionamentos políticos, a que muitos historiadores dão o nome de partidos: o dos defensores dos interesses da plebe (*populares*), e o que representava a política conservadora do Senado (*optimates*).

Entre os pontos programáticos dos *populares* estava a defesa intransigente do direito da *intercessão*, atributo dos tribunos da plebe; essa prerrogativa conferia-lhes o direito de veto sobre qualquer medida que julgassem prejudicial aos interesses da plebe e/ou de toda a comunidade. Como não é difícil perceber, a intercessão era muitas vezes posta em prática para inviabilizar e neutralizar iniciativa política ou decretos provenientes do Senado. Foi o que tentaram fazer os tribunos que seguiam a orientação política de César, quando o Senado lhe cassou o comando da Gália. O Senado, para contrabalançar esse direito, de certa forma discricionário, dos tribunos, de efeito devastador para sua atividade política, lançou mão de medida de exceção, instituindo, durante a crise dos Gracos, o estado de emergência, simbolizado no famoso *senatusconsultum ultimum*; esse decreto suspendia todas as garantias constitucionais e conferia aos cônsules até mesmo o direito de condenação à morte. Sabemos que em época posterior o Senado fez uso desse decreto durante a conspiração de Catilina e quando cassou o comando de César, que, em ambas as ocasiões, se opôs à sua aplicação e contestou sua legalidade.

Salústio, justificando a escolha do tema de sua monografia sobre a guerra contra Jugurta (109-104 a.C.), diz ter sido então que, pela primeira vez, resolveu enfrentar a arrogância da nobreza (*B. Iug.* 5,1). Realmente, por ocasião dessa guerra na África, o confronto entre *populares* e *optimates*, inaugurado com o malogro das propostas dos Gracos, se reacende no final do século segundo, prolonga-se pela primeira metade do século seguinte e vai atingir seu ponto culminante com a rebelião de César (49 a.C.).

As operações na Numídia, após uma primeira etapa cheia de comprometimentos e corrupção por parte do Senado, caminhavam a contento sob o comando do nobre Metelo Numídico, quando um lugar-tenente (*legatus*) seu, Mário, sem nenhum antepassado consular (*homo nouus*), se atreve a candidatar-se à primeira magistratura, em franca discordância com a política dominante da aristocracia senatorial. O povo, cansado da guerra e de mãos dadas com a classe equestre prejudicada em seus interesses e negócios no exterior, elege Mário. Já cônsul e com o apoio da assembleia popular, ele promove a destituição de Metelo, assume o comando da guerra, não sem antes introduzir uma reforma no exército, que, com o andar do tempo, seria de profundas consequências políticas e sociais. Até então, o serviço militar era prestado por cidadão em condições de financiá-lo. A partir de Mário, passam a ser recrutados os *proletarii*, isto é, os que nada tinham a fornecer senão a prole; dessa forma, paulatinamente, as legiões se profissionalizam, animadas e confortadas pela esperança de prêmios e recompensas outorgados pelos seus comandantes; não serão mais o povo e a cidadania em armas, mas, muitas vezes, a tropa a serviço de seus comandantes com ambições políticas.

O bravo Jugurta, enfim vencido não pelas armas, mas por armadilhas e ciladas, é entregue a Mário por um legado seu, Sila, um patrício obscuro da *gens Cornelia*, que então a vitória irmanava. O prisioneiro ilustre, após o desfile da vitória (*triumphus*) de Mário, é estrangulado na prisão.

A vitória de Mário não o dispensou de voos mais altos, ou, como diz Salústio, "as esperanças e os recursos da nação estavam depositados nele" (*B. Iug.* 114,4). Venceu os cimbros e os teutões que ameaçavam o norte da Itália. Foi reeleito por seis vezes ao consulado, em nítida contradição com os ideais dos fundadores da República, partidários de eleições anuais para proporcionar rotatividade e alternância no poder e evitar que os políticos se perpetuassem nele e voltassem a monopolizá-lo com sonhos monárquicos.

O exemplo de Mário frutificou em Cina, outro líder dos populares, pai de Cornélia, primeira mulher de César. Durante um dos seus consulados e com apoio de Mário, é cassado o comando de Sila, cônsul em 88, que se preparava para guerrear Mitridates na Ásia. Inconformado com essa decisão, Sila, para escândalo de seus próprios oficiais, marcha com suas legiões para Roma, inaugura as ditaduras militares na Cidade e passa a estabelecer estreitas relações com a aristocracia senatorial. Com sua partida para o Oriente, recompõem-se os líderes populares em Roma e submetem os adversários a um banho de sangue.

Em 83 a.C., Sila retorna vitorioso com seus perseguidos partidários aristocráticos e dá início a um dos períodos mais negros da história romana, com arbitrariedades de toda ordem, expropriações, banimentos, execuções, leilões dos bens dos adversários para enriquecer os amigos. Com as punições, o tirano promove a reforma da constituição sempre no sentido de assegurar à aristocracia decadente tranquilidade política, com amplos poderes no Senado e nos tribunais, tornando o tribunado da plebe um poder jugulado e uma instituição quase inútil. Como em todas as ditaduras, houve também nessa os eternos oportunistas que tiram partido de todas as situações, à direita ou à esquerda. Entre eles estavam figuras bem conhecidas: o jovem Pompeu a recrutar tropas em apoio ao ditador, dele herdando a famosa alcunha de *Magnus*; Crasso se enriquece com os bens dos espoliados; Catilina faz desfilar pela Cidade seu sadismo macabro. Tempos depois, alguns deles posaram até de defensores da plebe, fortalecendo a crença geral de que os políticos carregam a triste sina de serem caniços ao sabor dos ventos e dos votos.

César, ao contrário, embora sempre preocupado com sua própria *dignitas*, parece ter mantido, em meio aos embates da política, fidelidade constante à causa dos *populares*. Orgulhoso de sua tia Júlia, mulher de Mário, dela fez solene elogio; pressionado por Sila, que nele via emboscados muitos Mários, não repudiou Cornélia, filha de Cina, líder popular. Após a ditadura, bateu-se pela restituição dos antigos direitos dos tribunos da plebe. Restabeleceu os troféus comemorativos da vitória de Mário, derrubados por Sila. Durante a conjuração de Catilina e em plena vigência do *senatusconsultum ultimum*, fez discurso memorável contra a aplicação da pena de morte aos cúmplices do conspirador, aprisionados em Roma, tendo sido contraditado por Catão, líder da aristocracia senatorial. No seu consulado de 59 a.C., apresentou projetos que beneficiavam a plebe e os veteranos de Pompeu, tendo sofrido oposição veemente por parte de Bíbulo, colega no consulado, e de Catão, sogro dele e líder inconteste do Senado; a ambos moveu campanha violenta de represália: o primeiro viveu trancafiado na própria casa durante quase todo o ano de sua magistratura e o outro não escapou de um dia de prisão. Apoiou a concessão de poderes extraordinários a Pompeu para combater a pirataria no Mediterrâneo e dar prosseguimento à guerra contra Mitridates, tendo com isso provocado a substituição forçada de Luculo, membro eminente do Senado.

Do exposto, parece evidente que César tinha um passado de oposição ao Senado, o que pode ser confirmado pela leitura do *Bellum Ciuile*. No discurso em que conclama os soldados à luta, lembra que ao longo da vida tinha sido vítima das injustiças dos inimigos contra os quais se rebelava: "*Omnium temporum iniurias inimicorum in se commemorat*" (*B.C.* 1,7,1). Quando Domício Aenobarbo, cunhado de Catão e um dos mais obstinados adversários do procônsul, se rende em Corfínio, César esclarece que seus inimigos são a oligarquia de cuja opressão quer ele libertar o povo romano. O texto é emblemático, bastante explícito e vale a pena citá-lo: "(...) não saíra de sua província para fazer mal algum, mas para se defender dos agravos dos inimigos, para restabelecer em seus poderes os tribunos da plebe que tinham sido naquela ocasião expulsos da Cidade, e para devolver a liberdade a si e ao povo romano, oprimido por uma oligarquia" (*B.C.* 1,22,5).

É preciso, contudo, não perder de vista que a leitura do livro de César nos dá conta de que libertar o povo romano da opressão da oligarquia e fazer cumprir as prerrogativas dos tribunos da plebe não eram as únicas razões da rebelião de César. Na sua fala à tropa, ele a exorta a defender a honra (*dignitas*) e o prestígio (*existimatio*) de seu comandante sob cuja direção vitoriosa obtivera inúmeros êxitos militares e pacificara a Gália e a Germânia (*B.C.* 1,7,7).

À primeira vista, o apelo aos soldados se ressente de nítido corporativismo, em que o prestígio pessoal do general está à frente de uma instituição (no caso, o Senado) e do próprio Estado. Estaríamos, pois, na presença, não de uma revolução, mas de um autêntico golpe militar, no estilo do praticado por Sila quando os *populares* lhe cassaram o comando contra Mitridates. Essa interpretação discutível mascara alguns componentes históricos muito importantes, reveladores do comportamento político da classe dirigente romana.

O que parece que César quer dar a entender é que se enquadrou totalmente no jogo da política romana e na última hora as regras foram mudadas para prejuízo seu. Sua alegação é de ter sido lesado em sua *dignitas*. Essa palavra sem equivalente perfeito em nossa língua e amiúde traduzida atenuadamente por *honra, prestígio, dignidade, reputação, posição*, tem implicações sociais e políticas que se enraízam na vida pública romana. Toda carreira política de êxito tinha direito ao reconhecimento, à *dignitas*; tudo que a feria, cai no âmbito da injustiça, da *iniuria*.

Todo cidadão romano pertencente à classe política ou que a ela aspirava tinha de construir sua própria carreira; o normal era que os *nobiles*, isto é, os descendentes de antigos magistrados, se elegessem e a seu tempo também elegessem seus filhos para os vários cargos que compunham as magistraturas. Após os cargos, o normal era também serem escolhidos para fazer parte da numerosa assembleia do Senado. Os leitores de Salústio conhecem bem a crítica contundente e irônica que Mário, um *homo nouus*, que inaugurou sua própria nobreza, faz da rotina com que os nobres distribuíam os cargos públicos de pais para filhos. Em virtude, porém, de haver gargalos na ascensão às magistraturas, isto é, porque, à medida que se avançava na carreira, os postos mais elevados (p.e. cônsules) comportavam menos titulares, o processo eleitoral se tornava de férvida competição, e ao mesmo tempo se encarregava de promover uma seleção e hierarquização entre os políticos.

Os historiadores modernos nos lembram que, para um romano aristocrata, era uma obrigação e ponto de honra esforçar-se por manter e intensificar a própria *dignitas*, defendendo-a contra os ataques dos que viessem a contestá-la. Essas são as marcas do itinerário político de César; sobretudo a partir da edilidade, passando pela eleição de pontífice máximo, até chegar ao primeiro consulado do ano 59 a.C., nota-se um enorme empenho em buscar situação de liderança e de poder, o que vem confirmar o anedotário registrado pelos historiadores antigos. Com efeito, dele se conta que teria dito que preferia ser o primeiro numa humilde população alpina a ser o segundo em Roma; que Sila, ao renunciar espontaneamente ao poder, tinha agido como um aprendiz em política; que teria chorado diante da estátua de Alexandre porque com a idade em que o macedônico já era senhor do mundo, ele, César, nada tinha feito de importante; que em sonho teria estado com a própria mãe numa relação incestuosa, tendo a mãe sido interpretada como a mãe-terra da qual ele um dia seria o senhor.

    Seja ou não aceita a hipótese de que César alimentava a ideia de instituir em Roma um regime monárquico, uma coisa é inegável: sempre quis estar à frente dos seus competidores. Eis o que diz de si mesmo: "Seu desejo era ser superior aos outros em justiça e equidade, da mesma forma como tinha se empenhado em superá-los na ação." (*Se uero, ut operibus anteire studuerit, sic iustitia et aequitate uelle superare.*) (*B.C.* 1,32,9)

    No seu primeiro consulado (59 a.C.), César, apoiado pelos dois outros membros do "triunvirado", dominou a cena política, fez aprovar várias medidas dos populares, se bem que, para vencer a oposição senatorial, tivesse cometido arbitrariedades, como o confinamento de seu colega no consulado e a prisão, por um dia, de Catão. Era um líder, mas ainda tinha a lhe fazer sombra a figura de Pompeu. Eram aliados contra o Senado, mas entre si competiam: um queria subir, o outro não queria descer. Pompeu, pelas muitas campanhas vitoriosas contra os piratas, os revoltosos da Hispânia, os escravos rebelados, a memorável expedição militar e administrativa na Ásia, não precisava demonstrar competência. César, se quisesse ser o primeiro, teria de dar provas.

    Ao término do seu consulado e bem a contragosto do Senado que inicialmente lhe queria atribuir o comando de uma província inexpressiva onde iria mofar na inércia, coube-lhe a Gália Cisalpina e o Ilírico, e, a seguir, por astúcia ou rendição, o Senado lhe outorgou a Gália Transalpina. Ao político que, como edil, pontífice máximo, pretor e cônsul, fizera efervescer a Cidade, estava aberta a grande temporada das armas, bem a seu desejo, com um grande comando, exército e uma guerra diferente de todas as guerras, onde pudesse resplandecer sua bravura, como registra Salústio, "(...) *sibi magnum imperium, exercitum, bellum nouum exoptabat ubi uirtus enitescere posset*". (*B. Iug.* 54,5)

    Por mais de oito anos, esse patrício de cultura refinada, estudioso da linguagem, orador elogiado por Cícero, amante sedutor, tendo a seu dispor todos os encantos e os requintes da Cidade, dá adeus a ela, embrenha-se por entre tribos bárbaras, submete-se a toda sorte de privação, expõe-se a riscos e perigos. É o aristocrata na faina de intensificar e incrementar sua *dignitas*. Os resultados foram surpreendentes e consagradores. A Gália foi submetida, tributos exigidos, populações inteiras escravizadas; os estandartes das legiões romanas tremularam pela primeira vez na Britânia e na Germânia. Não faltaram crueldades, arbitrariedades, perfídias e sacrilégios que ficaram por conta da grandeza do império e dos altos feitos do seu general. Apenas os belos feitos, transformados em relatórios pela arte sutil e hábil do general escritor e divulgados pelos seus positivos e informantes fiéis, foram, com o correr do tempo, chegando ao Fórum, sôfrego de novidades, e bateram às portas da Cúria. O Senado, malgrado suas reservas feitas ao comandante e, em particular, a acrimônia e as ameaças de Catão, decretou, por várias vezes, súplicas públicas (*supplicationes*), em homenagem a César, por série de dias que jamais tinha sido concedida a qualquer outro general.

Em Roma, porém, nem tudo caminhou às mil maravilhas. A morte de Júlia, filha de César e esposa amada de Pompeu, a malograda expedição de Crasso contra os partos e seu massacre em Carras, e principalmente o ciúme do antigo genro que não suportava que alguém viesse a empanar-lhe a glória, acabaram por romper os laços da antiga aliança. Para César, o rompimento de Pompeu se deu porque não aceitava que alguém viesse a se igualar a ele em *dignitas* ("*quod neminem dignitate secum exequari uolebat*"). (*B.C.* 1,4,4).

Para eliminar o concorrente, Pompeu se alia com as lideranças do Senado. O pretexto e o estopim da crise estiveram ligados à candidatura de César ao consulado de 49 a.C. O procônsul da Gália, amparado em lei votada em assembleia popular, exigia que se cumprisse o dispositivo que lhe assegurava o direito de pleitear a suprema magistratura ausente de Roma, e, evidentemente, sem perda do comando militar, se Pompeu mantivesse também o seu. Essa exigência era condição e garantia de sua sobrevivência política. Pois, caso se apresentasse candidato como simples cidadão, iriam cumprir-se as ameaças antigas e recentes de seus inimigos, entre eles Catão, de levá-lo aos tribunais. Os atos no mínimo arbitrários de seu primeiro consulado (59 a.C.), as irregularidades cometidas durante o proconsulado na Gália, os competentes advogados a serviço da aristocracia dominante, a pressão ao tribunal das tropas de Pompeu aquarteladas nas cercanias de Roma, os juízes recrutados na classe dirigente lhe garantiriam tranquilamente um longo e definitivo exílio.

O Senado não só lhe cassou privilégio popular como o destituiu do comando e implantou o estado de emergência por meio do já conhecido *senatusconsultum ultimum*, cuja decretação os líderes populares sempre constestaram. Com a suspensão das garantias e o cerceamento do direito de intercessão, os tribunos da plebe partidários de César, ameaçados, fogem de Roma e vão buscar proteção junto ao chefe. O general, alegando, entre outros motivos, que a decisão do Senado era lesiva à sua honra (*dignitas*) e ao seu prestígio (*existimatio*), a ele devidos pelas campanhas vitoriosas levadas a cabo e pela pacificação da Gália e da Germânia, pede o apoio da tropa e invade a Itália.

A OBRA

Importância. Essa obra memorialista é fundamental para o estudo da história dos últimos anos da República por se tratar de fonte primária sobre a guerra civil e apresentar a visão do protagonista a respeito de fatos tão importantes. Nesse sentido, pode-se afirmar que é tão merecedora de estudo e análise, ou mais ainda, do que sua irmã gêmea, o *De Bello Gallico*, que por razões didáticas ou de nossa afinidade cultural com os herdeiros da Gália, tem tido entre nós maior difusão e estudo.

Assunto. A obra trata de acontecimentos políticos e militares que envolveram a República Romana durante os anos 49 e 48 a.C., que tiveram início com a rebelião armada de César, inconformado com as decisões do Senado que lhe cassara o mandato militar (*imperium*) da Gália, impedindo-o de se candidatar a um segundo consulado, ausente de Roma. Os fatos narrados têm início praticamente com a invasão da Itália pelas legiões do já então ex-procônsul e terminam com o assassínio de Pompeu no Egito e com o início da chamada Guerra Alexandrina. Tratando-se de uma obra autobiográfica, o protagonista e o narrador são uma e a mesma pessoa, embora, como veremos, a técnica narrativa empregada pelo autor procure dissimular essa identidade.

Divisão. Tradicionalmente, as edições apresentam o relato em três livros: a) o primeiro, de 87 capítulos, após breve apresentação dos motivos que levaram César a se rebelar, relata: sua tentativa frustrada de impedir a partida de Pompeu e grande parte do Senado de Brundísio (na Itália) para Dirráquio (no Ilírico, hoje Albânia) e sua primeira estada em Roma; o início das hostilidades contra Marselha, a campanha na Hispânia contra os exércitos pompeianos de Varrão,

Afrânio e Petreio, com a capitulação dos dois últimos, obrigados a desmobilizar suas tropas; b) o segundo narra em 44 capítulos: o prosseguimento do cerco de Marselha e sua posterior submissão; a rendição de Varrão, legado de Pompeu na Hispânia Ulterior; a desastrosa expedição de Curião, lugar-tenente de César na África, massacrado com seu exército pela cavalaria de Juba, rei da Numídia; c) o terceiro livro, de 112 capítulos, registra: a eleição de César ao consulado de 48 a.C. e as medidas políticas por ele adotadas em Roma por essa ocasião; a campanha da Grécia, onde o exército de César, depois de sofrer dois duros reveses em Dirráquio, desbarata, em Farsália, as legiões sob o comando de Pompeu, em fuga para o Egito, onde é assassinado; o início da Guerra Alexandrina.

Natureza. Tanto o *De Bello Gallico* como o *Bellum Ciuile* se enquadram numa subclasse da historiografia romana chamada *commentarius*; é bom, porém, lembrar que a palavra portuguesa e a latina não recobrem o mesmo campo semântico, uma vez que entre nós o emprego corrente do vocábulo pressupõe texto ou matéria sobre o qual se discorre. Em latim, o termo, vinculado etimologicamente a *mens*, teve o sentido de livro de reflexões, caderno de apontamento, lembrete, diário, texto escrito ao correr da pena, conciso e destituído de ornamento. Na historiografia latina, passou a significar registro condensado e autobiográfico, destituído de preocupação estética, feito por políticos e generais para servir de assunto e matéria-prima a ser reescrita e elaborada artisticamente por historiadores. Tem-se notícia de comentários preparados por Sila e Cícero. César, em suas duas obras históricas, empregou esse tipo de narrativa despojada e o fez com tal maestria e arte que o transformou em gênero na literatura latina, a ponto de Cícero dizer que seria ousadia e temeridade algum historiador querer reelaborá-lo.

Objetivo. No momento em que César escreveu o *Bellum Ciuile*, a situação militar lhe era bastante confortável; era senhor da Itália, vencera os três poderosos exércitos de Hispânia, derrotara Pompeu em Farsália, cuja morte já não lhe causava apreensões e, com sua eleição ao consulado, tentava fazer figura de legalista. No entanto, as lideranças remanescentes da aristocracia abatida se reagrupavam e iriam causar-lhe ainda dificuldades na África (Tapso) e especialmente na Hispânia (Munda).

Nesse contexto e em situação militar não plenamente dominada, que objetivos tinha em mente César ao abrir, com as armas da literatura, uma nova frente de batalha? Seria a tentativa de conquistar a opinião pública por meio da propaganda?

Tratar do tema da opinião pública na Antiguidade pode despertar desconfianças e suspeitas de anacronismo histórico. No entanto, vivendo num regime de participação direta nas assembleias e manifestações públicas, mesmo com as restrições advindas da vigência de um governo de constituição aristocrática, o cidadão romano comum do fim da República deu demonstrações de estar bem a par da situação do Estado. As manifestações populares nos jogos, os aplausos da plateia às insinuações e alusões críticas feitas por atores nas representações teatrais, as vaias aos potentados, os grafites e até a relativa fortuna que tiveram os editos de Bíbulo, colega e adversário ferrenho de César no consulado de 59 a.C., são prova da existência de uma opinião pública atenta e vigilante. É por ela, a meu ver, que se explica a existência e o florescimento, nesse período, de uma literatura política. Por mais reduzidos que fossem o alcance e a penetração do livro na Antiguidade, as publicações de que temos notícia lhe garantem um espaço certo. Atribui-se a César não só sensibilidade para a importância da opinião pública como também competência no uso desse veículo.

Com efeito, já o *De Bello Gallico*, qualquer que tenha sido sua forma de veiculação – volante, relatório ao Senado, livro –, fora de importância decisiva para a divulgação de seus feitos na Gália, para lograr, mesmo a contragosto do Senado, solenidades públicas de agradecimento aos deuses, para enciumar e obscurecer o grande Pompeu. Suas atividades de escritor político não se encerram aí. Quando Cícero publica, com sucesso, a apologia de Catão, mártir da liberdade republicana em Útica, talvez o único a quem não se inclinaria a publicitada clemência de César, sai este a campo com o seu *AntiCato*, hoje perdido. Reconhecendo essa preocupação de César com a opinião pública, há até quem pense que as cartas de Salústio *ad Caesarem senem* teriam sido sugestões assopradas pelo procônsul no ouvido do grande historiador.

Diante do exposto, o que pretendia então César com a composição do *Bellum Ciuile*?

Homem pragmático, que tirava sempre partido das circunstâncias, seu intento maior não seria registrar para a posteridade feitos e virtudes que o perpetuassem; esse poderia ser o anseio frequente de generais, políticos e literatos preocupados com a imortalidade, de acordo com o lema horaciano do *non omnis moriar* (não morrerei por inteiro). Seus motivos eram mais práticos e imediatos. Tendo ainda pela frente a missão de reduzir ao bom caminho os sobreviventes das legiões pompeianas e, a braços com a tarefa de reorganizar o Estado, era urgente apresentar os fatos da guerra civil e sua ascensão ao poder num enfoque convincente. A proposta era, pois, justificar a rebelião armada, tranquilizar os temerosos e convencer os indecisos; a tarefa não era nada fácil para quem rompera a legalidade e atropelara a constituição, fazendo crer que poderiam estar de volta os tempos ominosos de Sila, cujas atrocidades estavam frescas na memória de todos.

Na guerra da propaganda as estratégias podem assumir formas diferenciadas: atacar o adversário ou simplesmente se defender, ou ainda atacar e defender. O autor do *Bellum Ciuile* escolheu a bipolaridade da última opção.

Estrutura bipolar. É nesse ritmo que se processa a narrativa dos acontecimentos, num jogo dialético em que a virtude de um partido, evidentemente o de César, se contrapõe ao defeito correspondente do seu adversário. A leitura da obra, parece-nos, irá comprovar essa afirmação; por ora basta aflorar alguns pontos. A questão de avançar em armas contra a própria pátria num país cujo lema republicano era o de que elas deviam ceder sempre o lugar ao civilismo (*cedant arma togae*), era um assunto ineludível. Não teria sido César que rompera a legalidade? Não, diz ele; a iniciativa de passar por cima da lei fora do Senado, levando de roldão todos os direitos, divinos e humanos (*omnia diuina humanaque iura permiscentur*). O campeão da legalidade é César, que se levantou de armas na mão contra uns golpistas oligárquicos (*pauci*) que lhe cassaram uma prerrogativa concedida pelo povo e privaram os tribunos da plebe do sacrossanto e secular direito da interdição. Quem é o legalista? Quem são os golpistas?

Esse processo de defesa e ataque, de virtudes e defeitos constituídos em pares antagônicos, permeia toda a exposição dos fatos, numa exposição a não querer deixar dúvidas sobre com quem está a verdade. À mansidão e clemência de César se contrapõe a crueldade dos seus adversários; os apelos e propostas seguidos de paz e reconciliação têm, como resposta e exigência, a cabeça de César. Pode parecer até um pouco estranho que entrem em termos de comparação as qualidades militares de César com a leviandade e inépcia da estratégia do grande Pompeu, general até então de glórias inexcedíveis; não se deve esquecer que, para a carreira de César, era importante ser superior ao seu adversário até como chefe militar, sem também deixar de levar em conta que, no âmbito do pensamento do imperialismo romano, virtudes militares e cívicas eram perfeitamente condizentes com a *dignitas* do cidadão prestante.

Não é preciso prevenir o leitor de César que a defesa que ele faz de si e os ataques que proporciona aos adversários se exprimem num estilo contido e sóbrio, onde não tem lugar nenhuma exaltação panfletária.

Veracidade histórica. Dado o caráter autobiográfico e propagandístico da obra, é justo que se interrogue sobre a verdade dos fatos aí narrados. Se mesmo em historiadores que professam isenção e imparcialidade a escolha e seleção dos dados já revelam uma tomada de posição pessoal, o que não se dirá de alguém que historia fatos de que foi protagonista e, mais, com intenção de se defender ou se promover?

Essa questão tem suscitado, desde a Antiguidade (Suet.*César* 56,4), discussão e divergências, inevitáveis em razão de não terem chegado até nós outras fontes contemporâneas diretas que trataram dos mesmos acontecimentos. A volumosa correspondência de Cícero é um depoimento valiosíssimo sobre os últimos anos da República, mas fragmentário para o nosso caso. Importante e decisiva teria sido a obra de Asínio Polião, não só por ter convivido com César, mas também por ter afirmado que o general, de caso pensado ou por falência de memória, falseara nos comentários a verdade dos fatos (*"uel consulto uel etiam memoria lapsus perperam ediderit"*). (Suet. *César* 56,4).

Na esteira de Polião, há quem modernamente desqualifique o valor do testemunho de César, considerando-o obra de deformação histórica. Parece, no entanto, que boa parte dos historiadores modernos, até mesmo levando em consideração a própria natureza do gênero autobiográfico, atribui credibilidade a César, sem deixar de reconhecer os silêncios estratégicos, as atenuações e amplificações do seu relato. Ele mesmo parece que nos dá a senha para a interpretação de sua obra. Com efeito, transcrevendo o longo discurso que atribui a Curião, seu malogrado lugar-tenente na África, ele registra a seguinte interrogativa retórica: "Porventura os malogros do exército, tanto quanto as feridas do corpo, não devem ser dissimulados, para não aumentar a esperança do inimigo?" (*B.C.* 2,32,5).

Como a notícia é uma arma que não se deve dar de graça ao inimigo, seria preciso saber manejá-la, manipulá-la de acordo com as conveniências, da mesma forma como fazem hoje os políticos até tidos como honrados e sérios. Talvez se possa até fazer uma simulação de como teria sido a redação da obra. De posse de um largo acervo de dados de memória, de apontamentos, de cartas recebidas, de relatórios substancialmente verdadeiros, apresentados pelos seus lugares-tenentes, César os processa, os seleciona e os direciona. E nem é necessário pensar, por exemplo, que todas as omissões ocorrem conscientemente e de caso pensado.

O que não se pode negar é que há silêncios, dosagens, amplificações comprometedoras. Quem conheceu por meio do próprio César a brilhante atuação de Labieno na Gália, gostaria de ter uma explicação no *Bellum Ciuile* por que teria ele passado para o lado de Pompeu. Mas o que dele se fica sabendo é que é um homem desinformado, cruel e pérfido. O relato não peca apenas por sonegação de notícias, mas também por exageros. No livro terceiro, capítulos quarto e quinto, o leitor é submetido a um cansativo bombardeio de informações sobre a composição das legiões de Pompeu. Insiste-se sobre o número, nada se diz de sua qualidade.

Aspectos formais. Numa obra autobiográfica, em que, como é óbvio, o agente da história e o narrador são uma só pessoa, o normal é que aquele que toma a iniciativa de contar sua própria história se aproprie dos dispositivos da fala, enunciando-se na primeira pessoa gramatical. César, no *Bellum Ciuile*, como já o fizera no *De Bello Gallico*, contraria a regularidade dessa prática, apresentando-se como narrador autobiográfico de terceira pessoa. Um pequeno exemplo: em vez de dizer "Naquela ocasião, eu me encontrava em Ravena e aguardava respostas às minhas exigências bastante moderadas", ele registra "Naquela ocasião, César se encontrava em Ravena e aguardava respostas às suas exigências bastante moderadas". (*B.C.* 1,5,5). Esse emprego da terceira pessoa, a que, com frequência, se tem dado o nome de olímpico, encontra, segundo me foi dito, documentação anterior na literatura grega. A questão pertinente é saber se, na economia da obra, a adoção da terceira pessoa é indiferente e neutra, ou se seu emprego provoca algum efeito.

Dizem os linguistas que o que chamamos terceira pessoa, na realidade vem a ser a não pessoa, justamente porque ela não é participante interativa da fala. Ora, fazê-la participar do discurso autobiográfico como substituto da primeira pessoa tem como efeito provocar no leitor a ilusão de que a pessoa cujos fatos se narram e o narrador constituem entidades diferentes, de que entre eles não há a cumplicidade de alguém que fala em causa própria. Esse distanciamento e aparente não envolvimento dão ares de isenção, descartam suspeitas de favorecimento e contribuem poderosamente para conferir credibilidade ao relato.

Esse me parece um dos recursos da astúcia e da sagacidade do escritor político. Há outros. O leitor pouco atento pode até se enfastiar com a platitude de uma narrativa cujas ações, ao contrário dos outros grandes historiadores latinos, na sua grande maioria, se desenrolam linearmente, sem grandes lances emocionais, sem discursos patéticos, sem montagens de quadros dramáticos, num estilo quase burocrático. O tom predominantemente impessoal do relato e seu despojamento são conscientemente explorados no intuito de fazer ver e crer que a preocupação maior é o compromisso com a exatidão e a verdade dos fatos.

Essa mesma preocupação de não dramatizar o texto é visível quando César reproduz falas ou discursos seus ou alheios. Quando se leem os épicos, como Virgílio, ou historiadores, como Salústio, Tito Lívio, Tácito, não se pode deixar de notar o largo espaço concedido aos discursos, redigidos de acordo com os cânones retóricos e reproduzidos textualmente no chamado discurso direto. A preferência de César é pelo discurso indireto, processo de citação desenvolvido na linguagem administrativa, e posteriormente, dada sua agilidade, empregado com êxito no texto literário. Por ser um discurso narrado, o emprego desse tipo de reprodução de fala tem a vantagem de não interromper a narração, de permitir ao narrador insistir em alguns pontos da fala, sem que por isso seja acusado de parcialidade.

A ocorrência do discurso direto no *Bellum Ciuile* é parcimoniosa e tem a função específica de revelar o caráter, o comportamento e a coerência (ou incoerência) das pessoas que falam. O único discurso longo de todo o texto sai da boca de Curião; reproduzindo-o (ou redigindo-o?), o general presta comovida homenagem a seu fiel e infeliz lugar-tenente que, o que falou, cumpriu: não compareceria vivo à presença de César sem o exército que lhe tinha sido confiado. Caso semelhante é o do centurião Crástino (*B.C.* 3,91); suas palavras concordam com sua vida, por isso César lhe é reconhecido e grato (*B.C.* 3,99,3). A leviandade, a incoerência, o perjúrio são contrapartida das solenes palavras dos adversários. Labieno é categórico: o atual exército de César é um arremedo do que submeteu a Gália e a Germânia (*B.C.* 3,87,1); não menos incisivo é o próprio Pompeu: iria desbaratar o exército de César antes mesmo de disparar um projétil (*B.C.* 3,86,3). A verdade é outra. Pompeu abandona o campo de batalha, refugia-se no acampamento e, alegando que ia reforçar suas portas, foge covardemente (*B.C.* 3,94,5-6).

Em todo o relato de *A guerra civil*, apenas uma única vez aparece citação textual de uma fala de César, no momento em que ele tem de suspender a marcha porque Pompeu oferece a oportunidade da batalha. Sua função única parece consistir em estabelecer contraste total com as fanfarronadas dos seus adversários. Não é crível que, num momento crucial e dramático em que dois exércitos jogam seu destino, um general se dirija à tropa nestes termos tão frios e serenos: "No momento, temos de adiar a marcha e cuidar da batalha que sempre reclamamos. Estejamos preparados para a luta; não nos será fácil encontrar uma outra oportunidade." (*B.C.* 3,85,4)

BRITÂNIA
GERMÂNIA
GÁLIA TRANSALPINA
Alésia
ALÓBROGOS
NÓRICA
Gergóvia
GÁLIA CISALPINA
ILÍRICO
Arímino
ITÁLIA
Marselha
Córsega
Roma
Brundísio
LUSITÂNIA
HISPÂNIA CITERIOR
Ilerda
Tarragona
Octogesa
Sardenha
HISPÂNIA ULTERIOR
Córdoba
Sicília
Útica
Cartago
ÁFRICA
NUMÍDIA
MAURETÂNIA

IMPÉRIO ROMANO NA MORTE DE CÉSAR (44 A.C.)

Liber Primvs

Livro Primeiro

[1] 1. Litteris C. Caesaris consulibus redditis aegre ab his impetratum est summa tribunorum plebis contentione, ut in senatu recitarentur; ut uero ex litteris ad senatum referretur, impetrari non potuit. 2. Referunt consules de re publica. Incitat L. Lentulus consul senatum; rei publicae se non defuturum pollicetur, si audacter ac fortiter sententias dicere uelint; 3. sin Caesarem respiciant atque eius gratiam sequantur, ut superioribus fecerint temporibus, se sibi consilium capturum neque senatus auctoritati obtemperaturum: habere se quoque ad Caesaris gratiam atque amicitiam receptum. 4. In eandem sententiam loquitur Scipio: Pompeio esse in animo rei publicae non deesse, si senatus sequatur; si cunctetur atque agat lenius, nequiquam eius auxilium, si postea uelit, senatum imploraturum.

[2] 1. Haec Scipionis oratio, quod senatus in urbe habebatur Pompeiusque aberat, ex ipsius ore Pompei mitti uidebatur. 2. Dixerat aliquis leniorem sententiam, ut primo M. Marcellus, ingressus in eam orationem, non

---

1   O texto tem início *ex abrupto, in medias res*, sem prólogo, no âmago dos acontecimentos. A carta de César entregue aos cônsules por Curião, tribuno da plebe em 50, e lida por insistência de Marco Antônio e Quinto Cássio Longino, tribunos da plebe de 49, na sessão inaugural do consulado de Lúcio Cornélio Lêntulo Crure e de Caio Cláudio Marcelo, em 01/01/49, propunha a renúncia bilateral do comando proconsular seu e de Pompeu, com a consequente desmobilização do seus exércitos.

2   Quinto Cecílio Metelo Cipião, sogro de Pompeu, de quem foi colega no consulado de 52, podia ostentar, além da própria ascendência ilustre, o fato de ter sido adotado pela influente família dos Metelos. Comparece inúmeras vezes no *Bellum Ciuile* como figura ambiciosa, enfatuada e corrupta, embora César tenha feito gestões para cooptá-lo à causa da reconciliação e da paz. Após a batalha de Farsália e a morte de Pompeu, é designado chefe supremo das remanescentes tropas da resistência a César. Derrotado em Tapso, suicida-se.

[1] 1. Entregue aos cônsules a carta de César, foi a muito custo e graças aos enormes esforços dos tribunos da plebe que deles se conseguiu que fosse lida no Senado, mas foi impossível que da leitura se passasse à discussão das propostas em plenário. 2. Os cônsules colocam na ordem do dia a situação geral do Estado.[1] O cônsul Lúcio Lêntulo agita o Senado; garante que não deixará de acudir à República se os senadores estiverem dispostos a manifestar seus pontos de vista com desassombro e decisão; 3. se, porém, voltarem suas atenções para César e andarem atrás de seus favores, como fizeram recentemente, tomará uma decisão por si mesmo e deixará de se sujeitar às decisões do Senado; também ele tinha acesso aos obséquios e à amizade de César. 4. Com idênticos sentimentos fala Cipião[2]: Pompeu não tinha intenção de faltar à República, se o Senado o seguisse; se hesitasse e agisse com muita tolerância, em vão iria implorar sua ajuda, se posteriormente viesse a desejá-la.

[2] 1. Esse discurso de Cipião, por se realizar na Cidade a reunião do Senado e por se encontrar Pompeu[3] nos seus arredores, dava a impressão de sair da boca do próprio general. 2. Houve gente que manifestou ponto de vista mais moderado, por exemplo Marcos

---

3   Após a renovação do pacto de aliança (*amicitia*) de Luca, em meados da década de 50, César obteve a prorrogação de seu proconsulado da Gália por mais cinco anos; a Pompeu e a Crasso couberam o consulado de 55 e, a seguir, respectivamente, o proconsulado das Hispânias e da Síria. Pompeu deixou-se ficar em Roma, e a província de além-Pireneus ficou sendo administrada por seus legados Petreio,

oportere ante de ea re ad senatum referri, quam dilectus tota Italia habiti et exercitus conscripti essent, quo praesidio tuto et libere senatus, quae uellet, decernere auderet; 3. ut M. Calidius, qui censebat, ut Pompeius in suas prouincias proficieceretur, ne qua esset armorum causa: timere Caesarem ereptis ab eo duabus legionibus, ne ad eius periculum reseruare et retinere eas ad urbem Pompeius uideretur; ut M. Rufus, qui sententiam Calidii paucis fere mutatis uerbis sequebatur. 4. Hi omnes conuicio L. Lentuli consulis correpti exagitabantur. 5. Lentulus sententiam Calidii pronuntiaturum se omnino negauit. Marcellus perterritus conuiciis a sua sententia discessit. 6. Sic uocibus consulis, terrore praesentis exercitus, minis amicorum Pompei plerique compulsi, inuiti et coacti Scipionis sententiam sequuntur: uti ante certam diem Caesar exercitum dimittat; si non faciat, eum aduersus rem publicam facturum uideri. 7. Intercedit M. Antonius, Q. Cassius, tribuni plebis. Refertur confestim de intercessione tribunorum. 8. Dicuntur sententiae graues; ut quisque acerbissime crudelissimeque dixit, ita quam maxime ab inimicis Caesaris collaudatur.

[3] 1. Misso ad uesperum senatu omnes, omnes qui sunt eius ordinis, a Pompeio euocantur. Laudat promptos Pompeius atque in posterum confirmat, segniores castigat atque incitat. 2. Multi undique ex ueteribus Pompei exercitibus spe praemiorum atque ordinum euocantur, multi ex duabus legionibus, quae sunt traditae a Caesare, arcessuntur. 3. Completur urbs et ipsum comitium tribunis, centurionibus, euocatis. 4. Omnes amici consulum,

---

Varrão e Afrânio. Por estar revestido de *imperium* (comando militar), Pompeu não podia participar das reuniões do Senado, quando dentro dos muros (*pomerium*); daí ser o genro Cipião seu porta-voz.

4 Alegando o perigo e a ameaça dos partos, que haviam destroçado o exército de Crasso em Carras, o Senado solicitara a César duas legiões, uma delas lhe tinha sido emprestada em 53 por Pompeu nos bons tempos da aliança. O procônsul atendeu ao pedido, mas elas não foram enviadas à Ásia, permanecendo aquarteladas na Itália.

5 Esse Quinto Rufo, que aparece aqui como partidário de César, é o famoso cliente de Cícero, imortalizado no *Pro Caelio*, irrequieto membro da juventude dourada romana, que tirou Clódia dos braços ardentes do poeta Catulo. Posteriormente, pretor e adversário da política creditícia adotada por César através de Trebônio, é destituído do cargo, alia-se ao exilado Milão na tentativa de amotinar a Itália meridional e acaba massacrado em Túrio por cavaleiros gauleses e espanhóis fiéis a César.

6 A proposta de Cipião, transformada em senatusconsulto (decreto do Senado), estabelecia que em data a ser precisada, evidentemente antes de sua apresentação às eleições, César deveria licenciar seu exército; essa medida cassava o privilégio, concedido por plebiscito ao procônsul, de se candidatar ausente. Como simples

Marcelo, que primeiramente se pôs a falar que não se devia colocar a matéria em discussão antes que se recrutassem tropas por toda a Itália e se mobilizassem exércitos para que o Senado pudesse, com garantia e segurança, ousar o que bem entendesse; 3. por exemplo, Marcos Calídio, que era de parecer que Pompeu devia partir para as suas províncias de modo a não haver motivo de recurso às armas, pois receava César, de quem fora tiradas duas legiões[4], e Pompeu parecia guardá-las e mantê-las às portas da Cidade para ameaçá-lo; por exemplo, Marcos Rufo[5] que adotava a posição de Calídio com pequenas alterações verbais. 4. Todos eles, afrontados pelo alvoroço dos cônsules, eram vítimas de seus ataques. 5. Lêntulo se nega a submeter à votação a proposta de Calídio, e Marcelo, aterrorizado com as invectivas, abandona a sua. 6. Dessa forma, a maioria dos senadores, compelidos, contrariados, coagidos pelas vociferações dos cônsules, pelo terror da presença do exército, pelas ameaças dos amigos de Pompeu, adota a proposta[6] de Cipião: que César em data certa devia licenciar seu exército; se não o fizesse, seria considerado em rebelião contra o Estado. 7. Marco Antônio e Quinto Cássio[7], tribunos da plebe, opõem seus vetos. Imediatamente se coloca em discussão o veto dos tribunos. 8. Apresentam-se moções cheias de violência; quanto mais intransigentes e contundentes são elas, maior aprovação recebem dos inimigos de César.

[3] 1. Terminada, ao cair da tarde, a sessão do Senado, todos os seus membros são convocados por Pompeu. Ele elogia os resolutos e os encoraja para o futuro; aos que demonstram pouco empenho, censura e estimula. 2. De todas as partes se convocam muitos soldados dos antigos exércitos de Pompeu, atraídos por recompensas e promoções; chamam-se muitos integrantes das duas legiões que tinham sido entregues por César. 3. Enche-se a Cidade e o próprio comício de tribunos, de centuriões, de reincorporados. 4. Os amigos todos dos cônsules, os apaniguados de Pompeu e os que nutriam velhos ressentimentos

---

cidadão estaria sujeito à sanha acusatória dos inimigos, bem providos de hábeis advogados e juízes dóceis.

7 O histórico desses partidários de César, que com seu veto (*intercessio*), de certa forma, funcionaram como detonadores da intervenção armada e início da guerra civil, apresenta currículo diferenciado; talvez o dado mais saliente de Quinto Cássio seja o fato de ter sido irmão de Caio Cássio Longino que, anistiado por César

necessarii Pompei atque eorum, qui ueteres inimicitias cum Caesare gerebant, in senatum coguntur; 5. quorum uocibus et concursu terrentur infirmiores, dubii confirmantur, plerisque uero libere decernendi potestas eripitur. 6. Pollicetur L. Piso censor sese iturum ad Caesarem, item L. Roscius praetor, qui de his rebus eum doceant: sex dies ad eam rem conficiendam spatii postulant. 7. Dicuntur etiam ab nonnullis sententiae, ut legati ad Caesarem mittantur, qui uoluntatem senatus ei proponant.

[4] 1. Omnibus his resistitur omnibusque oratio consulis, Scipionis, Catonis opponitur. Catonem ueteres inimicitiae Caesaris incitant et dolor repulsae. 2. Lentulus aeris alieni magnitudine et spe exercitus ac prouinciarum et regum appellandorum largitionibus mouetur, seque alterum fore Sullam inter suos gloriatur, ad quem summa imperii redeat. 3. Scipionem eadem spes prouinciae atque exercituum impellit, quos se pro necessitudine partiturum cum Pompeio arbitratur, simul iudiciorum metus, atque ostentatio sui et adulatio potentium, qui in re publica iudiciisque tum plurimum pollebant. 4. Ipse Pompeius ab inimicis Caesaris incitatus, et quod neminem dignitate secum exaequari uolebat, totum se ab eius amicitia auerterat et cum communibus inimicis in gratiam redierat, quorum ipse maximam partem illo affinitatis tempore iniunxerat Caesari; 5. simul infamia duarum legionum permotus, quas ab itinere Asiae Syriaeque ad suam potentiam dominatumque conuerterat, rem ad arma deduci studebat.

[5] 1. His de causis aguntur omnia raptim atque turbate. Nec docendi Caesaris propinquis eius spatium datur, nec tribunis plebis sui periculi deprecandi neque etiam extremi iuris intercessione retinendi, quod L. Sulla reliquerat, facultas tribuitur, 2. sed de sua salute septimo die cogitare coguntur,

---

    juntamente com Bruto após Farsália, formou com este no grupo dos tiranicidas. Marco Antônio tem ficha bem mais extensa e diferenciada: com César esteve na Gália, na Itália e em Farsália, e a partir dos trágicos idos de março teve carreira de primeiro plano na política romana até o desenlace suicida em Alexandria, ao lado de Cleópatra.

8   Lúcio Calpúrnio Pisão, sogro de César e pai de Calpúrnia, repudiada após o famoso caso de sacrilégio cometido por Clódio, permaneceu em bons termos com o ditador mesmo após o divórcio da filha.

9   César apresenta a lista de seus principais desafetos e os motivos nada edificantes de suas inimizades. Catão, idealizado no imaginário conservador como o defensor obstinado e radical do ideal republicano, aparece como o impulsivo que carrega consigo antigos ressentimentos pessoais e frustrações por ter sido rejeitado nas urnas, desvios nada exemplares de personalidade. Ao cônsul Lêntulo e a Cipião estão reservados os ataques mais contundentes: enriquecimento ilícito e corrupção; o cônsul chega a se vangloriar em demasia de querer ser um tirano como Sila

com César são atulhados no Senado; 5. com seus gritos e aglomeração aterrorizam os mais fracos, os indecisos recobram ânimo, e à maioria se tira a capacidade de livre decisão. 6. O censor Lúcio Pisão[8] se propõe ir ter com César, o mesmo faz o pretor Lúcio Róscio, para informá-lo de todas essas questões; pedem prazo de seis dias para cumprir a missão. 7. Alguns ainda apresentam a proposta de enviar a César uma delegação para dar-lhe conta dos sentimentos do Senado.

[4] 1. A tudo isso se faz resistência, a tudo isso se opõe o discurso do cônsul, de Cipião, de Catão. A Catão movem-no a velha inimizade com César e a mágoa do revés eleitoral.[9] 2. Lêntulo a tanto é levado pela enormidade de sua dívida, pela perspectiva de ter exército e províncias, e pelas larguezas dos pretendentes ao título de rei; bravateia entre os seus que irá se tornar um novo Sila, a quem estará de volta o poder absoluto. 3. Cipião acalenta igual perspectiva de governar província e comandar exércitos que, em razão de seu parentesco, irá partilhar com Pompeu, e ao mesmo tempo impelem-no o medo de processos, seu exibicionismo, a bajulação aos poderosos, de grande influência no governo e nos tribunais. 4. O próprio Pompeu, influenciado pelos inimigos de César e por não querer ter alguém com poder igual ao seu, rompera definitivamente sua amizade e se reconciliara com os inimigos comuns, cuja maior parte ele impingira a César nos tempos de parentesco; 5. ao mesmo tempo, desmoralizado com o caso das duas legiões desviadas da Ásia e da Síria para seu poder e dominação pessoal, porfiava para que as coisas viessem a dar em guerra.

[5] 1. É por isso que tudo se processa aos atropelos e tumultuariamente. Aos amigos de César não se concede tempo para informá-lo, nem aos tribunos, sobre a possibilidade de afastar com seus rogos o perigo iminente ou de salvaguardar com a intercessão seu supremo direito, mantido por Lúcio Sila.[10] 2. Ao contrário, desde o

---

(e a César se acusa de aspirar à monarquia...). Pompeu, o antigo sogro, por quem César comprara inimizades, se volta contra ele pela razão mesquinha de não admitir que alguém se iguale a ele em *dignitas*, atitude nada condizente com a arraigada mentalidade romana de competir pelos primeiros lugares.

10 Sila, no intuito de proporcionar governabilidade ao regime aristocrático republicano, esvaziou profundamente o poder dos tribunos, tanto que, logo após a morte do ditador, Pompeu, seu antigo aliado, se juntou a César para restituir os antigos direitos

quod illi turbulentissimi superioribus temporibus tribuni plebis octauo denique mense suarum actionum respicere ac timere consuerant. 3. Decurritur ad illud extremum atque ultimum senatus consultum, quo nisi paene in ipso urbis incendio atque in desperatione omnium salutis latorum audacia numquam ante descensum est: dent operam consules, praetores, tribuni plebis, quique pro consulibus sint ad urbem, ne quid res publica detrimenti capiat. 4. Haec senatusconsulto perscribuntur a.d. VII Id. Ian. Itaque V primis diebus, quibus haberi senatus potuit, qua ex die consulatum iniit Lentulus, biduo excepto comitiali, et de imperio Caesaris et de amplissimis uiris, tribunis plebis, grauissime acerbissimeque decernitur. 5. Profugiunt statim ex urbe tribuni plebis seseque ad Caesarem conferunt. Is eo tempore erat Rauennae exspectabatque suis lenissimis postulatis responsa, si qua hominum aequitate res ad otium deduci posset.

[6] 1.Proximis diebus habetur extra urbem senatus. Pompeius eadem illa, quae per Scipionem ostenderat, agit; senatus uirtutem constantiamque collaudat; copias suas exponit; legiones habere sese paratas X; 2. praeterea cognitum compertumque sibi alieno esse animo in Caesarem milites neque eis posse persuaderi, uti eum defendant aut sequantur. 3. Statim de reliquis rebus ad senatum refertur: tota Italia dilectus habeatur; Faustus Sulla propraetore in Mauretaniam mittatur; pecunia uti ex aerario Pompeio detur. Refertur etiam de rege Iuba, ut socius sit atque amicus. 4. Marcellus passurum se in praesentia negat. De Fausto impedit Philippus, tribunus plebis. 5. De reliquis rebus senatusconsulta perscribuntur. Prouinciae priuatis decernuntur, duae consulares, reliquae praetoriae. Scipioni obuenit Syria, L. Domitio Gallia; Philippus et Cotta priuato consilio praetereuntur, neque eorum sortes

---

      tribunícios. Parece justo salientar que, a partir deste momento da narrativa, César junta aos motivos pessoais de sua rebeldia a defesa dos direitos constitucionais dos tribunos, espezinhados, a seu ver, muito além do que fizera Sila: o que não deixa de ser claro exagero.

11   A decretação do senátus-consulto último, recurso jurídico já aplicado na crise dos Gracos, que instaurava uma espécie de estado de emergência ou de sítio, conferia aos cônsules plenos poderes de repressão contra os inimigos públicos e suspendia os direitos de provocação e interdição inerentes ao exercício do tribunato da plebe, tendo sido com muita frequência contestado pelos líderes *populares*. César, que já se opusera à sua aplicação quando da repressão aos cúmplices de Catilina condenados à morte, reage indignado quando o Senado dele se vale para inviabilizar sua carreira política.

12   Como é sabido, as reuniões do Senado, embora normalmente realizadas na Cúria, podiam ocorrer em outros lugares; nesse caso ela se dá fora da Cidade para que Pompeu, detentor de comando militar e impossibilitado de nela entrar, pudesse estar presente.

sétimo dia são obrigados a pensar em sua própria segurança, o que, no passado, os mais amotinados tribunos da plebe, de ordinário, não levavam em conta nem temiam senão no oitavo mês de suas funções. 3. Recorre-se ao famoso senátus-consulto supremo[11] e inapelável, do qual a ousadia dos que o preconizaram jamais fez uso senão quando a cidade esteve quase em chamas e desesperava de sua salvação: "Empenhem-se os cônsules, os pretores, os tribunos da plebe para que a República não venha a sofrer dano algum." 4. Esses foram os termos do senátus-consulto redigido no dia 7 de janeiro. Dessa forma, nos cinco primeiros dias em que o Senado pôde se reunir, desde quando Lêntulo tomou posse como cônsul, excetuados os dois dias comiciais, tomam-se decisões das mais graves e rigorosas sobre o comando de César e sobre os tribunos da plebe, figuras da mais alta importância. 5. De pronto fogem da cidade os tribunos da plebe e se dirigem a César. Estava ele então em Ravena e aguardava resposta aos seus pedidos tão moderados, contando que, por um sentimento de equidade humana, se pudesse chegar à paz.

[6] 1. Nos dias seguintes, as reuniões do Senado se realizam fora da Cidade.[12] Pompeu trata dos mesmos assuntos que dera a conhecer através de Cipião; elogia a coragem e a firmeza do Senado; revela suas tropas: tinha dez legiões em pé de guerra; 2. Além do mais, tinha tido informações de fonte segura que os sentimentos dos soldados de César lhe eram hostis e que não conseguira convencê-los a defendê-lo e a segui-lo. 3. Propõem-se imediatamente outras questões ao Senado: que por toda a Itália se proceda ao recrutamento; que o propretor Fausto Sila seja enviado à Mauritânia; que se permita a Pompeu servir-se do dinheiro do erário. Apresenta-se também moção sobre o rei Juba: que seja considerado aliado e amigo. 4. Marcelo diz que no momento não aceitaria. A Fausto o tribuno da plebe Filipe faz obstrução. 5. Sobre os outros casos, redigem-se senátus-consultos. Nomeiam-se cidadãos particulares para o governo de províncias[13]: duas consulares, as demais pretorianas. A Cipião coube a Síria; a Lúcio Domício[14], a Gália. Filipe

---

13 Por lei de iniciativa de Pompeu, quando exerceu o consulado único, só podiam assumir o governo das províncias ex-cônsules e ex-pretores que tivessem exercido esses cargos há no mínimo cinco anos, e a esses antigos magistrados se dava o nome de *priuati*.

14 Trata-se de Lúcio Domício Aenobarbo, inimigo de César, entre outros motivos porque o considerava uma espécie de usurpador da Gália, tida por ele como feudo

O Fórum

O *fórum*, cujas ruínas imperiais aqui se exibem, era na República o centro econômico, político e religioso de Roma. Por ele, caminhando pela *Via Sacra*, passavam os desfiles (*triumphi*) dos generais vitoriosos e dos magistrados investidos do poder, em direção ao santuário mais importante da Cidade, para homenagear Júpiter, Juno e Minerva. Nele ficavam o templo de Vesta e a residência do *Pontifex Maximus*, a mais graduada autoridade religiosa do povo romano. Aí também estavam situados o *comitium*, praça onde se realizavam as assembleias populares e as basílicas, grandes edifícios públicos onde se desenvolviam as atividades econômicas, se administrava a justiça e se ouviam as vozes livres de oradores famosos (como Hortêncio e Cícero), abafadas depois pelos monarcas imperiais. Do *fórum* se podiam avistar algumas colinas famosas, como o Capitólio com sua acrópole, o famoso templo dos três deuses já mencionados, e o Palatino, bairro residencial de senadores e magnatas republicanos, como Cícero e Crasso. (*Foto Alinari-Giraudon*)

A Cúria

Era o edifício onde normalmente se reunia o Senado para deliberar. A primeira cúria ficava no fórum romano e tinha o nome de Cúria Hostilia, porque, de acordo com a tradição, sua existência era atribuída ao rei Tulo Hostílio. Esse prédio, restaurado por Sila em 80 a.C., foi incendiado em 52 a.C. por uma multidão enfurecida pela morte de Clódio, tribuno da plebe, linha auxiliar da política de César. A cúria, reproduzida aqui por essa ilustração e chamada Cúria Júlia, teve sua construção iniciada por César no ano 44 a.C. e manteve o projeto primitivo, mesmo após as reformas posteriores. Não se deve esquecer que, embora o Senado dispusesse desse prédio específico para suas deliberações, a instituição podia se reunir em outros edifícios públicos. Basta lembrar que o assassínio de César ocorreu durante sessão realizada no teatro de Pompeu. (*Foto Brogi-Giraudon*)

deiciuntur. 6. In reliquas prouincias praetores mittuntur. Neque exspectant, quod superioribus annis acciderat, ut de eorum imperio ad populum feratur, paludatique uotis nuncupatis exeant. 7. Consules, quod ante id tempus accidit nunquam, ex urbe proficiscuntur, lictoresque habent in urbe et Capitolio priuati contra omnia uetustatis exempla. 8. Tota Italia dilectus habentur, arma imperantur; pecuniae a municipiis exiguntur, e fanis tolluntur: omnia diuina humanaque iura permiscentur.

[7] 1. Quibus rebus cognitis, Caesar apud milites contionatur. Omnium temporum iniurias inimicorum in se commemorat; a quibus deductum ac deprauatum Pompeium queritur inuidia atque obtrectatione laudis suae, cuius ipse honori et dignitati semper fauerit adiutorque fuerit. 2. Nouum in re publica introductum exemplum queritur, ut tribunicia intercessio armis notaretur atque opprimeretur, quae superioribus annis armis esset restituta. 3. Sullam nudata omnibus rebus tribunicia potestate tamen intercessionem liberam reliquisse. 4. Pompeium, qui amissa restituisse uideatur, bona etiam, quae ante habuerint, ademisse. 5. Quotienscumque sit decretum, darent operam magistratus, ne quid res publica detrimenti caperet (qua uoce et quo senatus consulto populus Romanus ad arma sit uocatus), factum in perniciosis legibus, in ui tribunicia, in secessione populi, templis locisque editioribus occupatis; 6. atque haec superioris aetatis exempla expiata Saturnini atque Gracchorum casibus docet; quarum rerum illo tempore nihil factum, ne cogitatum quidem: nulla lex promulgata, non cum populo agi coeptum, nulla secessio facta. 7. Hortatur, cuius imperatoris ductu VIIII annis rem publicam felicissime

---

    da família, pois seu antepassado Cneu Domício Aenobarbo lá tinha vencido os alóbrogos e construíra a Via Domícia que ia da Provença até os Pireneus. Proprietário de grande número de escravos e extensas glebas no norte da Itália, aparece em vários episódios da narrativa de César; sua morte ocorre logo após a batalha de Farsália em circunstâncias narradas com extrema concisão, mas não sem detalhe frio e cruel.

15 *Paludamentum* era o manto de púrpura, símbolo do comando. Os generais em campanha revestiam-no em lugar da toga ou da pretexta, toga de orla púrpura usada pelos magistrados curuis.

16 Os litores eram servidores públicos que, em fila indiana e armados de fachos, iam à frente dos magistrados, anunciando sua aproximação e removendo os transeuntes do caminho. O número dos litores atribuídos aos magistrados varia com o passar dos anos, mas era proporcional à importância do cargo exercido. É de se notar a insistência de César em atribuir aos adversários procedimentos contrários à tradição (*mos maiorum*) ou às leis, o que de certa forma o apresentava como defensor da legalidade ou, ao menos, lhe excusava a rebeldia armada.

17 A afirmação de que a intercessão tribunícia tinha sido restituída "com armas" não é veraz. Os poderes dos tribunos, mutilados pela reforma constitucional de Sila, foram pacificamente restabelecidos no consulado de Pompeu. Os estudiosos, para

e Cota, por acertos não oficiais, são preteridos e seus nomes não são colocados na urna. 6. Para as demais províncias enviam-se pretores. Não se espera – como era costume até então – que seus poderes sejam ratificados pelo povo; revestidos do *paludamentum*[15], eles fazem os votos solenes e deixam a Cidade. 7. Os cônsules – coisa que até então jamais tinha ocorrido – saem da Cidade [...] e simples cidadãos têm litores[16], em Roma e no Capitólio, ao arrepio de toda a tradição. 8. Por toda a Itália recrutam-se tropas, requisitam-se armas, exige-se dinheiro dos municípios, retiram-no dos templos, todas as leis humanas e divinas são baralhadas.

[7] 1. Informado desses acontecimentos, César profere um discurso perante a tropa. Traz-lhe à memória as injustiças que os inimigos lhe fizeram ao longo do tempo; queixa-se de que eles, por inveja e desejo de denegrir sua honra, tenham influenciado e desencaminhado Pompeu, a quem sempre favoreceu e ajudou na conquista de honras e dignidades. 2. Lastima que um precedente insólito tenha sido introduzido no Estado, o de condenar e reprimir com armas a intercessão tribunícia, que havia alguns anos tinha sido restaurada com armas na mão.[17] 3. Sila, tendo despojado o poder tribunício de todos os seus direitos, deixara livre o poder de intercessão; 4. Pompeu, que passava por ter restituído a intercessão perdida, tirou dos tribunos até mesmo as prerrogativas que antes tinham sido mantidas. 5. Todas as vezes que houve decisão do Senado de que se empenhassem os magistrados para que o Estado não viesse a sofrer nenhum dano – fórmula de senátus-consulto pela qual o povo era chamado às armas –, sua ocorrência se dera para combater leis funestas, abusos de tribunos, secessão do povo, com ocupação de templos e lugares elevados; 6. e esses precedentes do passado – mostra César – foram expiados com a triste sorte que coube a Saturnino e aos Gracos; nada disso ocorrera agora, nem mesmo disso se cogitou: nenhum projeto de lei foi apresentado, nenhuma tentativa de convocar o povo, nenhuma ocorrência de secessão.[18] 7. Aos soldados que sob seu comando realizaram por

---

explicar esse passo do texto, apelam para uma interpolação ou para um eventual cochilo de copista que, em vez de registrar *sine armis* (sem armas), simplesmente registrou *armis* (com armas).

18 O segmento *nulla lex promulgata, non cum populo agi coeptum, nulla secessio facta*, por não obedecer às regras do discurso indireto em que está inserido (caso

gesserint plurimaque proelia secunda fecerint, omnem Galliam Germaniamque pacauerint, ut eius existimationem dignitatemque ab inimicis defendant. 8. Conclamant legionis XIII, quae aderat, milites hanc enim initio tumultus euocauerat, reliquae nondum conuenerant sese paratos esse imperatoris sui tribunorumque plebis iniurias defendere.

[8] 1. Cognita militum uoluntate, Ariminum cum ea legione proficiscitur ibique tribunos plebis, qui ad eum profugerant, conuenit; reliquas legiones ex hibernis euocat et subsequi iubet. 2. Eo L. Caesar adulescens uenit, cuius pater Caesaris erat legatus. Is, reliquo sermone confecto, cuius rei causa uenerat, habere se a Pompeio ad eum priuati officii mandata demonstrat: 3. uelle Pompeium se Caesari purgatum, ne ea, quae rei publicae causa egerit, in suam contumeliam uertat. Semper se rei publicae commoda priuatis necessitudinibus habuisse potiora. Caesarem quoque pro sua dignitate debere et studium et iracundiam suam rei publicae dimittere neque adeo grauiter irasci inimicis, ut, cum illis nocere se speret, rei publicae noceat. 4. Pauca eiusdem generis addit cum excusatione Pompei coniuncta. Eadem fere atque eisdem de rebus praetor Roscius agit cum Caesare sibique Pompeium commemorasse demonstrat.

[9] 1. Quae res etsi nihil ad leuandas iniurias pertinere uidebantur, tamen idoneos nactus homines, per quos ea, quae uellet, ad eum perferrentur, petit ab utroque, quoniam Pompei mandata ad se detulerint, ne grauentur sua quoque ad eum postulata deferre, si paruo labore magnas controuersias tollere

---

de oração infinitiva), tem sido objeto de análise e discussão. Uma explicação aventada é considerá-lo como parêntese explicativo do narrador e não como fala do personagem.

19   César aceita como motivo justo para sua rebeldia armada a defesa de sua *dignitas*, fundada nos grandes serviços prestados à nação. O apelo à solidariedade da tropa não parece resultar e explicar-se unicamente pelo militarismo em ascensão na política romana desde os tempos de Mário e Sila. A permanente concorrência a que se submetiam os políticos para, por meio da prestação de serviços, chegar à liderança na Cidade, era um dado cultural profundamente arraigado na sociedade; uma vez conquistadas com méritos a *existimatio* e a *dignitas*, era inaceitável a mudança das regras do jogo.

20   O trajeto de Ravena a Arímino, de singular importância histórica por significar a passagem da Gália Cisalpina para o território do Estado romano e implicar a formalização da rebelião armada, é registrada por César de maneira concisa e neutra, seja porque ele não queria fugir ao estilo contido de toda a obra, ou porque o leitor romano tinha plena consciência do significado do fato. Não se faz referência ao famoso riacho do Rubicão, até hoje de identificação polêmica, e nem comparece na narrativa a não menos famosa frase *iacta alia est*. Historiadores antigos trataram de solenizar o acontecimento, dramatizando-o com discursos patéticos e interferências sobrenaturais.

nove anos campanhas tão vitoriosas, que pacificaram toda a Gália e a Germânia, aconselha que defendam dos inimigos a reputação e a honra do seu chefe.[19] 8. Aclamam em brado unânime os soldados da décima terceira legião – a esta César convocara no início das agitações; as outras ainda não se haviam reunido a ele – e afirmam que estavam preparados para vingar as injustiças feitas ao seu comandante e aos tribunos da plebe.

[8] 1. Certificado dos sentimentos da tropa, parte para Arímino[20] com essa legião e lá se reúne com os tribunos da plebe que se tinham refugiado junto dele; convoca as demais legiões dos seus quartéis de inverno e ordena que o sigam. 2. Lá veio ter com ele o jovem Lúcio César[21], cujo pai era seu legado. Ele, tendo-se desincumbido da missão por que tinha vindo, dá a entender que trazia a César, da parte de Pompeu, uma mensagem de caráter particular: 3. Pompeu queria justificar-se perante César para que não interpretasse como ofensa pessoal o que tinha feito para o bem do Estado; sempre colocara os interesses da República à frente das relações de ordem pessoal; César também, em razão de sua alta posição, devia subordinar seu zelo partidário e ressentimento ao bem do Estado e não odiar com tal violência seus desafetos a ponto de, pretendendo prejudicá-los, prejudicar a República. 4. Ele acrescenta umas poucas considerações nessa mesma linha, juntando-as com as desculpas de Pompeu. O pretor Róscio trata com César praticamente dos mesmos assuntos e com as mesmas palavras, esclarecendo que era porta-voz de Pompeu.

[9] 1. Embora isso tudo não tivesse nada a ver com a reparação das injustiças cometidas, no entanto, César, aproveitando a oportunidade[22] de ter pessoas em condições de transmitir a Pompeu seus desejos, pede a ambos que, uma vez que tinham sido porta-vozes

---

21 Lúcio César estaria encarregado de dupla missão: uma de caráter oficial, em nome do Senado, referente a decisões sobre o caso da Gália; a outra, com a finalidade de transmitir mensagem de Pompeu em que ele não propunha negociação, mas simplesmente justificava sua posição de acatar as determinações do Senado, conjurando César a fazer o mesmo.

22 César habilmente tira partido da situação: quer transformar a simples justificação e o conselho de Pompeu em oportunidade de negociação de paz, um dos pontos fulcrais de sua propaganda. Negando que as razões de seu confronto fossem de ordem puramente pessoal, propõe entendimento, estabelece as condições e já

atque omnem Italiam metu liberare possint. 2. Sibi semper primam fuisse dignitatem uitaque potiorem. Doluisse se, quod populi Romani beneficium sibi per contumeliam ab inimicis extorqueretur, ereptoque semenstri imperio in urbem retraheretur, cuius absentis rationem haberi proximis comitiis populus iussisset. 3. Tamen hanc iacturam honoris sui rei publicae causa aequo animo tulisse; cum litteras ad senatum miserit, ut omnes ab exercitibus discederent, ne id quidem impetrauisse. 4. Tota Italia dilectus haberi, retineri legiones II, quae ab se simulatione Parthici belli sint abductae, ciuitatem esse in armis. Quonam haec omnia nisi ad suam perniciem pertinere? 5. Sed tamen ad omnia se descendere paratum atque omnia pati rei publicae causa. Proficiscatur Pompeius in suas prouincias, ipsi exercitus dimittant, discedant in Italia omnes ab armis, metus e ciuitate tollatur, libera comitia atque omnis res publica senatui populoque Romano permittatur. 6. Haec quo facilius certisque condicionibus fiant et iureiurando sanciantur, aut ipse propius accedat aut se patiatur accedere: fore uti per colloquia omnes controuersiae componantur.

[10] 1. Acceptis mandatis, Roscius cum L. Caesare Capuam peruenit ibique consules Pompeiumque inuenit; postulata Caesaris renuntiat. 2. Illi deliberata re respondent scriptaque ad eum mandata per eos remittunt; quorum haec erat summa: 3. Caesar in Galliam reuerteretur, Arimino excederet, exercitus dimitteret; quae si fecisset, Pompeium in Hispanias iturum. 4. Interea, quoad fides esset data Caesarem facturum, quae polliceretur, non intermissuros consules Pompeiumque delectus.

[11] 1. Erat iniqua condicio postulare, ut Caesar Arimino excederet atque in prouinciam reuerteretur, ipsum et prouincias et legiones alienas tenere; exercitum Caesaris uelle dimitti, dilectus haberi; 2. polliceri se in prouinciam

---

    sugere matreiramente Pompeu como o delegado da parte contrária, com quem parece ter a recôndita esperança de chegar a uma recomposição em razão dos antigos e íntimos laços de amizade.

23 A mensagem de César, além de propor a desmobilização dos dois exércitos em confronto e a partida de Pompeu para as Hispânias, pressupunha sua renúncia ao privilégio de candidatar-se ausente de Roma. No entanto, como garantia de que não viria a sofrer pressões e processos, exigia o funcionamento e a liberdade total das instituições.

de Pompeu, não se molestassem de fazer chegar a ele também suas exigências, em vista de, com pequeno esforço, pôr termo a grandes dissensões e livrar do medo a Itália toda. 2. Para ele, a sua dignidade sempre foi algo primordial e mais importante do que a própria vida. Ficou magoado porque um privilégio outorgado pelo povo romano lhe era extorquido pelos inimigos de forma ultrajante e, tendo sido despojado de seis meses de seu comando, era obrigado a voltar a Roma, apesar de o povo ter decidido que se levasse em consideração sua ausência para as próximas eleições. 3. No entanto, esse golpe à sua honra ele o suportou com resignação para o bem da República; tendo enviado carta ao Senado propondo que todos os generais depusessem seus comandos, nem isso logrou. 4. Em toda a Itália promoviam-se recrutamentos, retinham-se as duas legiões que lhe foram tiradas sob pretexto de guerra contra os partos, a Cidade estava em armas. Qual o objetivo dessas medidas senão sua ruína? 5. Apesar disso, estava disposto a submeter-se a tudo e tudo suportar para o bem do Estado. Que Pompeu partisse para suas províncias, que os dois licenciassem seus exércitos, que na Itália todos depusessem as armas, que se eliminasse o pânico da Cidade, que se assegurassem assembleias livres, toda atividade política ao Senado e ao povo romano.[23] 6. Para que essas coisas se realizassem com mais facilidade e com condições bem definidas e sancionadas por juramento, Pompeu devia se aproximar ou permitir que César dele se aproximasse; todas as divergências seriam acertadas via diálogo.

[10] 1. Tendo recebido essas instruções, Róscio, acompanhado de Lúcio César, chega a Cápua e lá encontra os cônsules e Pompeu; transmite as exigências de César. 2. Eles, após deliberação, emitem resposta e confiam aos mesmos mensagem escrita a César, cujos pontos principais eram os seguintes: 3. César devia voltar para a Gália, retirar-se de Arímino, licenciar seu exército; se o fizesse, Pompeu partiria para as Hispânias. 4. Nesse meio-tempo, até que fossem dadas garantias de que cumpriria as promessas, os cônsules e Pompeu não interromperiam o recrutamento de tropa.

[11] 1. Era proposta injusta exigir que César se retirasse de Arímino e retornasse a sua província, e Pompeu conservasse suas províncias e as legiões que não lhe pertenciam; querer que fosse licenciado o exército de César e promover recrutamento; 2. fazer promessa de partir

iturum neque, ante quem diem iturus sit, definire, ut, si peracto consulatu Caesaris non profectus esset, nulla tamen mendacii religione obstrictus uideretur; 3. tempus uero colloquio non dare neque accessurum polliceri magnam pacis desperationem afferebat. 4. Itaque ab Arimino M. Antonium cum cohortibus V Arretium mittit; ipse Arimini cum duabus subsistit, ibique dilectum habere instituit; Pisaurum, Fanum, Anconam singulis cohortibua occupat.

[12] 1. Interea certior factus Iguuium Thermum praetorem cohortibus V tenere, oppidum munire, omniumque esse Iguuinorum optimam erga se uoluntatem, Curionem cum tribus cohortibus, quas Pisauri et Arimini habebat, mittit. 2. Cuius aduentu cognito diffisus municipii uoluntati Thermus cohortes ex urbe reducit et profugit. Milites in itinere ab eo discedunt ac domum reuertuntur. 3. Curio summa omnium uoluntate Iguuium recepit. Quibus rebus cognitis, confisus municipiorum uoluntatibus Caesar cohortes legionis XIII ex praesidiis deducit Auximumque proficiscitur; quod oppidum Attius cohortibus introductis tenebat, delectumque toto Piceno circummissis senatoribus habebat.

[13] 1 Aduentu Caesaris cognito decuriones Auximi ad Attium Varum frequentes conueniunt; docent sui iudicii rem non esse; neque se neque reliquos municipes pati posse C. Caesarem imperatorem, bene de re publica meritum, tantis rebus gestis, oppido moenibusque prohiberi; proinde habeat rationem posteritatis et periculi sui. 2. Quorum oratione permotus Varus praesidium, quod introduxerat, ex oppido educit ac profugit. 3. Hunc ex primo ordine pauci Caesaris consecuti milites consistere coegerunt. 4. Commisso proelio deseritur a suis Varus; nonnulla pars militum domum discedit; reliqui ad Caesarem perueniunt, atque una cum eis deprensus L. Pupius, primi pili centurio, adducitur, qui hunc eundem ordinem in exercitu Cn. Pompei antea duxerat. 5. At Caesar milites Attianos collaudat, Pupium dimittit, Auximatibus agit gratias seque eorum facti memorem fore pollicetur.

---

24 O registro de que a população está do seu lado – fato para o qual César, em várias ocasiões, chamará a atenção do leitor – não só revela a importância que na guerra atribui a fatores não propriamente militares, mas também vem ao encontro de seu propósito de aparecer como libertador e não como usurpador armado.

25 Nesse caso, os decuriões, membros do Senado municipal, adotam o mesmo argumento de que o próprio César se valeu no discurso aos soldados, para justificar seu golpe. Como fechar as portas da cidade e desmerecer a *dignitas* de uma pessoa que tão ilustres serviços tinha prestado à República?

26 De todos os sessenta centuriões que compunham uma legião, o primipilo era o de mais alto grau.

27 Além da dispensa de Púpio, sem nada de mal lhe fazer, em quem inaugura sua *noua ratio uincendi* (maneira nova de vencer), baseada na *clementia e misericordia* para com os adversários, César faz questão de consignar que aos partidários fiéis

para a província, sem estipular o dia da partida, de sorte que se, ao término do proconsulado de César não tivesse partido, não poderia ser acusado de descumprir um compromisso solene; 3. e o fato de não estabelecer uma data para as conversações nem acenar com um encontro fazia com que não se tivesse nenhuma esperança de paz. 4. Em vista disso, César envia Marco Antônio, com cinco coortes, de Arímino para Arécio; ele próprio permanece em Arécio com duas e decide promover o recrutamento; ocupa Pisauro, Fano, Ancona, cada uma com uma coorte.

[12] 1. Nesse ínterim, César, informado de que o pretor Termo ocupava Igúvio com cinco coortes e as fortificava, mas que as disposições de espírito de todos os iguvinos para com sua pessoa eram as melhores possíveis[24], para lá envia Curião com as três coortes que mantinha em Pisauro e Arímino. 2. Quando se anuncia a chegada dele, Termo, sem confiança nos sentimentos do município, retira as coortes da cidade e se põe em fuga. Em meio à marcha, os soldados desertam e tornam a seus lares. 3. Curião ocupa Igúvio com apoio entusiasta da população. Ao tomar conhecimento desses fatos, César, contando com a boa disposição dos municípios, retira de suas guarnições as coortes da décima terceira legião e parte para Áuximo; Átio ocupava a cidade com coortes que para lá transferira, e procedia ao recrutamento em todo o Piceno, tendo enviado senadores a percorrer a região.

[13] 1. Assim que se noticia a vinda de César, os decuriões de Áuximo vão, em grande número, ao encontro de Átio Varo; fazem-no ver que não competia a eles julgar o litígio; que nem eles nem os demais munícipes podiam suportar que se impedisse a entrada em sua cidade a César, general de belos serviços prestados à República, de tão grandes façanhas[25]; que levasse, portanto, em consideração o futuro e os riscos que corria. 2. Varo, abalado com essas declarações, retira da cidade a guarnição que nela instalara e foge. 3. Alcançado por um pequeno destacamento da vanguarda de César, é obrigado a parar. 4. Travada a luta, Varo é abandonado pelos seus soldados; uma parte deles volta para casa; os outros vão ter com César que, juntamente com eles, é conduzido preso Lúcio Púpio, centurião primipilo[26], que anteriormente tinha essa mesma patente no exército de Cneu Pompeu. 5. César felicita os soldados de Ácio, dispensa Púpio, agradece aos habitantes de Áuximo, garantindo-lhes que não se esqueceria do que fizeram.[27]

GÁLIA
TRANSALPINA

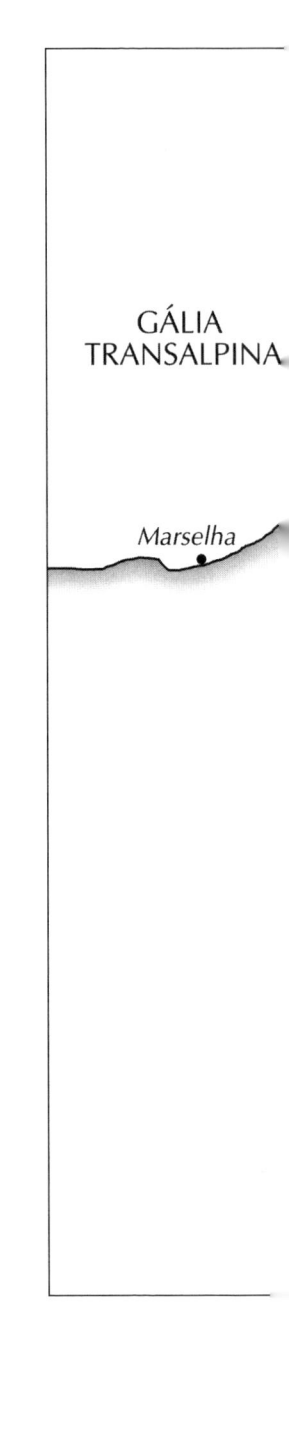

Marselha

ITÁLIA SOB A REPÚBLICA

[14] 1. Quibus rebus Romam nuntiatis, tantus repente terror inuasit, ut cum Lentulus consul ad aperiendum aerarium uenisset ad pecuniamque Pompeio ex senatusconsulto proferendam, protinus aperto sanctiore aerario ex urbe profugeret. Caesar enim aduentare iam iamque et adesse eius equites falso nuntiabantur. 2. Hunc Marcellus collega et plerique magistratus consecuti sunt. 3. Cn. Pompeius pridie eius diei ex urbe profectus iter ad legiones habebat, quas a Caesare acceptas in Apulia hibernorum causa disposuerat. 4. Dilectus circa urbem intermittuntur; nihil citra Capuam tutum esse omnibus uidetur. Capuae primum sese confirmant et colligunt dilectumque colonorum, qui lege Iulia Capuam deducti erant, habere instituunt; gladiatoresque, quos ibi Caesar in ludo habebat, ad forum productos Lentulus libertatis spe confirmat atque iis equos attribuit et se sequi iussit; 5. quos postea monitus ab suis, quod ea res omnium iudicio reprehendebatur, circum familiares conuentus Campaniae custodiae causa distribuit.

[15] 1. Auximo Caesar progressus omnem agrum Picenum percurrit. Cunctae earum regionum praefecturae libentissimis animis eum recipiunt exercitumque eius omnibus rebus iuuant. 2. Etiam Cingulo, quod oppidum Labienus constituerat suaque pecunia exaedificauerat, ad eum legati ueniunt, quaeque imperauerit se cupidissime facturos pollicentur. 3. Milites imperat: mittunt. Interea legio XII Caesarem consequitur. Cum his duabus Asculum Picenum proficiscitur. Id oppidum Lentulus Spinther X cohortibus tenebat; qui, Caesaris aduentu cognito, profugit ex oppido cohortesque secum abducere conatus magna parte militum deseritur. 4. Relictus in itinere cum paucis incidit in Vibullium Rufum missum a Pompeio in agrum Picenum confirmandorum hominum causa. A quo factus Vibullius certior quae res in Piceno gererentur, milites ab eo accipit, ipsum dimittit. 5. Item ex finitimis regionibus quas potest contrahit cohortes ex dilectibus Pompeianis; in his Camerino fugientem

---

nunca iria faltar sua gratidão, virtude que se gloriava de praticar com qualquer tipo de pessoas.

28 O *eararium sanctius* ou *interius* era o tesouro de reserva, proveniente da arrecadação de 5% de impostos pagos sobre a manumissão de escravos, para ser usado em situação de emergência. Segundo outras fontes, foi César que posteriormente forçou a retirada dos recursos do erário.

29 Foi durante o consulado de 59 que César fez votar lei (*Lex Iulia de agris diuidendis*) que concedeu terras do domínio público da Campânia aos veteranos de Pompeu que tinham feito a campanha na Ásia contra Mitridates.

30 As prefeituras eram comunidades sem estatuto municipal independente administradas por prefeitos, sob a dependência do pretor urbano.

31 Pela primeira vez se faz menção de Labieno, o competente legado de César na Gália, que, no início da guerra civil, bandeara para o lado de Pompeu, sem que César dê a menor explicação sobre o rumoroso caso do seu rompimento; no entanto,

[14] 1. Quando chega a Roma a notícia desses fatos, grassa um tal pânico que, tendo ido o cônsul Lêntulo abrir o erário para, de acordo com as determinações do senátus-consulto, retirar fundos destinados a Pompeu, mal abriu ele o erário mais recôndito[28], pôs-se a fugir. Propalava-se equivocadamente que César estava para chegar a qualquer momento e que a sua cavalaria já se fazia presente. 2. Atrás de Lêntulo se foram seu colega Marcelo e a maioria dos magistrados. 3. Cneu Pompeu já partira da Cidade na véspera e rumara para as legiões que tinham sido cedidas por César e que ele alojara na Apúlia para passar o inverno. 4. Interrompe-se o recrutamento de tropas nas cercanias de Roma; é opinião geral que aquém de Cápua não havia segurança alguma. Somente em Cápua eles tomam fôlego, se recompõem e decidem recrutar colonos que pela lei Júlia tinham sido lá assentados.[29] Gladiadores de uma escola que César mantinha lá são levados ao fórum; Lêntulo os alenta com a esperança de alforria, atribui-lhes cavalos e dá instruções para que o sigam; 5. Posteriormente, dissuadido pelo seu séquito, pois a medida era criticada por toda a gente, repartiu-os nos agrupamentos de escravos da Campânia para serem lá guardados.

[15] 1. Saindo de Áuximo, César percorre todo o território do Piceno. Todas as prefeituras[30] da região acolhem-no com a alma em júbilo e assistem seu exército com todos os meios. 2. Até mesmo de Cíngulo, cidade fundada e construída por Labieno[31] com seus próprios recursos, vêm emissários que garantem que os seus habitantes fariam, com a maior boa vontade, o que César ordenasse. 3. Ele exige soldados; enviam-nos. Enquanto isso, a décima segunda legião o alcança. Com essas duas legiões parte agora para Ásculo Piceno. Essa cidade era ocupada por cinco coortes de Lêntulo Espínter, o qual, ao tomar conhecimento da chegada de César, deixa apressadamente o posto e, malgrado o empenho em levar consigo as coortes, é abandonado por grande parte da tropa. 4. Relegado em plena marcha e acompanhado de um punhado de homens, tropeça em Vibúlio Rufo, enviado de Pompeu ao Piceno para levantar o moral da tropa. Vibúlio, informado por Lêntulo sobre a situação no Piceno, assume o comando dos seus soldados e o dispensa. 5. Faz o possível para concentrar as coortes que tinham sido recrutadas por ordem de Pompeu. Nelas inclui Lucílio Hirro com as seis coortes, em fuga de Camerino, onde comandava uma guarnição; com a reunião delas constitui um efetivo

Lucilium Hirrum cum sex cohortibus, quas ibi in praesidio habuerat, excipit; quibus coactis XII efficit. 6. Cum his ad Domitium Ahenobarbum Corfinium magnis itineribus peruenit Caesaremque adesse cum legionibus duabus nuntiat. 7. Domitius per se circiter XX cohortes Alba, ex Marsis et Paelignis, finitimis ab regionibus coegerat.

[16] 1. Recepto Firmo expulsoque Lentulo, Caesar conquiri milites, qui ab eo discesserant, dilectumque institui iubet; ipse unum diem ibi rei frumentariae causa moratus Corfinium contendit. 2. Eo cum uenisset, cohortes V praemissae a Domitio ex oppido pontem fluminis interrumpebant, qui erat ab oppido milia passuum circiter III. 3. Ibi cum antecursoribus Caesaris proelio commisso, celeriter Domitiani a ponte repulsi se in oppidum receperunt. Caesar, legionibus transductis, ad oppidum constitit iuxtaque murum castra posuit.

[17] 1. Re cognita, Domitius ad Pompeium in Apuliam peritos regionum magno proposito praemio cum litteris mittit, qui petant atque orent ut sibi subueniat: Caesarem duobus exercitibus et locorum angustiis facile intercludi posse frumentoque prohiberi. 2. Quod nisi fecerit, se cohortesque amplius XXX magnumque numerum senatorum atque equitum Romanorum in periculum esse uenturum. 3. Interim suos cohortatus tormenta in muris disponit certasque cuique partes ad custodiam urbis attribuit; 4. militibus in contione agros ex suis possessionibus pollicetur, quina dena in singulos iugera, et pro rata parte centurionibus euocatisque.

[18] 1. Interim Caesari nuntiatur Sulmonenses, quod oppidum a Corfinio VII milium interuallo abest, cupere ea facere quae uellet, sed a Q. Lucretio senatore et Attio Peligno prohiberi, qui id oppidum VII cohortium praesidio tenebant. 2. Mittit eo M. Antonium cum legionis XIII cohortibus V. Sulmonenses simul atque signa nostra uiderunt, portas aperuerunt uniuersique, et oppidani et milites, obuiam gratulantes Antonio exierunt. 3. Lucretius et Attius de muro se deiecerunt. Attius ad Antonium deductus petit ut ad Caesarem mitteretur.

---

    nunca perde a ocasião de alfinetá-lo e apresentá-lo em situações embaraçosas, como aqui, quando, de passagem, deixa ver que nem mesmo na cidade em que fizera investimento conseguia o apoio de uma possível clientela.

32 O cerco de Corfínio se revestia de importância, como se pode ver pelo espaço que César lhe dispensa na narrativa; Domício, de acordo com César, assegura que suas tropas perfazem um total de mais de trinta coortes, o equivalente de três legiões. O episódio, de lances dramáticos, pode ser mais bem esclarecido com a leitura das cartas de Pompeu trocadas com Domício, conservadas na Correspondência de Cícero (Ad Atticum 8,12 B,C, e D).

de treze coortes. 6. Com elas, em marcha forçada, vai ter com Domício Aenobarbo, em Corfínio, e lhe comunica que César estava chegando com duas legiões. 7. Domício, por sua vez, tinha reunido cerca de vinte coortes, provenientes de Alba, dos marsos, dos pelignos e das regiões vizinhas.

[16] 1. Com a rendição de Firmo e a expulsão de Lêntulo, César ordena que se vá ao encalço dos soldados que dele desertaram e que se proceda a um recrutamento; ele próprio, tendo-se demorado lá não mais que um dia para fazer provisões, marcha decididamente sobre Corfínio. 2. Lá chegando, cinco coortes, destacadas da cidade por Domício, interceptavam a ponte sobre o rio, distante da cidade umas três milhas. 3. Ferido aí um combate com a vanguarda de César, os domicianos, rapidamente rechaçados da ponte, retiraram-se para dentro da praça. César, tendo feito passar as legiões, se posta diante da cidade e arma acampamento ao pé das muralhas.

[17] 1. Informado sobre o que ocorria, Domício, por meio de pessoas conhecedoras da região, a quem promete largas recompensas, envia carta a Pompeu[32] na Apúlia, com pedidos e súplicas de que lhe venha em socorro, sustentando que com os dois exércitos e em razão dos desfiladeiros era fácil bloquear a passagem de César e interceptar-lhe o abastecimento de provisões; 2. se não o fizesse, corriam riscos ele, mais de trinta coortes e um grande número de senadores e cavaleiros romanos. 3. Enquanto isso, após palavras de incentivo à tropa, distribui a artilharia pelas muralhas, e para a defesa da cidade atribui a cada homem um determinado setor; 4. no seu discurso, promete aos soldados terras de suas propriedades, quinze jeiras para cada um, e em proporção equivalente, aos centuriões e aos reincorporados.

[18] 1. Nesse meio-tempo, informam a César que os habitantes de Sulmona, cidade distante sete milhas de Corfínio, estavam desejosos de cumprir suas ordens, mas eram impedidos pelo senador Quinto Lucrécio e por Átio Peligno, que ocupavam essa praça com uma guarnição de sete coortes. 2. Para lá envia Marco Antônio com cinco coortes da décima terceira legião. Os sulmonenses, assim que avistaram os nossos estandartes, abriram as portas e todos, civis e militares, saíram exultantes ao encontro de Antônio. 3. Lucrécio e Átio pularam do alto das muralhas. Átio, levado até Antônio, pediu que o

Antonius cum cohortibus et Attio eodem die, quo profectus erat, reuertitur. 4. Caesar eas cohortes cum exercitu suo coniunxit Attiumque incolumem dimisit. Caesar primis diebus castra magnis operibus munire et ex finitumis municipiis frumentum comportare reliquasque copias exspectare instituit. 5. Eo triduo legio VIII ad eum uenit cohortesque ex nouis Galliae dilectibus XXII equitesque ab rege Norico circiter CCC. Quorum aduentu altera castra ad alteram oppidi partem ponit; his castris Curionem praefecit. 6. Reliquis diebus oppidum uallo castellisque circummunire instituit. Cuius operis maxima parte effecta, eodem fere tempore missi a Pompeio reuertuntur.

[19] 1. Litteris perlectis, Domitius dissimulans in consilio pronuntiat Pompeium celeriter subsidio uenturum, hortaturque eos ne animo deficiant, quaeque usui ad defendendum oppidum sint parent. 2. Ipse arcano cum paucis familiaribus suis colloquitur consiliumque fugae capere constituit. 3. Cum uultus Domitii cum oratione non consentiret, atque omnia trepidantius timidiusque ageret, quam superioribus diebus consuesset, multumque cum suis consiliandi causa secreto praeter consuetudinem colloqueretur, concilia conuentusque hominum fugeret, res diutius tegi dissimularique non potuit. 4. Pompeius enim rescripserat: sese rem in summum periculum deducturum non esse, neque suo consilio aut uoluntate Domitium se in oppidum Corfinium contulisse; proinde, si qua fuisset facultas, ad se cum omnibus copiis ueniret. 5. Id ne fieri posset obsidione atque oppidi circummunitione fiebat.

[20] 1. Diuulgato Domiti consilio, milites, qui erant Corfini, primo uesperi secessionem faciunt atque ita inter se per tribunos militum centurionesque atque honestissimos sui generis colloquuntur: 2. obsideri se a Caesare; opera munitionesque prope esse perfectas; ducem suum Domitium, cuius spe atque fiducia permanserint, proiectis omnibus fugae consilium capere: debere se suae salutis rationem habere. 3. Ab his primo Marsi dissentire incipiunt eamque oppidi partem, quae munitissima uideretur, occupant, tantaque inter eos dissensio exsistit, ut manum conserere atque

---

33 A formação de uma espécie de comitê constituído de líderes dos soldados, de oficiais subalternos (centuriões) e oficiais superiores (tribunos militares) parece indicar que a tropa estava profundamente dividida, provavelmente porque a quebra do juramento de fidelidade ao comandante Domício feria a consciência religiosa dos soldados. Embora César afirme que os grupos chegaram a um acordo, esses soldados de Domício, incorporados no exército de César após a rendição e posteriormente transportados para a África, lá foram acusados de perjuros por antigos companheiros, e Curião, seu comandante, sentindo os efeitos negativos no ânimo da tropa, teve de usar de muita retórica para aliviar-lhes os escrúpulos.

conduzissem à presença de César. Antônio retorna com as coortes e com Átio no mesmo dia em que partira. 4. César incorpora as coortes ao seu exército e despede Átio, sem nada lhe fazer. Nos dias imediatos, César decide fortificar o acampamento com grandes obras, armazenar alimentos trazidos dos municípios vizinhos e aguardar o resto de suas tropas. 5. Em três dias vêm se juntar a ele a oitava legião, as 22 coortes dos novos recrutamentos da Gália e cerca de trezentos cavaleiros enviados pelo rei da Nórica. Com a chegada deles, estabelece um segundo acampamento do outro lado da cidade e designa Curião à testa dele. 6. Nos dias seguintes, se põe a rodear a cidade com trincheiras e fortificações. Quando a maior parte da obra já estava prestes a se concluir, chegam de volta os agentes enviados a Pompeu.

[19] 1. Depois de ler integralmente a carta, Domício, ocultando seu conteúdo, anuncia ao estado-maior que Pompeu virá rapidamente em socorro; exorta-os a não fraquejar e a preparar tudo que possa ser útil à defesa da cidade. 2. Conversa, porém, em segredo com o pequeno grupo dos seus íntimos e arquiteta uma plano de fuga. 3. Como a fisionomia de Domício não se ajustava com suas palavras e em tudo se comportava de maneira mais assustada e medrosa do que visto nos dias anteriores, e como, contra seus hábitos, confabulava muito com os amigos em segredo, para se aconselhar, fugindo de reuniões e encontros, o caso não pôde manter-se encoberto e disfarçado por mais tempo. 4. Pompeu, com efeito, respondera que não iria expor-se a uma situação de extremo risco, que não fora por conselho ou vontade sua que Domício havia se dirigido a Corfínio; portanto, se dispusesse de algum meio, devia reunir-se a ele com todas as suas tropas. 5. Ora, isso era inviável em razão do cerco e da circunvalação da praça.

[20] 1. Tão logo vem a público o plano de Domício, os soldados que estavam em Corfínio se agrupam à noitinha e passam, através dos tribunos militares, dos centuriões e dos mais prestigiados de sua classe, a discutir a situação[33]: 2. estavam sitiados por César; os trabalhos do cerco e as fortificações estavam quase prontos; o comandante Domício, em quem depositavam esperança e confiança, abandonando a todos, tomava a decisão de fugir; deviam eles também cuidar de suas vidas. 3. Num primeiro momento, os marsos se põem a discordar deles e a ocupar a parte da praça que parecia ser a mais bem fortificada; a tal ponto chega entre eles a desavença da qual já se ensaiam agressões e

armis dimicare conentur; 4. post paulo tamen internuntiis ultro citroque missis, quae ignorabant de L. Domiti fuga, cognoscunt. 5. Itaque omnes uno consilio Domitium productum in publicum circumsistunt et custodiunt legatosque ex suo numero ad Caesarem mittunt: sese paratos esse portas aperire, quaeque imperauerit facere, et L. Domitium uiuum in eius potestatem tradere.

[21] 1. Quibus rebus cognitis, Caesar, etsi magni interesse arbitrabatur quam primum oppido potiri cohortesque ad se in castra traducere, ne qua aut largitionibus aut animi confirmatione aut falsis nuntiis commutatio fieret uoluntatis, quod saepe in bello paruis momentis magni casus intercederent, 2. tamen ueritus, ne militum introitu et nocturni temporis licentia oppidum diriperetur, eos, qui uenerant, collaudat atque in oppidum dimittit, portas murosque adseruari iubet. 3. Ipse eis operibus, quae facere instituerat, milites disponit, non certis spatiis intermissis, ut erat superiorum dierum consuetudo, sed perpetuis uigiliis stationibusque, ut contingant inter se atque omnem munitionem expleant; 4. tribunos militum et praefectos circummittit atque hortatur non solum ab eruptionibus caueant, sed etiam singulorum hominum occultos exitus adseruent. 5. Neque uero tam remisso ac languido animo quisquam omnium fuit qui ea nocte conquieuerit. 6. Tanta erat summae rerum exspectatio, ut alius in aliam partem mente atque animo traheretur, quid ipsis Corfiniensibus, quid Domitio, quid Lentulo, quid reliquis accideret, qui quosque euentus exciperent.

[22] 1. Quarta uigilia circiter Lentulus Spinther de muro cum uigiliis custodibusque nostris colloquitur: uelle, si sibi fiat potestas, Caesarem conuenire. 2. Facta potestate, ex oppido mittitur, neque ab eo prius Domitiani milites discedunt, quam in conspectum Caesaris deducatur. 3. Cum eo de salute sua agit; orat atque obsecrat, ut sibi parcat, ueteremque amicitiam commemorat Caesarisque in se beneficia exponit quae erant maxima; 4. quod per eum in collegium pontificum uenerat, quod prouinciam Hispaniam ex praetura

---

34 Os romanos dividiam a noite em quatro períodos (*uigiliae*) de cerca de três horas cada um, do pôr do sol ao nascer. Evidentemente a duração das vigílias dependia das estações. Nesse caso, 24 de janeiro do calendário juliano, a quarta vigília situava-se mais ou menos entre quatro e sete da manhã.

choques armados. 4. Pouco tempo depois, porém, com a intervenção de delegados de um e outro lado, ficam sabendo o que ignoravam sobre a fuga de Lúcio Domício. 5. Então, por decisão unânime, trazem a público Domício, cercam-no, mantêm-no preso e enviam, dentre os seus, delegados junto a César, para dizer que estavam dispostos a lhe abrir as portas, a fazer o que ele viesse a ordenar, e a entregar em suas mãos Lúcio Domício vivo.

[21] 1. A par desses fatos, César esteve convencido de que era de grande importância apoderar-se o quanto antes da cidade e fazer passar as coortes para seu próprio acampamento, para que não viesse a ocorrer uma mudança de atitude em razão de subornos, retomada de coragem ou falsas notícias – pois, como se sabe, na guerra, com frequência grandes desastres resultam de acontecimentos de pouca monta; 2. receando, no entanto, que com a entrada dos soldados e a permissividade da noite a cidade fosse saqueada, felicita os delegados e os devolve à cidade; dá ordens para que se vigiem as portas e as muralhas. 3. E ele, nas obras que mandara executar, dispõe soldados, não com intervalos determinados, como era prática nos dias anteriores, mas numa linha contínua de sentinelas e postos, de forma a estarem em contato permanente e ocuparem toda a linha de defesa; 4. põe para fazer a ronda tribunos e prefeitos militares e os instrui a que se previnam não só contra investidas, mas que vigiem também as saídas ocultas de pessoas isoladas. 5. E não houve pessoa alguma, por mais tranquila e apática que fosse, que conseguisse dormir aquela noite. 6. Tão grande era a expectativa que almas e corações se deixavam levar às mais diferentes conjecturas: o que ia acontecer aos corfinienses, e a Domício, e a Lêntulo e aos demais; o que os acontecimentos reservavam para cada um?

[22] 1. Pela quarta vigília[34], Lêntulo Espínter se põe a conversar do alto das muralhas com nossos guardas e patrulhas: queria ele, se lhe fosse permitido, encontrar César. 2. Concedida a permissão, deixam-no sair da cidade, sem que os soldados de Domício dele se apartem, até ser levado à presença de César. Diante dele, advoga por sua própria vida; pede e suplica que o poupe; relembra a antiga amizade e enumera os favores recebidos de César que, de fato, eram muito grandes: 4. por ele tinha entrado no colégio dos pontífices, por ele tinha obtido a província da Hispânia ao deixar a pretura, por ele

habuerat, quod in petitione consulatus erat subleuatus. 5. Cuius orationem Caesar interpellat: se non maleficii causa ex prouincia egressum, sed uti se a contumeliis inimicorum defenderet, ut tribunos plebis in ea re ex ciuitate expulsos in suam dignitatem restitueret, ut se et populum Romanum factione paucorum oppressum in libertatem uindicaret. 6. Cuius oratione confirmatus Lentulus, ut in oppidum reuerti liceat, petit: quod de sua salute impetrauerit, fore etiam reliquis ad suam spem solatio; adeo esse perterritos nonnullos, ut suae uitae durius consulere cogantur. Facta potestate, discedit.

[23] 1. Caesar, ubi luxit, omnes senatores senatorumque liberos, tribunos militum equitesque Romanos ad se produci iubet. 2. Erant senatorii ordinis L. Domitius, P. Lentulus Spinther, L. Caecilius Rufus, Sex. Quintilius Varus quaestor, L. Rubrius; praeterea filius Domiti aliique complures adulescentes et magnus numerus equitum Romanorum et decurionum, quos ex municipiis Domitius euocauerat. 3. Hos omnes productos a contumeliis militum conuiciisque prohibet; pauca apud eos loquitur, quod sibi a parte eorum gratia relata non sit pro suis in eos maximis beneficiis; dimittit omnes incolumes. 4. HS LX, quod aduexerat Domitius atque in publico deposuerat, allatum ad se ab duumuiris Corfiniensibus Domitio reddit, ne continentior in uita hominum quam in pecunia fuisse uideatur, etsi eam pecuniam publicam esse constabat datamque a Pompeio in stipendium. 5. Milites Domitianos sacramentum apud se dicere iubet atque eo die castra mouet iustumque iter conficit, VII omnino dies ad Corfinium commoratus, et per fines Marrucinorum, Frentanorum, Larinatium in Apuliam peruenit.

---

35 Falando a Lêntulo Espínter, figura importante do Senado, cônsul em 57, quando colaborou ativamente para o retorno de Cícero do exílio, César, entre outras coisas, marca bem sua posição com relação à oligarquia senatorial: não saíra da província (eufemismo!) para fazer mal algum, mas para devolver a liberdade a si próprio e ao povo romano, oprimido por uma facção minoritária. Essa afirmação, de maior fôlego ideológico do que a já repetida defesa dos direitos dos tribunos e da própria *dignitas*, confere à mensagem de César, do ponto de vista propagandístico, maior consistência e amplidão e desperta a suspeita de que suas intenções já seriam de reformular a política romana, especialmente do Senado.

36 A entrega do dinheiro é feita pelos magistrados supremos de Corfínio; por se tratar de município e não de colônia, cuja administração estava a cargo de quadrúnviros, os comentadores acreditam que o termo *duunuiri*, registrado no texto, pode ser erro de copista ou cochilo de César.

37 Diante do desassossego e apreensão geral de que o vencedor da guerra civil viesse a repetir a experiência fatídica de Sila, César se esmera em personificar a clemência e a misericórdia para com os adversários e o desprendimento com relação ao dinheiro. A preocupação com a própria imagem perante a opinião pública é evidente

tinha sido apoiado ao se candidatar ao consulado. 5. Interrompe-lhe César o discurso: não saíra de sua província para fazer mal algum, mas para se defender dos agravos dos inimigos, para restabelecer em seus poderes os tribunos da plebe que tinham sido, naquela ocasião, expulsos da Cidade, para devolver a liberdade a si e ao povo romano oprimido por uma facção minoritária.[35] 6. Alentado com esse discurso, Lêntulo pede que lhe seja permitido retornar à cidade: o que obtivera como graça pessoal, serviria também para alimentar a esperança dos demais; era tal o estado de pavor de alguns, que estavam sendo levados a tomar decisões bem duras para a própria vida. Dada a permissão, ele se foi.

[23] 1. Ao amanhecer, César ordena que sejam trazidos à sua presença todos os senadores e filhos de senadores, os tribunos militares e cavaleiros romanos. 2. Da ordem senatorial eram Lúcio Domício, Públio Lêntulo Espínter, Lúcio Cecílio Rufo, o questor Sexto Quintílio Varo e Lúcio Rúbrio; havia também o filho de Domício e muitos outros jovens e um grande número de cavaleiros romanos e decuriões que Domício recrutara nos municípios. 3. À frente de todos, César os protege de ofensas e insultos dos soldados; dirige-lhes poucas palavras, lamenta que não tenham sido gratos pelos grandes favores que lhes tinha feito; despacha-os sem lhes fazer mal algum. 4. Os seis milhões de sestércios que Domício havia trazido e depositado no erário público de Corfínio, entregues a César pelos duúnviros[36] de Corfínio, ele os devolveu a Domício, para não dar a impressão de que era mais sóbrio com relação à vida das pessoas do que com relação ao dinheiro[37], embora fosse notório que o dinheiro pertencia ao Estado e tinha sido entregue por Pompeu para ser soldo. 5. Ordena que os soldados de Domício lhe jurem fidelidade e, levantando acampamento, se põe em marcha normal[38], depois de ter permanecido ao todo sete dias em Corfínio, e através dos territórios dos marrucinos, dos frentanos e de Larino, chega à Apúlia.

---

quando diz: "Para não dar a impressão de que era mais sóbrio com relação à vida das pessoas do que em relação ao dinheiro."

38 A marcha diária normal (*iustum iter*) era de 25 quilômetros, a apressada (*magnum iter*), de 30 quilômetros, e a forçada (*maximum iter*) podia atingir até 50 quilômetros.

[24] 1. Pompeius, his rebus cognitis, quae erant ad Corfinium gestae, Luceria proficiscitur Canusium atque inde Brundisium. 2. Copias undique omnes ex nouis dilectibus ad se cogi iubet; seruos, pastores armat atque eis equos attribuit; ex his circiter CCC equites conficit. 3. L. Manlius praetor Alba cum cohortibus sex profugit, Rutilius Lupus praetor Tarracina cum tribus; quae procul equitatum Caesaris conspicatae, cui praeerat Vibius Curius, relicto praetore signa ad Curium transferunt atque ad eum transeunt. 4. Item reliquis itineribus nonnullae cohortes in agmen Caesaris, aliae in equites incidunt. Reducitur ad eum deprensus ex itinere N. Magius, Cremona, praefectus fabrum Cn. Pompei. 5. Quem Caesar ad eum remittit cum mandatis: quoniam ad id tempus facultas colloquendi non fuerit, atque ipse Brundisium sit uenturus, interesse rei publicae et communis salutis se cum Pompeio colloqui; neque uero idem profici longo itineris spatio, cum per alios condiciones ferantur, ac si coram de omnibus condicionibus disceptetur.

[25] 1. His datis mandatis, Brundisium cum legionibus VI peruenit, ueteranis III et reliquis, quas ex nouo dilectu confecerat atque in itinere compleuerat; Domitianas enim cohortes protinus a Corfinio in Siciliam miserat. 2. Reperit consules Dyrrachium profectos cum magna parte exercitus, Pompeium remanere Brundisi cum cohortibus XX; 3. neque certum inueniri poterat obtinendine Brundisii causa ibi remansisset, quo facilius omne Hadriaticum mare ex ultimis Italiae partibus regionibusque Graeciae in potestate haberet atque ex utraque parte bellum administrare posset, an inopia nauium ibi restitisset; 4. ueritusque ne ille Italiam dimittendam non existimaret, exitus administrationesque Brundisini portus impedire instituit. 5. Quorum operum haec erat ratio. Qua fauces erant angustissimae portus, moles atque aggerem ab utraque parte litoris iaciebat, quod iis locis erat uadosum mare. 6. Longius progressus, cum agger altiore aqua contineri non posset, rates duplices quoquo uersus pedum XXX e regione molis collocabat. 7. Has quaternis ancoris ex

---

39   Brundísio era, já na Antiguidade, o porto italiano do mar Adriático normalmente usado para as travessias marítimas em direção ao leste do Mediterrâneo, em especial para o Epiro (atual Albânia) e a Grécia.

40   César, passando por cima da autoridade dos cônsules e do Senado e na tentativa de isolá-los do recente aliado, propõe negociações pessoais e diretas com Pompeu, a quem tinha mais facilidade de atrair, não só porque lhe conhecia a vaidosa personalidade, mas porque ambos tinham entre si muito mais afinidade do que com a aristocracia senatorial que, havia muito, nutria por eles profunda desconfiança.

41   César chega a Brundísio no dia 9 de março (Cic. *Ad Atticum* 9,13ª,1), dezessete dias depois da partida de Corfínio.

42   César, conhecendo o largo tirocínio militar de Pompeu e suas muitas campanhas vitoriosas, bem como sua fama de habilidoso estrategista, deixa transparecer

[24] 1. A par dos acontecimentos que se passaram em Corfínio, Pompeu parte de Lucéria para Canúsio e daí para Brundísio.[39] 2. Dá instruções para que todas as tropas formadas dos novos recrutamentos se concentrem junto dele; arma escravos e pastores e lhes atribui cavalos; com eles forma uns trezentos cavaleiros. 3. O pretor Lúcio Mânlio abandona Alba com seis coortes e o pretor Rutílio Lupo, Terracina, com três; essas tropas, tendo avistado ao longe a cavalaria de César, comandada por Víbio Cúrio, desertam do pretor, transferem seus estandartes para Cúrio e passam para o seu lado. 4. Igualmente, em marchas posteriores, algumas coortes se encontram com a coluna de César, outras, com sua cavalaria. Numério Mágio, natural de Cremona, mestre de obras de Pompeu, é aprisionado durante a marcha e conduzido à presença de César; 5. César o envia a Pompeu[40] com a missão de dizer que, não tendo sido possível até aquela data nenhuma conversação e tendo César intenção de ir a Brundísio, era do interesse do Estado e da segurança de todos um encontro com Pompeu; numa negociação feita a grande distância, quando as condições são apresentadas por terceiros, os resultados são bem diferentes do que quando se discutem face a face todas as condições.

[25] 1. Tendo dado essas instruções, César chega a Brundísio com seis legiões[41]: três de veteranos e as outras formadas de um novo recrutamento e completadas durante a marcha; as coortes de Domício ele as tinha enviado diretamente de Corfínio para a Sicília. 2. Fica sabendo que os cônsules haviam partido para Dirráquio com grande parte do exército, que Pompeu permanecia em Brundísio com vinte coortes; 3. não tinha elementos para concluir com clareza se ele permanecera aí para se instalar em Brundísio no intuito de manter mais facilmente sob seu controle todo o mar Adriático, do extremo sul da Itália ao litoral grego e, de uma e outra parte, ter condições de conduzir a guerra, ou se se detivera por falta de navios.[42] 4. Receando que Pompeu pensasse que não devia abandonar a Itália, decidiu bloquear as saídas e o funcionamento do porto de Brundísio. 5. Eis o plano dessas operações: onde a entrada do porto era bastante estreita, construiu, de uma e outra margem, dique e aterro, porque nesses lugares o mar era pouco profundo. 6. À medida que avançava, como o aterro não podia se manter em razão de maior profundidade da água, César fazia colocar, como prosseguimento do aterro, duas fileiras de jangadas de trinta pés de lado. 7. Ele as mantinha fixas com quatro âncoras,

POMPEU

Expressão maior da crescente ascensão do poder pessoal alcançado com o comando de tropas, Pompeu sempre foi visto pelo Senado com reserva e desconfiança. Pelas suas qualidades militares, tornou-se figura necessária a que, a contragosto, o Senado recorria para debelar as recorrentes crises do fim da República: extermínio da pirataria no Mediterrâneo, repressão à rebeldia de Sertório na Espanha, guerra contra Mitridates na Ásia. As glórias e a vaidade não lhe fizeram supor que César poderia destroná-lo. (*Mus. Copenhaguen*)

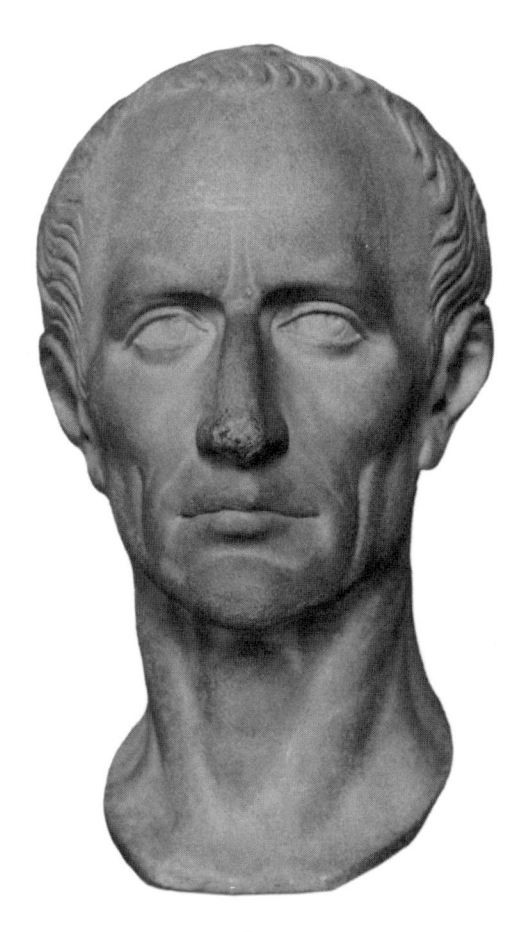

César

Historiadores, desde a Antiguidade, o pintam obcecado pela ideia do poder e da liderança solitária na política romana: queria antes ser o primeiro numa humilde tribo dos Alpes do que ser o segundo em Roma. Para alçar ao pedestal da glória não lhe faltou obstinação e renúncia. Amante consagrado e intelectual refinado, preferiu por quase dez anos as agruras da guerra na Gália aos requintes e prazeres de Roma. No auge da fama, a Fortuna, deusa a quem prestava frequente homenagem, o fez sucumbir aos golpes dos tiranicidas, ao pé da estátua de Pompeu, cuja cabeça não muito tempo antes lhe tinha sido ofertada no Egito. (*British Museum*)

IIII angulis destinabat, ne fluctibus mouerentur. 8. His perfectis collocatisque, alias deinceps pari magnitudine rates iungebat. 9. Has terra atque aggere integebat, ne aditus atque incursus ad defendendum impediretur. A fronte atque ab utroque latere cratibus ac pluteis protegebat; 10. in quarta quaque earum turres binorum tabulatorum excitabat, quo commodius ab impetu nauium incendiisque defenderet.

[26] 1. Contra haec Pompeius nauis magnas onerarias, quas in portu Brundisino deprehenderat, adornabat. Ibi turres cum ternis tabulatis erigebat easque multis tormentis et omni genere telorum completas ad opera Caesaris adpellebat, ut rates perrumperet atque opera disturbaret. Sic cotidie utrimque eminus fundis, sagittis reliquisque telis pugnabatur. 2. Atque haec Caesar ita administrabat, ut condiciones pacis dimittendas non existimaret; ac tametsi magnopere admirabatur Magium, quem ad Pompeium cum mandatis miserat, ad se non remitti, atque ea res saepe temptata etsi impetus eius consiliaque tardabat, tamen omnibus rebus in eo perseuerandum putabat. 3. Itaque Caninium Rebilum legatum, familiarem necessariumque Scriboni Libonis, mittit ad eum colloqui causa; mandat, ut Libonem de concilianda pace hortetur; imprimis, ut ipse cum Pompeio colloqueretur, postulat; 4. magnopere sese confidere demonstrat, si eius rei sit potestas facta, fore ut aequis condicionibus ab armis discedatur. Cuius rei magnam partem laudis atque existimationis ad Libonem peruenturam, si illo auctore atque agente ab armis sit discessum. 5. Libo a colloquio Canini digressus ad Pompeium proficiscitur. Paulo post renuntiat, quod consules absint, sine illis non posse agi de compositione. 6. Ita saepius rem frustra temptatam Caesar aliquando dimittendam sibi iudicat et de bello agendum.

[27] 1. Prope dimidia parte operis a Caesare effecta, diebusque in ea re consumptis VIIII, naues a consulibus Dyrrachio remissae, quae priorem

---

algumas vezes em sua obra, até com certa ansiedade, a preocupação com os planos de Pompeu.

43 César estranha aqui que Mágio não lhe tenha trazido resposta de Pompeu: no entanto, ele próprio, em carta a Balbo, afirma: "Enviou-me (Pompeu) N. Mágio para tratar da paz" (Cic. *Ad Atticum* 9,13 A). Os comentadores têm procurado compatibilizar essa contradição, aventando a hipótese de que César, descontente com uma primeira proposta considerada inaceitável, teria enviado Mágio uma segunda vez a Pompeu, sem que este lhe tivesse dado retorno.

44 Pompeu teria prontamente percebido a manobra divisionista de César e respondeu de forma negativa à proposta de negociação, dando claramente a entender que os interlocutores legítimos eram os cônsules em exercício.

uma em cada um dos quatro ângulos, para não serem deslocadas pelas ondas. 8. Uma vez terminadas essas jangadas e postas no seu lugar, juntava a elas outras de igual dimensão. 9. Cobria-as de terra formando um aterro, por onde teria acesso fácil e acorreria numa eventual defesa. A frente e ambos os lados protegia com faxinas e manteletes. 10. Para cada grupo de quatro jangadas, César erguia torres de dois planos para melhor defendê-las dos ataques dos navios e dos incêndios.

[26] 1. Em resposta a esses trabalhos, Pompeu equipava grandes navios cargueiros dos quais se apossara no porto de Brundísio. Construía neles torres de três andares, dotava-as de muitas peças de artilharia e de todo tipo de armas de arremesso e investia contra as obras de César para romper as jangadas e criar problemas às instalações. Assim, diariamente se combatia dos dois lados com fundas, flechas e outros projéteis. 2. Dessas coisas se ocupava César, pensando, contudo, que não devia renunciar a um acordo de paz, embora estranhasse muito que Mágio[43], que enviara com mensagem a Pompeu, não lhe trouxesse resposta; apesar dessas repetidas tentativas lhe frearem o ímpeto e os planos, pensava que, com todos os meios, tinha de perseverar nesse intento. 3. É por isso que envia seu legado Canínio Rebilo, amigo íntimo de Escribônio Libão, para com ele manter conversações; incumbe-o de ganhar Libão para a causa da paz; pede particularmente que possa entrevistar-se com Pompeu; 4. declara que tinha absoluta confiança de que, se lhe fosse dada essa oportunidade, haveria meios de pôr fim à guerra com justo acordo; que, desse fato, grande parte da glória e do reconhecimento caberia a Libão, se com seu apoio e iniciativa se chegasse à cessação das hostilidades. 5. Libão, saindo do encontro com Canínio, dirige-se a Pompeu. Pouco depois retorna com a resposta: por estarem ausentes os cônsules, não se podia sem eles tratar da reconciliação.[44] 6. Diante disso, César julga que deve renunciar definitivamente às tentativas tantas vezes feitas sem resultados, e cuidar da guerra.

[27] 1. Quando César já tinha completado quase metade da obra num período de nove dias, retornam de Dirráquio[45] a Brundísio,

---

45 A cidade de Dirráquio, onde desembarcou o primeiro contingente do exército de Pompeu, ficava no Ilírico (atual Albânia), no litoral norte do Adriático.

partem exercitus eo deportauerant, Brundisium reuertuntur. 2. Pompeius siue operibus Caesaris permotus siue etiam quod ab initio Italia excedere constituerat, aduentu nauium profectionem parare incipit, 3. et quo facilius impetum Caesaris tardaret, ne sub ipsa profectione milites oppidum irrumperent, portas obstruit, uicos plateasque inaedificat, fossas transuersas uiis praeducit atque ibi sudes stipitesque praeacutos defigit. 4. Haec leuibus cratibus terraque inaequat; aditus autem atque itinera duo, quae extra murum ad portum ferebant, maximis defixis trabibus atque eis praeacutis praesepit. 5. His paratis rebus, milites silentio naues conscendere iubet, expeditos autem ex euocatis, sagittariis funditoribusque raros in muro turribusque disponit. 6. Hos certo signo reuocare constituit, cum omnes milites naues conscendissent, atque iis expedito loco actuaria nauigia relinquit.

[28] 1. Brundisini Pompeianorum militum iniuriis atque ipsius Pompei contumeliis permoti Caesaris rebus fauebant. 2. Itaque, cognita Pompei profectione, concursantibus illis atque in ea re occupatis, uulgo ex tectis significabant. Per quos re cognita, Caesar scalas parari militesque armari iubet, ne quam rei gerendae facultatem dimittat. 3. Pompeius sub noctem naues soluit. Qui erant in muro custodiae causa collocati, eo signo, quod conuenerat, reuocantur, notisque itineribus ad naues decurrunt. 4. Milites, positis scalis, muros ascendunt, sed moniti a Brundisinis ut uallum caecum fossasque caueant, subsistunt et longo itinere ab his circumducti ad portum perueniunt duasque naues cum militibus, quae ad moles Caesaris adhaeserant, scaphis lintribusque reprehendunt, reprehensas excipiunt.

[29] 1. Caesar etsi ad spem conficiendi negotii maxime probabat coactis nauibus mare transire et Pompeium sequi, priusquam ille sese transmarinis auxiliis confirmaret, tamen eius rei moram temporisque longinquitatem timebat, quod omnibus coactis nauibus Pompeius praesentem facultatem

---

46 César, mais uma vez, não perde a oportunidade de consignar que os seus não só não encontram resistência entre os civis, como deles recebem apoio unânime.

por ordem dos cônsules, os navios que para lá tinham transportado a primeira leva do exército. 2. Com a chegada dos navios, Pompeu, por estar alarmado com as obras empreendidas por César ou porque já desde o início decidira deixar a Itália, se põe a preparar a partida; 3. para ter melhores condições de retardar o ataque de César e evitar que seus soldados irrompam pela cidade no momento do embarque, obstrui as portas, levanta barricadas nas ruas e praças, cava trincheiras transversais às ruas e aí fixa estacas e paus pontiagudos, 4. nivelando-os com varas frágeis e com terra; os acessos ao porto e os dois caminhos que por fora dos muros levam a ele, Pompeu os barra, enterrando troncos de grande porte e pontiagudos. 5. Feitos esses preparativos, ordena que os soldados embarquem em silêncio, distribui pelas muralhas e nas torres, em grandes intervalos, soldados levemente armados, escolhidos entre os veteranos, os arqueiros e os fundibulários. 6. Estabelece que a um dado sinal deviam retirar-se, quando se processasse o embarque de todos os soldados; reserva-lhes, em local de fácil acesso, barcos ligeiros.

[28] 1. Os habitantes de Brundísio, ressentidos com os desmandos e as afrontas dos soldados do próprio Pompeu, apoiavam a causa de César.[46] 2. Por isso, quando se dão conta da retirada de Pompeu pelo corre-corre dos soldados ocupados com essa operação, faziam sinal em massa do alto de suas casas. Posto por eles a par da situação, César ordena que se preparem escadas e se armem os soldados para não deixar escapar nenhuma possibilidade de ação. 3. Pompeu zarpa ao cair da noite. Os que estavam de atalaia nas muralhas, ao sinal combinado são convocados a se retirar e por caminhos conhecidos correm para os navios. 4. Os soldados de César colocam escadas e escalam as muralhas, mas, prevenidos pelos brundisianos a se acautelarem com as trincheiras e os fossos disfarçados, detêm-se e, sob a direção deles, chegam ao porto por um longo desvio; com barcos e canoas, prendem e se apoderam de dois navios de soldados, encalhados nos diques feitos por César.

[29] 1. César, na perspectiva de pôr termo às operações, achava que a melhor solução era reunir navios, transpor o mar e ir ao encalço de Pompeu antes que este tivesse o reforço de tropas auxiliares de além-mar; temia, no entanto, a lentidão da operação e sua delonga, pois Pompeu, ao requisitar todos os navios, tirara-lhe a possibilidade

insequendi sui ademerat. 2. Relinquebatur ut ex longinquioribus regionibus Galliae Picenique et a freto naues essent exspectandae. Id propter anni tempus longum atque impeditum uidebatur. 3. Interea ueterem exercitum, duas Hispanias confirmari, quarum erat altera maximis beneficiis Pompei deuincta, auxilia, equitatum parari, Galliam Italiamque temptari se absente nolebat.

[30] 1. Itaque in praesentia Pompei sequendi rationem omittit, in Hispaniam proficisci constituit: duumuiris municipiorum omnium imperat ut naues conquirant Brundisiumque deducendas curent. 2. Mittit in Sardiniam cum legione una Valerium legatum, in Siciliam Curionem pro praetore cum legionibus III; eundem, cum Siciliam recepisset, protinus in Africam transducere exercitum iubet. Sardiniam obtinebat M. Cotta, Siciliam M. Cato; Africam sorte Tubero obtinere debebat. 3. Caralitani, simul ad se Valerium mitti audierunt, nondum profecto ex Italia sua sponte Cottam ex oppido eiciunt. Ille perterritus, quod omnem prouinciam consentire intellegebat, ex Sardinia in Africam profugit. 4. Cato in Sicilia naues longas ueteres reficiebat, nouas ciuitatibus imperabat. Haec magno studio agebat. In Lucanis Brutiisque per legatos suos ciuium Romanorum dilectus habebat, equitum peditumque certum numerum a ciuitatibus Siciliae exigebat. 5. Quibus rebus paene perfectis, aduentu Curionis cognito, queritur in contione sese proiectum ac proditum a Cn. Pompeio, qui, omnibus rebus imparatissimis, non necessarium bellum suscepisset et ab se reliquisque in senatu interrogatus omnia sibi esse ad bellum apta ac parata confirmauisset. Haec in contione questus ex prouincia fugit.

[31] 1. Nacti uacuas ab imperiis Sardiniam Valerius, Curio Siciliam, cum exercitibus eo perueniunt. 2. Tubero cum in Africam uenisset, inuenit in prouincia cum imperio Attium Varum; qui ad Auximum, ut supra

---

47 Este capítulo (como outros que pontuam a narrativa), dedicado a considerações de ordem estratégica, obedece a um dos objetivos claros e, a nosso ver, ineludíveis da obra: o de demonstrar, em aparente contradição com o insistente desejo de paz e reconciliação, que seu autor é general de larga visão militar, perfeitamente atento a todos os lances da guerra.

48 O Brútio era a antiga região do sul da Itália correspondente à atual Calábria.

49 De todos os inimigos de César, Catão foi talvez a pessoa por quem ele nutriu animosidade indisfarçável. Esse trecho, a nosso ver, tem o nítido propósito de caracterizar e ridicularizar seu comportamento, e a construção do texto se presta bem a esse objetivo: uma atividade febril descrita numa sucessão rápida de frases paratáticas, fazendo prever auspiciosos resultados, e quando tudo já parecia pronto para a resistência, o que aparece é a figura de um homem verboso e fujão a descarregar sobre os outros sua própria fraqueza. A retirada pouco honrosa de Catão recebe confirmação na correspondência de Cícero (*Ad Atticum* 10,16,3).

imediata de persegui-lo. 2. Restava-lhe a alternativa de contar com navios vindos das regiões mais afastadas da Gália, do Piceno e do estreito de Messina. Essa solução lhe parecia longa e complicada em razão da estação do ano. 3. César não queria que nesse meio-tempo se consolidassem os sentimentos de fidelidade dos veteranos de Pompeu das duas Hispânias, das quais uma estava ligada a ele por imensos favores recebidos; não queria, com sua ausência, que se aprestassem tropas auxiliares e cavalaria, que se tentasse ganhar o apoio da Gália e da Itália.[47]

[30] 1. É por isso que desiste, no momento, do plano de perseguir Pompeu e decide partir para a Hispânia; dá ordem aos duúnviros de todos os municípios para que andem à cata de navios e tratem de encaminhá-los a Brundísio. 2. Envia Valério à Sardenha com uma legião e, à Sicília, o propretor Curião com três legiões, com ordem de, após a ocupação da ilha, passar imediatamente o seu exército para a África. Governava a Sardenha Marcos Cota, e a Sicília, Marcos Catão; por sorteio devia governar a África Tuberão. 3. Os habitantes de Cáralis, tão logo ouviram que lhes tinha sido enviado Valério e antes mesmo de sua partida, de livre e espontânea vontade expulsam Cota da cidade. Ele, em pânico porque constatava que eram idênticos os sentimentos de toda a província, foge para a África. 4. Catão, na Sicília, reparava velhos navios de guerra, impunha novos às cidades; levava adiante a tarefa com grande empenho. Na Lucânia e no Brútio[48] recrutava, por meio de seus lugares-tenentes, cidadãos romanos, exigia das cidades da Sicília um número determinado de cavaleiros e infantes. 5. Quando estava quase tudo pronto, ao tomar conhecimento da chegada de Curião, põe-se a lamentar em assembleia que tinha sido abandonado e traído por Pompeu, que, na maior das improvisações, empreendera uma guerra desnecessária e que, interrogado por ele e outros no Senado, havia assegurado que organizara e preparara tudo para a guerra. Após essas lamúrias em público, fugiu da província.[49]

[31] 1. Valério e Curião, encontrando respectivamente a Sardenha e a Sicília em vacância de governo, lá chegam com seus exércitos. 2. Tuberão, ao aportar na África[50], encontrou Átio Varo no governo

---

50 A província da África, constituída em 146 com a destruição de Cartago, ocupava a parte norte do continente, equivalente ao atual território da Tunísia. Após a batalha de Tapso (46 a.C.), César anexou a ela o território da Numídia, em represália ao rei

demonstrauimus, amissis cohortibus protinus ex fuga in Africam peruenerat atque eam sua sponte uacuam occupauerat, delectuque habito, duas legiones effecerat, hominum et locorum notitia et usu eius prouinciae nactus aditus ad ea conanda, quod paucis ante annis ex praetura eam prouinciam obtinuerat. 3. Hic uenientem Vticam nauibus Tuberonem portu atque oppido prohibet, neque adfectum ualetudine filium exponere in terra patitur, sed sublatis ancoris excedere eo loco cogit.

[32] 1. His rebus confectis, Caesar, ut reliquum tempus a labore intermitteretur, milites in proxima municipia deducit; ipse ad urbem proficiscitur. 2. Coacto senatu, iniurias inimicorum commemorat. Docet se nullum extraordinarium honorem appetisse, sed exspectato legitimo tempore consulatus eo fuisse contentum quod omnibus ciuibus pateret. 3. Latum ab X tribunis plebis contradicentibus inimicis, Catone uero acerrime repugnante et pristina consuetudine dicendi mora dies extrahente, ut sui ratio absentis haberetur, ipso consule Pompeio; qui si improbasset, cur ferri passus esset? Si probasset, cur se uti populi beneficio prohibuisset? 4. Patientiam proponit suam, cum de exercitibus dimittendis ultro postulauisset; in quo iacturam dignitatis atque honoris ipse facturus esset. 5. Acerbitatem inimicorum docet, qui, quod ab altero postularent, in se recusarent, atque omnia permisceri mallent, quam imperium exercitusque dimittere. 6. Iniuriam in eripiendis legionibus praedicat, crudelitatem et insolentiam in circumscribendis tribunis plebis; condiciones a se latas, expetita colloquia et denegata commemorat. 7. Pro quibus rebus hortatur ac postulat ut rem publicam suscipiant atque una secum administrent. Sin timore defugiant illi, se oneri non defuturum et per se rem publicam administraturum. 8. Legatos ad Pompeium de compositione mitti oportere; neque se reformidare, quod in senatu Pompeius paulo ante

---

Juba I que tinha lutado ao lado das forças do Senado contra o exército de Curião, legado de César nesse local.

51 Atente-se para o fato de que César, cujos dotes oratórios eram reconhecidos por Cícero, quando reproduz seus discursos no *Bellum Ciuile*, com apenas uma exceção, recorre sistematicamente a nominalizações ou discursos indiretos, para manter-se fiel ao estilo contido e neutro do seu tipo de relato (*commentarius*).

52 O intervalo prescrito em lei entre um primeiro e segundo consulado era de dez anos, a não ser em casos especiais. O primeiro consulado de César tinha sido em 59.

53 No consulado especial de Pompeu (ano 52) fora votado o plebiscito que concedia a César o direito de se candidatar ausente (*in absentia*) ao consulado; logo depois, porém, por proposta de Pompeu, foi aprovada a lei de reforma das magistraturas (*Lex Pompeia de iure magistratuum*), que exigia a presença em Roma dos postulantes de mandato. Houve acertos ou tentativas de acertos posteriores para que se levasse em conta o privilégio anteriormente concedido a César, cujo cumprimento ele sempre reclamou.

da província; este, tendo perdido suas coortes nas proximidades de Áuximo, como acima registramos, imediatamente após a fuga ganhou a África e, por iniciativa própria, ocupou-a, então vacante e, tendo procedido a um recrutamento, formou duas legiões; o conhecimento das pessoas e da região e sua vivência na província ensejaram-lhe os meios de realizar essa tarefa, pois alguns anos antes, ao deixar a pretura, coubera-lhe essa província. 3. Esse senhor, quando Tuberão chega a Útica com sua frota, barra-lhe o acesso ao porto e à cidade, não lhe permite que desembarque o filho doente, força-o a levantar âncora e deixar o lugar.

[32] 1. Tomadas essas providências, César, para dar descanso aos soldados durante o tempo de que dispunha, encaminha-os aos municípios mais próximos, mas se dirige às proximidades da Cidade. 2. Reunido o Senado, recorda as injustiças dos seus desafetos.[51] Declara que jamais almejara um cargo extraordinário; ao contrário, depois de aguardar o tempo prescrito em lei para o consulado[52], ter-se-ia contentado com o que se facultava a qualquer cidadão. 3. Tinha sido proposto pelos dez tribunos da plebe, apesar da resistência dos inimigos e da oposição implacável de Catão na sua velha tática de fazer obstrução por dias inteiros, que se levasse em conta sua candidatura, embora ausente[53], e isso no consulado do próprio Pompeu. Se ele era contrário, por que tinha permitido a proposta? E se estava a favor, por que o impediu de gozar de um favor concedido pelo povo? 4. Exibe sua tolerância, ao tomar a iniciativa de pedir o licenciamento dos exércitos, medida que feria sua dignidade e sua honra. 5. Põe em evidência a sanha dos inimigos que recusavam cumprir o que exigiam da outra parte e preferiam o caos geral a renunciar ao comando e à desmobilização dos exércitos. 6. Denuncia a injustiça em privá-lo das legiões, a brutalidade inaudita em cercear os tribunos da plebe, lembra as propostas por ele apresentadas, as negociações solicitadas e negadas. 7. Em razão desses fatos, exorta-os e pede-lhes que assumam a República e a governem juntamente com ele.[54] Mas se, de medo, se esquivassem, ele não deixaria de assumir sua responsabilidade e governaria o Estado com seus próprios meios. 8. Era necessário enviar

---

54 Esse apelo pressuroso aos senadores que não tinham partido com Pompeu, revela o empenho de César em garantir para si o apoio do Senado, com o qual se teria a impressão de que a instituição funcionava em sua normalidade.

Catão de Útica

Foi o líder inconteste e extremista da aristocracia senatorial no seu afã de barrar as ambições de César; o cognome serve para distingui-lo do Catão censor, seu famoso bisavô. Útica é a cidade da África onde ele se suicidou após a segunda grande derrota das forças senatoriais em Tapso. Seu fim trágico e coerente com seu ideário político e filosófico lhe valeu a fama e a admiração da posteridade desde a Antiguidade, quando foi elogiado por Cícero no panfleto *Cato*, sentimento de que não participava César, como se pode depreender da leitura de alguns passos do *Bellum Ciuile* e no libelo *Anticato*. (*Museu das Antiguidades, Rabat. Foto do Museu*)

Cícero

Como político, não teve Cícero o sucesso e o brilho que obteve como orador; tentou em vão repactuar a política romana num amplo consenso das classes mais poderosas. Quando se tornou inevitável a guerra civil, hesitou dramaticamente entre os contendores dos dois lados a quem seu inegável talento prestara serviços e de quem recebera favores. Finalmente, o apoio dado a Pompeu e ao Senado foi breve e sem convicção. (*Museu do Capitólio, Roma. Foto de Antonio da Silveira Mendonça*)

dixisset, ad quos legati mitterentur, his auctoritatem attribui timoremque eorum, qui mitterent significari. 9. Tenuis atque infirmi haec animi uideri. Se uero, ut operibus anteire studuerit, sic iustitia et aequitate uelle superare.

[33] 1. Probat rem senatus de mittendis legatis: sed, qui mitterentur, non reperiebantur, maximeque timoris causa pro se quisque id munus legationis recusabat. 2. Pompeius enim discedens ab urbe in senatu dixerat eodem se habiturum loco, qui Romae remansissent et qui in castris Caesaris fuissent. 3. Sic triduum disputationibus excusationibusque extrahitur. Subicitur etiam L. Metellus, tribunus plebis, ab inimicis Caesaris, qui hanc rem distrahat, reliquasque res, quascumque agere instituerit, impediat. 4. Cuius cognito consilio, Caesar, frustra diebus aliquot consumptis, ne reliquum tempus amittat, infectis eis, quae agere destinauerat, ab urbe proficiscitur atque in ulteriorem Galliam peruenit.

[34] 1. Quo cum uenisset, cognoscit missum [in Hispaniam] a Pompeio Vibullium Rufum, quem paucis ante diebus Corfinio captum ipse dimiserat; 2. profectum item Domitium ad occupandam Massiliam nauibus actuariis septem, quas Igili et in Cosano a priuatis coactas seruis, libertis, colonis suis compleuerat; 3. praemissos etiam legatos Massilienses domum, nobiles adulescentes, quos ab urbe discedens Pompeius erat adhortatus, ne noua Caesaris officia ueterum suorum beneficiorum in eos memoriam expellerent. 4. Quibus mandatis acceptis, Massilienses portas Caesari clauserant; Albicos, barbaros homines, qui in eorum fide antiquitus erant montesque supra Massiliam incolebant, ad se uocauerant; 5. frumentum ex finitimis regionibus atque ex omnibus castellis in urbem conuexerant; armorum officinas in urbe instituerant; muros, portas, classem reficiebant.

[35] 1. Euocat ad se Caesar Massilia XV primos. Cum iis agit ne initium inferendi belli a Massiliensibus oriatur: debere eos Italiae totius auctoritatem

---

55 César, que nos capítulos anteriores registrara a acolhida favorável das cidades por que passara, não faz a menor referência à população de Roma. O fracasso de sua visita é atribuído à sanha dos seus adversários, transidos de medo de Pompeu, interessados em boicotar-lhe projetos de cujo conteúdo não se fica sabendo.

56 A Gália ulterior é a Gália transalpina.

57 Marselha, colônia grega fócia fundada em 600 a.C., centro de difusão do helenismo no Mediterrâneo ocidental, era governada por uma junta escolhida entre os seiscentos membros do conselho de aristocratas.

delegados a Pompeu para negociações; não o intimidavam as palavras havia pouco ditas por Pompeu no Senado, segundo as quais aos que se enviam delegados, nestes se reconhece autoridade, e os que enviam dão mostras de estar com medo. 9. Tais palavras lhe pareciam de um espírito limitado e fraco. Ele, porém, assim como quis o ser primeiro por feitos militares, queria igualmente exceder em justiça e equidade.

[33] 1. O Senado aprova a proposta de enviar delegados, mas não se encontrava a quem enviar, e cada um, por sua vez, sobretudo por medo, recusava o cargo dessa delegação. 2. É que Pompeu, ao deixar a Cidade, dissera no Senado que teria na mesma conta os que permanecessem em Roma e os que estivessem no acampamento de César. 3. Passaram-se três dias em meio a discussões e pretextos. Ademais, os inimigos de César se mascaram na figura de Lúcio Metelo, tribuno da plebe, para protelar essa proposta e criar embaraços a todos os outros projetos que César decidira levar avante. 4. Conhecidas as intenções de Metelo, César, depois de gastar inutilmente alguns dias e para não perder mais tempo, deixa a Cidade[55], sem ter realizado os projetos que tinha em mente levar a cabo, e chega à Gália ulterior.[56]

[34] 1. Lá chegando, fica sabendo que Pompeu tinha enviado à Hispânia Vibúlio Rufo, a quem, poucos dias antes, César, tendo-o feito prisioneiro, deixara partir de Corfínio; 2. que Domício tinha igualmente partido para ocupar Marselha[57], com sete navios ligeiros, requisitados de particulares na ilha de Igílio e na região de Cosa, cuja equipagem era formada de escravos, libertos e arrendatários seus; 3. que anteriormente tinham sido enviados a Marselha jovens da nobreza local, aos quais Pompeu recomendara que os recentes favores de César não deviam tirar-lhes da memória os antigos benefícios recebidos dele. 4. A par dessas instruções, os marselheses haviam fechado as portas a César; tinham convocado para a defesa da cidade os álbicos, uma população bárbara que habitava os montes acima de Marselha e que havia muito estavam sob a proteção deles; 5. tinham acumulado na cidade provisões de trigo vindas das regiões vizinhas e de todos os postos fortificados; tinham instalado na cidade fábricas de armas e reparavam muros, portas e navios.

[35] 1. César convoca os quinze chefes de Marselha, insiste com eles que a iniciativa das hostilidades não parta dos marselheses;

sequi potius quam unius hominis uoluntati obtemperare. 2. Reliqua, quae ad eorum sanandas mentes pertinere arbitrabatur, commemorat. 3. Cuius orationem legati domum referunt atque ex auctoritate haec Caesari renuntiant: intellegere se diuisum esse populum Romanum in partes duas; neque sui iudicii neque suarum esse uirium discernere utra pars iustiorem habeat causam. 4. Principes uero esse earum partium Cn. Pompeium et C. Caesarem, patronos ciuitatis, quorum alter agros Volcarum Arecomicorum et Heluiorum publice iis concesserit, alter bello uictos Sallyas attribuerit uectigaliaque auxerit. 5. Quare paribus eorum beneficiis parem se quoque uoluntatem tribuere debere et neutrum eorum contra alterum iuuare aut urbe aut portibus recipere.

[36] 1. Haec dum inter eos aguntur, Domitius nauibus Massiliam peruenit atque ab eis receptus urbi praeficitur; summa ei belli administrandi permittitur. 2. Eius imperio classem quoquo uersus dimittunt; onerarias naues, quas ubi possunt, deprehendunt atque in portum deducunt, parum clauis aut materia atque armamentis instructis ad reliquas armandas reficiendasque utuntur; 3. frumenti quod inuentum est, in publicum conferunt; reliquas merces commeatusque ad obsidionem urbis, si accidat, reseruant. 4. Quibus iniuriis permotus Caesar legiones tres Massiliam adducit; turres uineasque ad oppugnationem urbis agere, naues longas Arelate numero XII facere instituit. 5. Quibus effectis armatisque diebus XXX, a qua die materia caesa est, adductisque Massiliam, his D. Brutum praeficit, C. Trebonium legatum ad oppugnationem Massiliae relinquit.

[37] 1. Dum haec parat atque administrat, C. Fabium legatum cum legionibus III, quas Narbone circumque ea loca hiemandi causa disposuerat, in Hispaniam praemittit celeriterque saltus Pyrenaeos occupari iubet, qui eo tempore ab L. Afranio legato praesidiis tenebantur. 2. Reliquas legiones, quae longius hiemabant, subsequi iubet. 3. Fabius, ut erat imperatum, adhibita

---

58 As torres (*turres*) eram construções, em sua maioria, de madeira, dotadas de rodas para aproximá-las das muralhas da cidade sitiada e cobertas de peles de animais ou materiais umedecidos ou imunes ao fogo inimigo; na parte inferior, dispunham de instrumentos para solapar as bases da muralha e, na superior, ficavam os soldados para afastar dos muros os seus defensores. Os manteletes ou galerias móveis (*uineae*), também cobertas de materiais imunes ao fogo, quando prontos, eram trazidos junto à muralha inimiga, sob cuja cobertura e proteção os soldados executavam as obras (escavações, terraplanagem, etc.) necessárias ao assédio. Ao contrário das torres, não eram altas nem compridas, mas podiam se articular em série formando uma espécie de lagarta.

devem seguir antes o exemplo de toda a Itália do que obedecer à vontade de uma única pessoa. 2. Lembra-lhes outras coisas que, a seu juízo, podiam contribuir para chamá-los à razão. 3. Os embaixadores relatam aos seus concidadãos as palavras de César e lhe trazem de volta a seguinte mensagem oficial: os marselheses entendiam que o povo romano se encontrava dividido em dois partidos; não tinham competência nem elementos para distinguir qual das partes defendia a causa mais justa; 4. os líderes desses dois partidos eram Cneu Pompeu e Caio César, ambos benfeitores da cidade; um deles lhes tinha concedido oficialmente o território dos Volcas Arecômicos e dos Hélvios, o outro, vencedor dos Sálios, os tinha feito seus súditos e aumentado sua receita; 5. em vista disso, para favores iguais deviam testemunhar também igual benevolência, não favorecer um contra o outro nem acolhê-los na cidade ou em seus portos.

[36] 1. Estando em trâmites essas conversações, Domício chega a Marselha com sua frota e, acolhido pelos seus habitantes, é posto à testa da cidade e lhe é confiado o alto comando das operações bélicas. 2. Sob suas ordens barcos são enviados em todas as direções; navios cargueiros são requisitados onde quer que os possam encontrar e transferidos ao porto; os mal providos de ferro, madeira ou armamento se prestam para restaurar ou armar os outros; 3. o que se encontra de trigo, é levado aos armazéns públicos; fazem-se reservas de outras mercadorias e provisões para um eventual cerco da cidade. 4. Irritado com tais afrontas, César conduz três legiões a Marselha, se põe a levantar torres e manteletes[58] para o assédio da cidade e ordena a construção de doze navios de guerra em Arles. 5. Construídos e equipados com armas trinta dias após a derrubada da madeira, são levados a Marselha; César confia o comando deles a Décimo Bruto, e para o cerco de Marselha é deixado Caio Trebônio, seu lugar-tenente.

[37] 1. César, enquanto prepara e organiza o cerco, faz Caio Fábio, seu legado, precedê-lo na Hispânia com as três legiões que aquartelara em Narbona e redondezas para passar o inverno; dá-lhe ordens de rapidamente ocupar os desfiladeiros dos Pireneus, então defendidos por guarnições de Lúcio Afrânio, legado de Pompeu; 2. às legiões remanescentes, que estavam em quartéis de inverno mais distantes, ordena que o sigam. 3. Fábio, de acordo com as instruções

celeritate praesidium ex saltu deiecit magnisque itineribus ad exercitum Afrani contendit.

[38] 1. Aduentu L.Vibulli Rufi, quem a Pompeio missum in Hispaniam demonstratum est, Afranius et Petreius et Varro, legati Pompei, quorum unus Hispaniam citeriorem tribus legionibus, alter ulteriorem a saltu Castulonensi ad Anam duabus legionibus, tertius ab Ana Vettonum agrum Lusitaniamque pari numero legionum optinebat, 2. officia inter se partiuntur, uti Petreius ex Lusitania per Vettones cum omnibus copiis ad Afranium proficiscatur, Varro cum iis, quas habebat, legionibus omnem ulteriorem Hispaniam tueatur. 3. His rebus constitutis, equites auxiliaque toti Lusitaniae a Petreio, Celtiberiae, Cantabris barbarisque omnibus, qui ad Oceanum pertinent, ab Afranio imperantur. 4. Quibus coactis celeriter Petreius per Vettones ad Afranium peruenit, constituuntque communi consilio bellum ad Ilerdam propter ipsius loci opportunitatem gerere.

[39] 1. Erant, ut supra demonstratum est, legiones Afranii III, Petrei duae, praeterea scutatae citerioris prouinciae et caetratae ulterioris Hispaniae cohortes circiter XXX equitumque utriusque prouinciae circiter V milia. 2. Caesar legiones in Hispaniam praemiserat VI, auxilia peditum VI milia, equitum III milia, quae omnibus superioribus bellis habuerat, et parem ex Gallia numerum, quam ipse pacauerat, nominatim ex omnibus ciuitatibus nobilissimo et fortissimo quoque euocato, II milia optimi generis hominum ex Aquitanis montanisque, qui Galliam prouinciam attingunt [...]. 3. Audierat Pompeium per Mauretaniam cum legionibus iter in Hispaniam facere confestimque esse uenturum. Simul a tribunis militum centurionibusque mutuas pecunias sumpsit; has exercitui distribuit. 4. Quo facto, duas res consecutus est, quod pignore animos centurionum deuinxit et largitione militum uoluntates redemit.

---

59 Nessa época a Hispânia era dividida em citerior, correspondente à parte norte-oriental, mais próxima de Roma, e a ulterior, a qual compreendia a parte sul-ocidental da península. Esta última estava subdividida, cabendo a Varrão a parte meridional (Andaluzia) e a do norte (Portugal), a Petreio.

60 Ilerda (hoje Lérida) era cidade da Hispânia citerior, hoje fazendo parte da Catalunha.

61 O texto faz referência a dois tipos de escudos: o *scutum*, grande, de madeira, revestido de couro, com o qual o soldado resguardava praticamente quase todo seu corpo, e o *caetrum*, pequeno e redondo, também coberto de couro; os que o empunhavam eram chamados *caetrati* e, evidentemente, o que perdiam em proteção, ganhavam em mobilidade.

62 A guerra de conquista da Gália com frequência é apresentada sob a forma de eufemismo: pacificação, guerra de defesa ou preventiva.

63 César se compraz com o ardil (extorsão ou chantagem?) de tomar dinheiro emprestado de seus oficiais para com ele pagar e comprar a fidelidade dos soldados.

recebidas, desaloja às pressas do desfiladeiro a guarnição e em marchas forçadas avança contra o exército de Afrânio.

[38] 1. Com a chegada de Lúcio Vibúlio Rufo, que, como foi dito, tinha sido enviado à Hispânia por Pompeu, seus legados Afrânio, Petreio e Varrão, dos quais um governava a Hispânia citerior com três legiões, o outro, a Hispânia ulterior[59], do passo de Castulão ao Guadiana, com duas legiões, e o terceiro, a partir do Guadiana, o território dos vetões e a Lusitânia, também com duas legiões, 2. passam a dividir as atribuições: Petreio, deslocando-se da Lusitânia, através do território dos vetões, devia reunir todas as suas tropas com as de Afrânio; Varrão, com as legiões sob seu comando, cuidaria da Hispânia ulterior. 3. Definido esse esquema, Petreio passa a recrutar cavaleiros e tropas auxiliares em toda a Lusitânia, e Afrânio, na Celtibéria, na Cantábria e entre as tribos bárbaras que se estendem até o oceano. 4. Concluída a incorporação, Petreio rapidamente se reúne com Afrânio através do território dos vetões e os dois decidem, de comum acordo, conduzir as operações na região de Lérida[60] em razão de sua posição estratégica.

[39] 1. Como foi dito acima, eram três as legiões de Afrânio, duas as de Petreio, além de umas trinta coortes, armadas de *scutum*, as que provinham da Hispânia citerior e munidas de *caetra*[61], as da Hispânia ulterior e cerca de cinco mil cavaleiros das duas províncias. 2. César se tinha feito preceder por seis legiões; as tropas auxiliares eram de aproximadamente seis mil infantes, três mil cavaleiros que tinham servido com ele em todas as campanhas precedentes, e um contingente de igual número proveniente da Gália que ele pacificara[62], tendo sido recrutado, um a um, dentre o que havia de mais notável e bravo em todas as nações; dois mil homens da melhor estirpe dentre os aquitanos e os montanheses que confinam com a província da Gália. 3. César ouvira dizer que Pompeu marchava com legiões a caminho da Hispânia através da Mauritânia e estava prestes a chegar. Nessa mesma ocasião, tomou dinheiro emprestado de tribunos militares e centuriões e o distribuiu à tropa. 4. Com essa ação, logrou dois resultados: empenhou a lealdade dos centuriões e conquistou a simpatia dos soldados com a liberalidade.[63]

[40] 1. Fabius finitimarum ciuitatum animos litteris nuntiisque temptabat. In Sicore flumine pontes effecerat duos distantes inter se milia passuum IIII. His pontibus pabulatum mittebat, quod ea quae citra flumen fuerant, superioribus diebus consumpserat. 2. Hoc idem fere atque eadem de causa Pompeiani exercitus duces faciebant, crebroque inter se equestribus proeliis contendebant. 3. Huc cum cotidiana consuetudine egressae pabulatoribus praesidio propiore ponte legiones Fabianae duae flumen transissent, impedimentaque et omnis equitatus sequeretur, subito ui uentorum et aquae magnitudine pons est interruptus et reliqua multitudo equitum interclusa. 4. Quo cognito a Petreio et Afranio ex aggere atque cratibus, quae flumine ferebantur, celeriter suo ponte Afranius, quem oppido castrisque coniunctum habebat, legiones IIII equitatumque omnem traiecit duabusque Fabianis occurrit legionibus. 5. Cuius aduentu nuntiato, L. Plancus, qui legionibus praeerat, necessaria re coactus locum capit superiorem diuersamque aciem in duas partes constituit, ne ab equitatu circumueniri posset. 6. Ita congressus impari numero magnos impetus legionum equitatusque sustinet. 7. Commisso ab equitibus proelio, signa legionum duarum procul ab utrisque conspiciuntur, quas C. Fabius ulteriore ponte subsidio nostris miserat suspicatus fore id, quod accidit, ut duces aduersariorum occasione et beneficio fortunae ad nostros opprimendos uterentur. Quarum aduentu proelium dirimitur, ac suas uterque legiones reducit in castra.

[41] 1. Eo biduo Caesar cum equitibus DCCCC, quos sibi praesidio reliquerat, in castra peruenit. Pons, qui fuerat tempestate interruptus, paene erat refectus; hunc noctu perfici iussit. 2. Ipse, cognita locorum natura, ponti castrisque praesidio sex cohortes relinquit atque omnia impedimenta, et postero die, omnibus copiis, triplici instructa acie, ad Ilerdam proficiscitur et sub castris Afrani constitit et ibi paulisper sub armis moratus facit aequo loco pugnandi potestatem. Potestate facta, Afranius copias educit et in medio colle

---

64 A referência a esse tipo de atividade não propriamente armada é uma constante na obra de César e revela o alto grau de importância atribuída na guerra à conquista da opinião pública. Quanto ao rio Sícoris, mencionado a seguir, localiza-se na Hispânia Tarraconense, é um afluente do Ebro e hoje denomina-se Segre.

65 Além da águia (*aquila*) de prata, pesada insígnia de todas as legiões, a cargo do *aquilifer* (seu portador), cada uma delas possuía seus próprios estandartes (*signa*) e porta-estandartes (*signiferi*).

[40] 1. Fábio tentava ganhar com cartas e emissários o apoio das cidades vizinhas.[64] Construíra sobre o rio Sícoris duas pontes distantes entre si quatro mil passos. Por essas pontes mandava recolher forragem, pois a que existia aquém do rio tinha sido consumida nos dias precedentes. 2. Os comandantes do exército de Pompeu faziam em geral a mesma coisa e pelo mesmo motivo e com frequência os dois lados travavam combates de cavalaria. 3. Um dia, como era prática diária, as duas legiões de Fábio tinham saído pela ponte mais próxima para dar cobertura aos forrageiros e tinham passado o rio, acompanhadas de equipamento e de toda a cavalaria; inopinadamente, a força da ventania e o grande volume de água fizeram com que a ponte se rompesse e uma boa parte da cavalaria foi interceptada. 4. Petreio e Afrânio ficam sabendo do ocorrido pelas peças de madeira e grades que eram levadas pela correnteza; sem perda de tempo, Afrânio faz passar quatro legiões e toda a cavalaria pela sua ponte, que fazia a ligação entre a cidade e o seu acampamento, e vai ao encontro das duas legiões de Fábio. 5. Anunciada a aproximação do inimigo, Lúcio Planco, comandante das legiões, forçado pela situação, ganha uma elevação e alinha a tropa, voltada para frentes opostas, a fim de que a cavalaria inimiga não tenha meios de envolvê-la. 6. Ferido o combate, Planco, embora inferiorizado em número, resiste às grandes investidas das legiões e da cavalaria. 7. Estando a cavalaria em plena refrega, de um e outro campo se avistam ao longe os estandartes[65] das duas legiões que Caio Fábio enviara pela ponte mais distante para socorrer os nossos; ele havia pressentido, o que de fato ocorreu, que os comandantes inimigos se aproveitariam da ocasião e dos favores da Fortuna para esmagar os nossos. Com a chegada delas, cessa o combate, e cada um dos comandantes conduz suas legiões de volta ao acampamento.

[41] 1. Dois dias depois, César chega ao acampamento com novecentos cavaleiros que reservara para sua escolta. A ponte que tinha sido destruída pela tempestade estava quase refeita; deu ordens para que a concluíssem durante a noite. 2. Fez pessoalmente o reconhecimento do lugar e, para assegurar a defesa da ponte e do acampamento, lá deixou seis coortes juntamente com toda a bagagem. No dia seguinte, com toda a tropa formada em três colunas, marcha para Lérida e para um pouco abaixo do acampamento de Afrânio; aí, tendo-se demorado pouco tempo em armas, oferece ao inimigo possibilidade de combate em campo aberto. Ensejada essa possibilidade, Afrânio

sub castris constituit. 3. Caesar, ubi cognouit per Afranium stare quo minus proelio dimicaretur, ab infimis radicibus montis intermissis circiter passibus CCCC castra facere constituit 4. et, ne in opere faciundo milites repentino hostium incursu exterrerentur atque opere prohiberentur, uallo muniri uetuit, quod eminere et procul uideri necesse erat, sed a fronte contra hostem pedum XV fossam fieri iussit. 5. Prima et secunda acies in armis, ut ab initio constituta erat, permanebat; post has opus in occulto a III acie fiebat. Sic omne prius est perfectum, quam imtellegeretur ab Afranio castra muniri. 6. Sub uesperum Caesar intra hanc fossam legiones reducit atque ibi sub armis proxima nocte conquiescit.

[42] 1. Postero die omnem exercitum intra fossam continet et, quod longius erat agger petendus, in praesentia similem rationem operis instituit singulaque latera castrorum singulis attribuit legionibus munienda fossasque ad eandem magnitudinem perfici iubet; reliquas legiones in armis expeditas contra hostem constituit. 2. Afranius Petreiusque terrendi causa atque operis impediendi copias suas ad infimas montis radices producunt et proelio lacessunt, neque idcirco Caesar opus intermittit, confisus praesidio legionum trium et munitione fossae. 3. Illi non diu commorati nec longius ab infimo colle progressi copias in castra reducunt. 4. Tertio die Caesar uallo castra communit; reliquas cohortes, quas in superioribus castris reliquerat, impedimentaque ad se traduci iubet.

[43] 1. Erat inter oppidum Ilerdam et proximum collem, ubi castra Petreius atque Afranius habebant, planities circiter passuum CCC, atque in hoc fere medio spatio tumulus erat paulo editior; 2. quem si occupauisset Caesar et communiuisset, ab oppido et ponte et commeatu omni, quem in oppidum contulerant, se interclusurum aduersarios confidebat. 3. Hoc sperans legiones III ex castris educit acieque in locis idoneis structa unius legionis antesignanos

---

66 O *uallum* (valo) era um parapeito construído com estacas pontiagudas de madeira envolvendo o acampamento; a *fossa* (trincheira) era uma escavação, normalmente com paredes inclinadas, medindo até 5 metros de largura e pouco mais de 2,5 metros de profundidade, que constituía a primeira defesa do campo.

67 O passo era a medida para calcular a distância e equivalia a 5 pés ou 1,479 m.

retira suas tropas e toma posição a meio caminho da colina, ao pé do seu acampamento. 3. César, quando se dá conta de que Afrânio não tinha intenção de travar combate, decide montar acampamento a uns quatrocentos passos do sopé da colina; 4. para que os soldados, durante a execução dos trabalhos, não viessem a entrar em pânico com um ataque imprevisto do inimigo e fossem impedidos de trabalhar, ele se opôs à construção de um valo[66] porque necessariamente deveria elevar-se e ser visto a distância; ao contrário, ordena que se cave uma trincheira de quinze pés, de frente para o inimigo. 5. A primeira e a segunda linhas se mantinham postadas em armas, como desde o início ficara estabelecido; atrás delas a obra era secretamente executada pela terceira linha. Dessa forma a obra toda se concluiu, sem que Afrânio percebesse que o acampamento era fortificado. Pela tardinha, César recolheu a tropa atrás das trincheiras e em armas pôde repousar a noite seguinte.

[42] 1. No outro dia, César mantém toda a tropa aquém da trincheira e, como tinha de buscar bem longe o material de fortificação, atém-se por ora ao mesmo sistema de trabalho; confere a cada legião a tarefa de fortificar respectivamente um lado do acampamento e estabelece que os fossos tenham a mesma dimensão; posiciona as outras legiões de frente para o inimigo, equipadas com armamento ligeiro. 2. Afrânio e Petreio, no intuito de incutir medo e criar embaraços à execução da obra, fazem avançar suas tropas até o sopé da colina e nos fazem provocações; nem por isso César interrompe a obra, certo da cobertura proporcionada pelas três legiões e da proteção do fosso. 3. Eles, depois de breve permanência e não tendo avançado muito além do sopé da colina, reconduzem a tropa ao acampamento. 4. No terceiro dia, César já tem o acampamento protegido por uma trincheira; dá instruções para que lhe tragam as demais coortes e as bagagens deixadas no acampamento anterior.

[43] 1. Entre a cidade de Lérida e a colina vizinha onde Petreio e Afrânio acampavam, havia uma planície de aproximadamente trezentos passos[67] e, quase no meio desse espaço, um outeiro de modestas proporções. 2. Se o ocupasse e o fortificasse, César tinha motivos para acreditar que cortaria o acesso dos adversários à cidade, à ponte e às provisões todas que eles lá tinham armazenado. 3. Contando com isso, ele retira do acampamento três legiões, alinha-as para combate

procurrere atque eum tumulum occupare iubet. 4. Qua re cognita, celeriter quae in statione pro castris erant Afrani cohortes breuiore itinere ad eundem occupandum locum mittuntur. 5. Contenditur proelio, et, quod prius in tumulum Afraniani uenerant, nostri repelluntur atque aliis submissis subsidiis terga uertere seque ad signa legionum recipere coguntur.

[44] 1. Genus erat pugnae militum illorum ut magno impetu primo procurrerent, audacter locum caperent, ordines suos non magnopere seruarent, rari dispersique pugnarent; 2. si premerentur, pedem referre et loco excedere non turpe existimarent, cum Lusitanis reliquisque barbaris genere quodam pugnae assuefacti; quod fere fit, quibus quisque in locis miles inueterauerit, ut multum earum regionum consuetudine moueatur. 3. Haec tum ratio nostros perturbauit insuetos huius generis pugnae: circumiri enim sese ab aperto latere procurrentibus singulis arbitrabantur; ipsi autem suos ordines seruare neque ab signis discedere neque sine graui causa eum locum, quem ceperant, dimitti censuerant oportere. 4. Itaque, perturbatis antesignanis legio, quae in eo cornu constiterat, locum non tenuit atque in proximum collem sese recepit.

[45] 1. Caesar paene omni acie perterrita, quod praeter opinionem consuetudinemque acciderat, cohortatus suos legionem nonam subsidio ducit; hostem insolenter atque acriter nostros insequentem supprimit rursusque terga uertere seque ad oppidum Ilerdam recipere et sub muro consistere cogit. 2. Sed nonae legionis milites elati studio, dum sarcire acceptum detrimentum uolunt, temere insecuti longius fugientes in locum iniquum progrediuntur et sub montem, in quo erat oppidum positum Ilerda, succedunt. 3. Hinc se recipere cum uellent, rursus illi ex loco superiore nostros premebant. 4. Praeruptus locus erat, utraque ex parte derectus,

---

68   Esses soldados de elite, chamados *antesignani* por se postar à frente das insígnias, de cuja guarda estavam encarregados, eram tropa da primeira linha, dotados de armas leves e treinados para manobras rápidas e ações-relâmpago.

69   Esse tipo de consideração sobre particularidades étnicas e militares de povos com os quais os romanos entraram em contato parece ser uma das preocupações de César; no famoso discurso sobre a pena a ser aplicada aos cúmplices de Catilina, Salústio o apresenta insistindo na tese de que os romanos sempre foram receptivos à ideia de incorporar em seu sistema de vida o que achavam de bom em outros povos (*De con. Cat.* 51,37-38).

70   O flanco aberto (*apertum latus*) era o lado direito, não coberto pelo escudo, manejado com a mão esquerda.

em posição favorável e dá ordens para que os soldados de elite[68] de uma delas avancem e ocupem o outeiro. 4. Percebendo a manobra, as coortes de Afrânio que estavam de sentinela à frente do acampamento são despachadas para ocupar a mesma posição por um caminho mais curto. 5. Trava-se combate e, por terem os soldados de Afrânio chegado antes ao outeiro, os nossos são rechaçados e, com a chegada de outros reforços do inimigo, são forçados a bater em retirada e a se recolher junto aos estandartes das legiões.

[44] 1. A tática adotada pelos soldados de Afrânio era primeiro lançar-se ao ataque com grande impetuosidade, apoderar-se da posição com desassombro, não se preocupar muito em manter o alinhamento, lutar dispersos em pequenos grupos; 2. acossados, não consideravam desonroso recuar e abandonar posição, acostumados que estavam com os lusitanos e outros povos bárbaros nesse tipo de combate; é normal que o soldado receba muita influência dos costumes das regiões em que permaneceu por largo tempo.[69] 3. Na ocasião, esse método desnorteou os nossos soldados, desafeitos com essa maneira de combater; vendo os inimigos lançarem-se ao ataque sem ordem, eles imaginavam que seriam envolvidos pelo flanco aberto[70]; acreditavam que deviam manter as fileiras, não se afastar de seus estandartes, não deixar, senão por motivo grave, a posição que tinham ocupado. 4. Com efeito, com o pânico da tropa de elite, a legião que estava deslocada nessa ala não manteve a posição e retirou-se para a colina vizinha.

[45] 1. Diante do pânico de quase toda a tropa em linha – fato surpreendente e insólito –, César, depois de encorajar os seus, conduz a nona legião como reforço; César cai em cima do inimigo, que se atrevia em perseguição feroz aos nossos, obriga-o por sua vez a bater em retirada, a recuar até a cidade de Lérida e a se deter aos pés de suas muralhas. 2. No entanto, os soldados da décima legião, tomados de entusiasmo e querendo recuperar-se do revés sofrido, se põem imprudentemente a perseguir até bem longe os que fugiam, enveredam por terreno desfavorável e vão dar no sopé do morro onde está construída a cidade de Lérida. 3. Quando dali quiseram retirar-se, foi a vez de os soldados inimigos, colocados em situação dominante, fustigar os nossos. 4. O lugar era escarpado, abrupto dos dois lados e se estendia em largura não mais que suficiente para conter três coortes

ac tantum in latitudinem patebat, ut tres instructae cohortes eum locum explerent, ut neque subsidia ab lateribus submitti neque equites laborantibus usui esse possent. 5. Ab oppido autem decliuis locus tenui fastigio uergebat in longitudinem passuum circiter CCCC. 6. Hac nostris erat receptus, quod eo incitati studio inconsultius processerant; hoc pugnabatur loco, et propter angustias iniquo et quod sub ipsis radicibus montis constiterant, ut nullum frustra telum in eos mitteretur. Tamen uirtute et patientia nitebantur atque omnia uulnera sustinebant. 7. Augebatur illis copia, atque ex castris cohortes per oppidum crebro submittebantur, ut integri defessis succederent. 8. Hoc idem Caesar facere cogebatur, ut submissis in eundem locum cohortibus defessos reciperet.

[46] 1. Hoc cum esset modo pugnatum continenter horis quinque nostrique grauius a multitudine premerentur, consumptis omnibus telis gladiis destrictis impetum aduersus montem in cohortis faciunt, paucisque deiectis reliquos sese conuertere cogunt. 2. Submotis sub murum cohortibus ac nonnulla parte propter terrorem in oppidum compulsis, facilis est nostris receptus datus. 3. Equitatus autem noster ab utroque latere, etsi deiectis atque inferioribus locis constiterat, tamen summa in iugum uirtute connititur atque inter duas acies perequitans commodiorem ac tutiorem nostris receptum dat. 4. Ita uario certamine pugnatum est. Nostri in primo congressu circiter LXX ceciderunt, in his Q. Fulginius ex primo hastato legionis XIIII, qui propter eximiam uirtutem ex inferioribus ordinibus in eum locum peruenerat; uulnerantur amplius DC. 5. Ex Afranianis interficiuntur T. Caecilius, primi pili centurio, et praeter eum centuriones IIII, milites amplius CC.

[47] 1. Sed haec eius diei praefertur opinio, ut se utrique superiores discessisse existimarent: 2. Afraniani, quod, cum esse omnium iudicio inferiores uiderentur, comminus tam diu stetissent et nostrorum impetum sustinuissent et

---

71 Cada uma dessas coortes dispunha de um efetivo de 500 a 600 homens, e as três, dispostas em formação de combate, compunham uma fileira de 300 a 400 metros, que deveria ser a largura estreita do terreno.

72 A legião romana (de 6.000 homens) se subdividia em 10 unidades táticas chamadas coortes; cada coorte era formada de três manípulos, e o manípulo, de 2 centúrias. Portanto, ela se compunha de 10 coortes, de 30 manípulos e 60 centúrias. O regime de promoção, entre coortes, se processava da décima (a mais baixa) até a primeira (a mais alta), e dentro de cada coorte havia três escalões: os *hastati*, os *principes* e os *triarii* (ou *pili*).

em formação de combate[71], de tal forma que não se podiam enviar reforços pelos flancos nem utilizar a cavalaria para socorrer os que estavam em dificuldades. 5. A partir da cidade, porém, o terreno em rampa se inclinava em queda suave numa extensão de uns quatrocentos passos. 6. Por aí poderiam os nossos retirar-se, uma vez que temerariamente para lá tinham avançado, levados pelo entusiasmo. Combatia-se nesse lugar, desfavorável seja pela estreiteza, seja porque os nossos se tinham colocado bem no sopé da montanha, a ponto de serem certeiros todos os projéteis que lhes eram atirados. No entanto, lutavam com bravura e obstinação e suportavam toda sorte de ferimentos. 7. Os efetivos do inimigo aumentavam, e do acampamento, através da cidade, eram enviadas ininterruptamente coortes de reforço para que tropas novas substituíssem as cansadas. 8. César era obrigado a fazer o mesmo: recolhia os soldados fatigados, colocando em seus lugares outras coortes.

[46] 1. A luta continuou assim por cinco horas ininterruptas em que os nossos soldados foram pressionados violentamente por uma multidão; quando se esgotam as armas de arremesso, sacam eles de suas espadas e investem morro acima contra as coortes adversárias; uns poucos inimigos são atirados morro abaixo, os outros são obrigados a recuar. 2. Repelidos para junto das muralhas e alguns, vítimas de pavor, tangidos para dentro da cidade, torna-se fácil a retirada para os nossos. 3. A cavalaria, por sua vez, embora colocada embaixo e em nível inferior, empenha-se, dos dois lados, com extraordinária coragem em direção ao topo e, cavalgando por entre as duas linhas, permite aos nossos uma retirada mais fácil e mais segura. 4. Os resultados dos embates ora foram para um, ora para outro lado. No primeiro encontro caíram perto de setenta homens dos nossos, entre os quais Quinto Fulgínio, do primeiro manípulo dos *hastati*[72] da décima quarta legião, que, por sua notável bravura, chegara das mais baixas posições a esse posto; os feridos foram mais de seiscentos. 5. Do lado de Afrânio foram mortos Tito Cecílio, centurião primipilo e, além dele, quatro centuriões e mais de duzentos soldados.

[47] 1. A opinião corrente a respeito dos acontecimentos desse dia era que ambos os lados achavam ter saído vencedores: 2. os afranianos porque, sendo, a juízo de todos, considerados de menor qualidade, haviam resistido por tanto tempo ao corpo a corpo, sustentado o ataque dos nossos, mantido no início a posição do outeiro,

initio locum tumulumque tenuissent, quae causa pugnandi fuerat, et nostros primo congressu terga uertere coegissent; 3. nostri autem, quod iniquo loco atque impari congressi numero quinque horis proelium sustinuissent, quod montem gladiis destrictis ascendissent, quod ex loco superiore terga uertere aduersarios coegissent atque in oppidum compulissent. 4. Illi eum tumulum, pro quo pugnatum est, magnis operibus muniuerunt praesidiumque ibi posuerunt.

[48] 1. Accidit etiam repentinum incommodum biduo, quo haec gesta sunt. Tanta enim tempestas cooritur ut numquam illis locis maiores aquas fuisse constaret. 2. Tum autem ex omnibus montibus niues proluit ac summas ripas fluminis superauit pontisque ambo, quos C. Fabius fecerat, uno die interrupit. 3. Quae res magnas difficultates exercitui Caesaris attulit. Castra enim, ut supra demonstratum est, cum essent inter flumina duo, Sicorim et Cingam, spatio milium XXX, neutrum horum transiri poterat, necessarioque omnes his angustiis continebantur. 4. Neque ciuitates, quae ad Caesaris amicitiam accesserant, frumentum supportare, neque ii, qui pabulatum longius progressi erant, interclusi fluminibus reuerti neque maximi commeatus, qui ex Italia Galliaque ueniebant, in castra peruenire poterant. 5. Tempus erat autem difficillimum, quo neque frumenta in aceruis erant neque multum a maturitate aberant; ac ciuitates exinanitae, quod Afranius paene omne frumentum ante Caesaris aduentum Ilerdam conuexerat, reliqui si quid fuerat, Caesar superioribus diebus consumpserat; 6. pecora, quod secundum poterat esse inope re subsidium, propter bellum finitimae ciuitates longius remouerant. 7. Qui erant pabulandi aut frumentandi causa progressi, hos leuis armaturae Lusitani peritique earum regionum caetrati citerioris Hispaniae consectabantur; quibus erat procliue tranare flumen, quod consuetudo eorum omnium est, ut sine utribus ad exercitum non eant.

[49] 1. At exercitus Afranii omnium rerum abundabat copia. Multum erat frumentum prouisum et conuectum superioribus temporibus, multum ex

---

73 No capítulo 39,1, César atribui aos soldados da Hispânia ulterior o emprego de pequenos escudos (*caetra*); aqui, esse tipo de arma também já é usado pelos soldados da citerior, que o teriam adotado por estarem envolvidos em manobras que exigiriam armamento leve, mais apropriado ao tipo de ações que praticavam.

motivo da batalha, e tinham, no primeiro embate, obrigado os nossos a recuar; 3. os nossos, por sua vez, porque, combatendo em terreno desfavorável e inferiorizados em número, haviam sustentado a luta por cinco horas, porque com arma branca tinham escalado a colina, porque tinham feito recuar adversários colocados em posição superior e os tinham rechaçado para dentro da cidade. Os adversários passaram a fortificar com grandes obras o outeiro pelo qual se combateu e lá estabeleceram uma guarnição.

[48] 1. Ora, dois dias depois que se passaram esses fatos, ocorreu um contratempo inesperado. Houve uma tromba-d'água tão violenta da qual não se tinha notícias de ter havido outra maior naquela região; 2. nessa ocasião, a borrasca varreu a neve de todas as montanhas, fez o rio extravasar e num único dia rompeu as pontes que Caio Fábio tinha construído. 3. Esse fato acarretou sérias dificuldades ao exército de César. Como o acampamento, segundo acima se explicou, ficava entre dois rios, o Sícoris e o Cinga, distantes um do outro cerca de trinta milhas, nenhum dos dois podia ser atravessado e todos os nossos ficavam confinados nesse espaço estreito. 4. Era impossível às populações que tinham estabelecido relações de amizade com César transportar até ele o trigo, impossível a volta aos que tinham se afastado para bem longe na busca de forragem, agora interceptados pelos rios, impossível aos grandes comboios de provisão que vinham da Itália e da Gália chegar até nosso acampamento. 5. Por outro lado, a estação era muito difícil porque não havia trigo nos armazéns e a colheita estava perto de madurar; as populações estavam totalmente desabastecidas porque Afrânio, antes da chegada de César, tinha transportado para Lérida quase todo o trigo, e o pouco que restara César tinha consumido nos dias anteriores; 6. o gado, que pela penúria do trigo podia ser um substituto, as populações vizinhas tinham removido para bem longe por causa da guerra. 7. Os homens que haviam partido em busca de trigo e forragem eram fustigados pelos lusitanos, providos de armas leves, e pelos soldados da Hispânia citerior, munidos de pequenos escudos[73] e bons conhecedores da região; era-lhes fácil atravessar os rios a nado, pois é hábito de todos eles não sair em campanha sem odres.

[49] 1. Ao contrário, o exército de Afrânio desfrutava de tudo em abundância. Grande era a quantidade de trigo providenciada e acumulada anteriormente, muito ainda era trazido de toda a província;

BELLVM CIVILE - LIBER PRIMVS

omni prouincia comportabatur; magna copia pabuli suppetebat. 2. Harum omnium rerum facultates sine ullo periculo pons Ilerdae praebebat et loca trans flumen integra, quo omnino Caesar adire non poterat.

[50] 1. Hae permanserunt aquae dies complures. Conatus est Caesar reficere pontes; sed nec magnitudo fluminis permittebat, neque ad ripam dispositae cohortes aduersariorum perfici patiebantur. 2. Quod illis prohibere erat facile cum ipsius fluminis natura atque aquae magnitudine, tum quod ex totis ripis in unum atque angustum locum tela iaciebantur; 3. atque erat difficile eodem tempore rapidissimo flumine opera perficere et tela uitare.

[51] 1. Nuntiatur Afranio magnos commeatus, qui iter habebant ad Caesarem, ad flumen constitisse. Venerant eo sagittarii ex Rutenis, equites ex Gallia cum multis carris magnisque impedimentis, ut fert Gallica consuetudo. 2. Erant praeterea cuiusque generis hominum milia circiter VI cum seruis liberisque; sed nullus ordo, nullum imperium certum, cum suo quisque consilio uteretur atque omnes sine timore iter facerent usi superiorum temporum atque itinerum licentia. 3. Erant complures honesti adulescentes, senatorum filii et ordinis equestris; erant legationes ciuitatum; erant legati Caesaris. Hos omnis flumina continebant. 4. Ad hos opprimendos cum omni equitatu tribusque legionibus Afranius de nocte proficiscitur imprudentisque ante missis equitibus aggreditur. Celeriter sese tamen Galli equites expediunt proeliumque committunt. 5. Ii, dum pari certamine res geri potuit, magnum hostium numerum pauci sustinuere; sed ubi signa legionum appropinquare coeperunt, paucis amissis sese in proximos montes conferunt. 6. Hoc pugnae tempus magnum attulit nostris ad salutem momentum; nacti enim spatium se in loca superiora receperunt. Desiderati sunt eo die sagittarii circiter CC, equites pauci, calonum atque impedimentorum non magnus numerus.

[52] 1. His tamen omnibus annona creuit; quae fere res non solum inopia praesentis, sed etiam futuri temporis timore ingrauescere consueuit. 2. Iamque ad denarios L in singulos modios annona peruenerat, et militum uires

---

74   Do numeroso grupo de pessoas em jornada de apoio a César, faziam parte, naturalmente, clientes bárbaros da Gália, por onde perambulou César por quase uma década de proconsulado; no entanto, ao leitor romano era bom recordar que o líder dos populares agradava também a um não reduzido contingente de importantes (*honesti*) jovens romanos, filhos das duas classes privilegiadas da sociedade romana, interessados talvez, ou então seduzidos, pelo carisma desse general, ou mesmo enfarados com a monotonia da riqueza e da abastança e em busca de emoções novas, como nos tempos de Catilina.

dispunha de grande quantidade de forragem. 2. Sem risco algum, a ponte de Lérida lhe facultava todas essas facilidades, bem como o acesso às regiões inexploradas do outro lado do rio, aonde, em hipótese alguma, César podia chegar.

[50] 1. Essa enchente durou muitos dias. César se empenhou em refazer as pontes, mas nem o caudal do rio o consentia, nem as coortes inimigas, postadas junto à margem, permitiam a reconstrução. 2. Fácil lhes era impedir, tanto pela própria natureza do rio e pelo volume da água quanto pela possibilidade, de todos os pontos da margem, de arremessar projéteis em um único lugar e de reduzido espaço; 3. e era difícil, a um só tempo, levar a cabo uma obra num rio de grande correnteza e escapar dos projéteis.

[51] 1. Chega a Afrânio a notícia de que estavam retidos à margem do rio grandes comboios com destino a César. Para lá tinham-se dirigido arqueiros rutenos, cavaleiros vindos da Gália com muitos carros e grande quantidade de bagagem, como é o costume gaulês. 2. Havia também perto de seis mil homens de todas as classes com seus escravos e libertos, sem ordem alguma, sem comando preciso algum, já que cada qual seguia sua própria cabeça; todos caminhavam sem apreensões, afeitos à liberdade de movimentos das etapas anteriores. 3. Havia numerosos jovens importantes, filhos de senadores ou da ordem equestre[74], havia delegações de cidades, havia emissários de César. A todos, os rios barravam. 4. Disposto a massacrá-los, Afrânio parte, de noite, com a totalidade da cavalaria e três legiões e, com a cavalaria à frente, os ataca de surpresa. Rapidamente, no entanto, os cavaleiros gauleses se aprontam e travam combate. 5. Enquanto foi possível combater com tropa da mesma arma, eles, embora poucos, enfrentaram o grande número dos inimigos; quando os estandartes das legiões começam a se aproximar, ganham as montanhas mais próximas, com pequenas perdas. 6. A duração do combate foi de importância decisiva para a salvação dos nossos; tiveram tempo de se retirar para lugares altos. As baixas desse dia foram aproximadamente de duzentos arqueiros, uns poucos cavaleiros, um número não grande de criados de soldados e de bagagem.

[52] 1. Por todos esses motivos o preço do trigo aumentou; tal situação costuma agravar-se não apenas em razão da penúria momentânea, mas pelo temor do futuro. 2. O preço do trigo tinha chegado

inopia frumenti deminuerat, atque incommoda in dies augebantur; 3. et tam paucis diebus magna erat rerum facta commutatio ac se fortuna inclinauerat, ut nostri magna inopia necessariarum rerum conflictarentur, illi omnibus abundarent rebus superioresque haberentur. 4. Caesar iis ciuitatibus, quae ad eius amicitiam accesserant, quod minor erat frumenti copia, pecus imperabat; calones ad longinquiores ciuitates dimittebat; ipse praesentem inopiam quibus poterat subsidiis tutabatur.

[53] 1. Haec Afranius Petreiusque et eorum amici pleniora etiam atque uberiora Romam ad suos perscribebant; multa rumor affingebat, ut paene bellum confectum uideretur. 2. Quibus litteris nuntiisque Romam perlatis magni domum concursus ad Afranium magnaeque gratulationes fiebant; multi ex Italia ad Cn. Pompeium proficiscebantur, alii, ut principes talem nuntium attulisse, alii ne euentum belli exspectasse aut ex omnibus nouissimi uenisse uiderentur.

[54] 1. Cum in his angustiis res esset, atque omnes uiae ab Afranianis militibus equitibusque obsiderentur, nec pontes perfici possent, imperat militibus Caesar, ut naues faciant, cuius generis eum superioribus annis usus Britanniae docuerat. 2. Carinae ac prima statumina ex leui materia fiebant; reliquum corpus nauium uiminibus contextum coriis integebatur. 3. Has perfectas carris iunctis deuehit noctu milia passuum a castris XXII militesque his nauibus flumen transportat continentemque ripae collem improuiso occupat. 4. Hunc celeriter, priusquam ab aduersariis sentiatur, communit. Huc legionem postea transiecit atque ex utraque parte pontem institutum biduo perfecit. 5. Ita commeatus et qui frumenti causa processerant tuto ad se recepit et rem frumentariam expedire incipit.

[55] 1. Eodem die equitum magnam partem flumen traiecit. Qui inopinantes pabulatores et sine ullo dissipatos timore aggressi magnum

---

75 O módio media oito litros e três quartos. Para se ter uma ideia do grande aumento do seu preço a cinquenta denários, basta pensar que, no tempo da pretura de Verres (Cic. *In Verrem* 3,196) na Sicília (vinte anos antes), por um denário se comprava um módio de trigo. O soldado devia prover sua própria subsistência, e seu soldo anual, segundo estimativas que se admitem verossímeis, era de 225 denários.

76 O capítulo, além de revelar, mais uma vez, um César sempre atento à questão da difusão das notícias, exibe seu desprezo e ironia pelos oportunistas e bajuladores.

a cinquenta denários por módio[75], a escassez baixava a energia dos soldados e os transtornos cresciam diariamente; 3. e em tão poucos dias ocorrera uma grande mudança na situação e a Fortuna tinha-se inclinado de tal forma que os nossos eram afligidos pela falta de gêneros de primeira necessidade, enquanto os inimigos dispunham de tudo em abundância e eram considerados em posição de superioridade. 4. César exigia gado das cidades que haviam se aliado a ele, por serem bem pequenas as disponibilidades de trigo; despachava serviçais do exército às cidades mais distantes; ele próprio, por todos os meios possíveis, acudia à escassez vigente.

[53] 1. Afrânio, Petreio e os seus amigos faziam aos seus partidários de Roma um relato exagerado e ampliado desses acontecimentos. Os boatos acrescentaram muitas fantasias a ponto de fazer parecer que a guerra tinha acabado. 2. Quando essas cartas e notícias chegaram a Roma, foi grande a aglomeração em frente da casa de Afrânio e calorosos os cumprimentos; muitos partiam da Itália para a companhia de Pompeu, alguns para mostrar que eram os primeiros a lhe trazer tal notícia, outros para não parecer ter aguardado a conclusão da guerra, ou que eram os derradeiros a chegar.[76]

[54] 1. Em meio a esses apuros, com todos os caminhos bloqueados pela infantaria e cavalaria de Afrânio, e na impossibilidade de terminar a ponte, César ordena aos soldados que construam barcos do tipo que a experiência na Britânia lhe ensinara, havia alguns anos. 2. A quilha e a caverna eram feitas de madeira leve e as demais partes do corpo dos barcos, de reticulado de vime coberto de couro. 3. Quando as embarcações ficam prontas, ele as transporta, de noite, em carros acoplados, a uma distância de 22 milhas do acampamento, faz os soldados passarem o rio nelas; ocupa de improviso uma colina contígua à margem e 4. rapidamente a fortifica, antes que os adversários se deem conta. Para lá, a seguir, faz passar uma legião e a partir de uma e outra margem se põe a construir uma ponte, concluída em dois dias. 5. Dessa forma, resgatou com segurança os comboios e as pessoas que tinham saído em busca de trigo e começou a regularizar o abastecimento.

[55] 1. Naquele mesmo dia, César faz uma grande parte da cavalaria transpor o rio. Ela ataca de surpresa os forrageadores que,

numerum iumentorum atque hominum intercipiunt cohortibusque caetratis subsidio missis scienter in duas partes sese distribuunt, alii ut praedae praesidio sint, alii ut uenientibus resistant atque eos propellant, 2. unamque cohortem, quae temere ante ceteras extra aciem procurrerat, seclusam ab reliquis circumueniunt atque interficiunt, incolumesque cum magna praeda eodem ponte in castra reuertuntur.

[56] 1. Dum haec ad Ilerdam geruntur, Massilienses usi L. Domitii consilio naues longas expediunt numero XVII, quarum erant XI tectae. 2. Multa huc minora nauigia addunt, ut ipsa multitudine nostra classis terreatur. Magnum numerum sagittariorum, magnum Albicorum, de quibus supra demonstratum est, imponunt atque hos praemiis pollicitationibusque incitant. 3. Certas sibi deposcit naues Domitius atque has colonis pastoribusque, quos secum adduxerat, complet. 4. Sic omnibus rebus instructa classe magna fiducia ad nostras naues procedunt, quibus praeerat D. Brutus. Hae ad insulam, quae est contra Massiliam, stationes obtinebant.

[57] 1. Erat multo inferior numero nauium Brutus; sed electos ex omnibus legionibus fortissimos uiros, antesignanos, centuriones, Caesar ei classi attribuerat, qui sibi id muneris depoposcerant. 2. Hi manus ferreas atque harpagones parauerant magnoque numero pilorum, tragularum reliquorumque telorum se instruxerant. Ita, cognito hostium aduentu, suas naues ex portu educunt, cum Massiliensibus confligunt. 3. Pugnatum est utrimque fortissime atque acerrime; neque multum Albici nostris uirtute cedebant, homines asperi et montani, exercitati in armis; 4. atque hi modo digressi a Massiliensibus recentem eorum pollicitationem animis continebant, pastoresque Domitii spe libertatis excitati sub oculis domini suam probare operam studebant.

[58] 1. Ipsi Massilienses et celeritate nauium et scientia gubernatorum confisi nostros eludebant impetusque eorum decipiebant et, quoad

---

77 As pontes de cobertura dos navios, além de proteger os remadores contra projéteis inimigos e permitir a instalação de máquinas de guerra, podiam servir de espaço de combate no caso de sua tripulação ter de enfrentar a abordagem de barco adversário.

78 Atual ilha de Ratonneau.

79 A trágula era um projétil de origem gaulesa, grande e pesado, que, lançada por máquina, atingia longa distância.

sem nada recear, andavam dispersos, e captura um grande número de jumentos e homens; com a chegada de algumas coortes de *caetrati*, enviadas em socorro do inimigo, nossa cavalaria inteligentemente se divide em duas partes, uma para montar guarda às presas, outra para fazer frente aos que atacavam e repeli-los; 2. uma coorte, que imprudentemente se lançara à frente das demais, fora da linha de combate, se isola delas, é cercada e massacrada; os nossos, sãos e salvos, retornam com grande espólio ao acampamento, pela mesma ponte.

[56] 1. Enquanto ocorrem esses acontecimentos na região de Lérida, os marselheses, seguindo instruções de Lúcio Domício, aprontam dezessete navios de guerra, dos quais onze com coberta.[77] 2. A esses juntam muitas embarcações de menor porte para, pelo seu grande número, amedrontar nossa frota. Embarcam um grande número de arqueiros e outro tanto de álbicos, dos quais se fez menção acima, e os estimulam com recompensas e promessas. 3. Domício reclama para si um número determinado de navios e os tripula com colonos e pastores que tinha trazido consigo. 4. Dessa forma, com uma frota equipada com todos esses recursos, avançam, cheios de confiança, contra nossos barcos sob o comando de Décimo Bruto. Estes estavam ancorados junto à ilha posta em frente de Marselha.[78]

[57] 1. Bruto dispunha de um número bem menor de navios, mas César designara para essa frota homens de grande bravura, escolhidos em todas as legiões, soldados de linha de frente e centuriões, que tinham reclamado para si essa missão. 2. Eles haviam preparado mãos de ferro e arpéus e estavam municiados com grande quantidade de dardos, *trágulas*[79] e outros tipos de projéteis. Então, ao saberem da aproximação do inimigo, tiram do porto seus navios e travam batalha com os marselheses. 3. A luta, de um e outro lado, foi de extraordinária bravura e violência; os álbicos, homens rudes, montanheses, afeitos às armas, não eram muito inferiores aos nossos em valor, 4. e mesmo tendo-se apartado um pouco dos marselheses, tinham bem vivas no espírito as recentes promessas feitas por eles; e os pastores de Domício, estimulados pela esperança de liberdade, porfiavam em mostrar serviço aos olhos do patrão.

[58] 1. Os marselheses, contando com a velocidade de seus navios e a habilidade dos seus pilotos, se esquivavam dos nossos,

licebat latiore uti spatio, producta longius acie circumuenire nostros aut pluribus nauibus adoriri singulas aut remos transcurrentes detergere, si possent, contendebant; 2. cum propius erat necessario uentum, ab scientia gubernatorum atque artificiis ad uirtutem montanorum confugiebant. 3. Nostri quom minus exercitatis remigibus minusque peritis gubernatoribus utebantur, qui repente ex onerariis nauibus erant producti, neque dum etiam uocabulis armamentorum cognitis, tum etiam tarditate et grauitate nauium impediebantur; factae enim subito ex humida materia non eundem usum celeritatis habebant. 4. Itaque, dum locus comminus pugnandi daretur, aequo animo singulas binis nauibus obiciebant atque iniecta manu ferrea et retenta utraque naue diuersi pugnabant atque in hostium naues transcendebant et magno numero Albicorum et pastorum interfecto partem nauium deprimunt, nonnullas cum hominibus capiunt, reliquas in portum compellunt. 5. Eo die naues Massiliensium cum his, quae sunt captae, intereunt VIIII.

[59] 1. Hoc primum Caesari ad Ilerdam nuntiatur; simul perfecto ponte celeriter fortuna mutatur. 2. Illi perterriti uirtute equitum minus libere, minus audacter uagabantur, alias non longo a castris progressi spatio, ut celerem receptum haberent, angustius pabulabantur, alias longiore circuitu custodias stationesque equitum uitabant, aut aliquo accepto detrimento aut procul equitatu uiso ex medio itinere proiectis sarcinis fugiebant. 3. Postremo et plures intermittere dies et praeter consuetudinem omnium noctu constituerant pabulari.

[60] 1. Interim Oscenses et Calagurritani, qui erant Oscensibus contributi, mittunt ad eum legatos seseque imperata facturos pollicentur. 2. Hos Tarraconenses et Iacetani et Ausetani et paucis post diebus Illurgauonenses, qui flumen Hiberum attingunt, insequuntur. 3. Petit ab his omnibus ut se frumento iuuent. Pollicentur atque omnibus undique conquisitis iumentis in

---

80 O texto diz respeito ao regime jurídico da *contributio* ou *adtributio*, já referido no cap. 35,4, pelo qual Roma, para recompensar ou comprar a fidelidade de determinado povo, concedia-lhe o direito de exigir tributo de populações por ela conquistadas. Osca (atual Huesca) era uma cidade da Hispânia citerior situada entre o Ebro e os Pireneus, enquanto Calagúrris (atual Lahorre) ficava também no norte do Ebro, entre Osca e Jaca.

81 Tarragona é uma cidade portuária do Mediterrâneo, entre Barcelona e a foz do Ebro, que vai fornecer, na posterior redivisão da Hispânia, o nome para uma das suas três províncias (*Tarraconensis, Baetica, Lusitania*).

frustrando-lhes as investidas; na medida em que lhes era possível manobrar em espaço bastante amplo, formavam um fileira bem extensa e se esforçavam por envolver os nossos, ou com numerosos navios atacar um só por vez, ou, passando rente, varrer, se possível, nossos remos. 2. Quando não podiam escapar de uma aproximação, em vez da habilidade e dos malabarismos dos pilotos, recorriam à bravura dos montanheses. 3. Os nossos contavam com remadores menos treinados e pilotos menos hábeis, vindos de uma hora para outra de navios mercantes, desconhecedores até da terminologia dos equipamentos, e além do mais, eram entravados pela lentidão e pelo peso dos navios; com efeito, construídos às pressas com madeira ainda verde, não ofereciam a mesma possibilidade de manobras rápidas [...]. 4. Por isso, desde que lhes fosse dada ocasião de lutar corpo a corpo, serenamente com um só navio enfrentavam dois, e quando lançavam a mão de ferro e imobilizavam dois navios, lutavam em duas frentes e passavam aos barcos inimigos. Tendo dado cabo de grande número de álbicos e pastores, afundaram uma parte dos navios e capturaram outros com a equipagem, obrigando os demais a se recolherem ao porto. 5. Nesse dia, as perdas da frota marselhesa foram de nove embarcações, incluindo as que foram capturadas.

[59] 1. Essa é a primeira notícia comunicada a César em Lérida; simultaneamente, com o término da ponte há uma rápida mudança da Fortuna. 2. Os inimigos, apavorados com a bravura de nossa cavalaria, já perambulavam menos à vontade, e com menos atrevimento; por vezes, não se afastavam muito do acampamento para garantir uma retirada rápida e, com isso, forrageavam em espaço restrito; outras vezes evitavam, através de longos desvios, as sentinelas e postos da cavalaria, ou então, após sofrer alguma perda ou avistar ao longe a cavalaria, abandonavam a carga a meio do caminho e se punham em fuga. 3. Por fim, resolveram intermediar vários dias sem ir à forragem e, contrariamente à norma geral, só ir à noite.

[60] 1. Entrementes, os habitantes de Osca e os de Calagorre, tributários[80] dos oscenses, enviam delegados a César e se declaram prontos a cumprir suas ordens. 2. Seguem-lhes o exemplo os tarraconenses[81], os jacetanos, os ausetanos e, alguns dias após, os ilurgavonenses, ribeirinhos do rio Ebro. 3. César exige de todos eles que lhe assegurem o fornecimento de trigo. Eles o prometem, requisitam

castra deportant. 4. Transit etiam cohors Illurgauonensis ad eum cognito ciuitatis consilio et signa ex statione transfert. 5. Magna celeriter commutatio rerum. Perfecto ponte, magnis quinque ciuitatibus ad amicitiam adiunctis, expedita re frumentaria, exstinctis rumoribus de auxiliis legionum, quae cum Pompeio per Mauritaniam uenire dicebantur, multae longinquiores ciuitates ab Afranio desciscunt et Caesaris amicitiam sequuntur.

[61] 1. Quibus rebus perterritis animis aduersariorum, Caesar, ne semper magno circuitu per pontem equitatus esset mittendus, nactus idoneum locum fossas pedum XXX in latitudinem complures facere instituit, quibus partem aliquam Sicoris auerteret uadumque in eo flumine efficeret. 2. His paene effectis, magnum in timorem Afranius Petreiusque perueniunt, ne omnino frumento pabuloque intercluderentur, quod multum Caesar equitatu ualebat. Itaque constituunt ipsi locis excedere et in Celtiberiam bellum transferre. 3. Huic consilio suffragabatur etiam illa res, quod ex duobus contrariis generibus, quae superiore bello cum Sertorio steterant ciuitates, uictae nomen atque imperium absentis Pompei timebant, quae in amicitia manserant, magnis affectae beneficiis eum diligebant; Caesaris autem erat in barbaris nomen obscurius. 4. Hic magnos equitatus magnaque auxilia exspectabant et suis locis bellum in hiemem ducere cogitabant. 5. Hoc inito consilio toto flumine Hibero naues conquiri et Octogesam adduci iubent. Id erat oppidum positum ad Hiberum miliaque passuum a castris aberat XX. 6. Ad eum locum fluminis nauibus iunctis pontem imperant fieri legionesque duas flumen Sicorim traducunt, castraque muniunt uallo pedum XII.

[62] 1. Qua re per exploratores cognita, summo labore militum Caesar continuato diem noctemque opere in flumine auertendo, huc iam rem deduxerat, ut equites, etsi difficulter atque aegre fiebat, possent tamen atque auderent flumen transire, 2. pedites uero tantummodo umeris ac summo

---

82 Celtibéria era região sudoeste do Ebro, correspondente em parte à Castilha, a velha, habitada por populações montanhesas de origem galo-ibérica.

83 Os estudiosos não estão de acordo sobre a localização exata dessa cidade; há os que a identificam com Mequinenza, outros acham mais coerente com a narrativa de César considerá-la como a antecessora de Rivarroja. Todos, porém, estão de acordo que César, por não ter estado na região, apresenta estimativa aproximada sobre a distância entre ela e o acampamento.

por toda a parte todos os animais de carga e os trazem ao acampamento. 4. Ao tomar conhecimento da decisão de sua gente, uma coorte ilurgavonense passa para o lado de César, desertando do seu posto de guarda. 5. Rapidamente se produz uma grande reviravolta na situação com o término da ponte, com a aliança de cinco grandes cidades, com a solução do problema do abastecimento e com o fim dos boatos acerca das legiões de reforço que estariam em viagem com Pompeu pela Mauritânia. Muitas populações mais distantes desertam de Afrânio e aderem a César.

[61] 1. Estando os inimigos apavorados em razão desses acontecimentos, César, para que a cavalaria não tivesse de fazer sempre em suas missões grande desvio pela ponte, decide cavar, em lugar apropriado, numerosos poços de trinta pés de largura, para desviar neles uma parte do Sícoris e tornar o rio vadeável. 2. Essa obra mal tinha chegado ao fim e Afrânio e Petreio se veem tomados do grande medo de ter o trigo e a forragem totalmente interceptados, pois a cavalaria de César era bastante poderosa. Em vista disso, decidem abandonar a região e transferir a guerra para a Celtibéria.[82] 3. A favor desse plano estava também o fato de que dos dois grupos contrários de cidades que se tinham constituído na guerra passada com Sertório, os derrotados temiam o nome e o poder de Pompeu, mesmo ausente, e os que lhe tinham permanecido leais gostavam dele pelos grandes favores recebidos; por outro lado, o nome de César era bem pouco conhecido entre as populações bárbaras. 4. Lá eles esperavam contar com grande contingente de cavalaria, muita tropa auxiliar, e tinham ideia de, em terreno de sua escolha, prolongar a guerra até o inverno. 5. Tomada essa decisão, ordenam que se requisitem barcos por todo o rio Ebro e sejam levados a Octogesa[83], cidade situada às margens do Ebro e distante vinte mil passos do acampamento. 6. Nesse ponto do rio, mandam construir uma ponte com barcos presos uns aos outros e por ela fazem duas legiões passarem o rio Sícoris e fortificam o acampamento com uma paliçada de doze pés.

[62] 1. Quando as patrulhas informam César sobre esses acontecimentos, ele, à custa do enorme esforço dos soldados, prosseguia dia e noite a obra de desvio do rio e tinha conseguido que a cavalaria, embora com dificuldade e sacrifício, pudesse e ousasse transpor o rio; 2. os peões, no entanto, com água até aos ombros e à altura

pectore exstarent et cum altitudine aquae tum etiam rapiditate fluminis ad transeundum impedirentur. 3. Sed tamen eodem fere tempore pons in Hibero prope effectus nuntiabatur, et in Sicori uadum reperiebatur.

[63] 1. Iam uero eo magis illi maturandum iter existimabant. Itaque duabus auxiliaribus cohortibus Ilerdae praesidio relictis omnibus copiis Sicorim transeunt et cum duabus legionibus, quas superioribus diebus traduxerant, castra coniungunt. 2. Relinquebatur Caesari nihil, nisi uti equitatu agmen aduersariorum male haberet et carperet. Pons enim ipsius magnum circuitum habebat, ut multo breuiore itinere illi ad Hiberum peruenire possent. 3. Equites ab eo missi flumen transeunt et, cum de tertia uigilia Petreius atque Afranius castra mouissent, repente sese ad nouissimum agmen ostendunt et magna multitudine circumfusa morari atque iter impedire incipiunt.

[64] 1.Prima luce ex superioribus locis, quae Caesaris castris erant coniuncta, cernebatur equitatus nostri proelio nouissimos illorum premi uehementer ac non numquam sustineri extremum agmen atque interrumpi, alias inferri signa et uniuersarum cohortium impetu nostros propelli, dein rursus conuersos insequi. 2. Totis uero castris milites circulari et dolere hostem ex manibus dimitti, bellum non necessario longius duci; centuriones tribunosque militum adire atque obsecrare ut per eos Caesar certior fieret ne labori suo neu periculo parceret; paratos esse sese, posse et audere ea transire flumen, qua traductus esset equitatus. 3. Quorum studio et uocibus excitatus, Caesar, etsi timebat tantae magnitudini fluminis exercitum obicere, conandum tamen atque experiendum iudicat. 4. Itaque infirmiores milites ex omnibus centuriis deligi iubet, quorum aut animus aut uires uidebantur sustinere non posse. 5. Hos cum legione una praesidio castris relinquit; reliquas legiones expeditas educit magnoque numero iumentorum in flumine supra atque infra constituto traducit exercitum. 6. Paucis ex his militibus arma ui fluminis arrepta; ab equitatu excipiuntur ac subleuantur; interit tamen nemo. Traducto incolumi

---

84 Uma parte dos animais tinha a função de neutralizar a força da correnteza, e a outra, a de socorrer os que eram arrastados por ela.

do peito, eram impedidos de atravessar tanto pela profundidade do rio quanto pela impetuosidade da correnteza. 3. No entanto, mais ou menos ao mesmo tempo que se anunciava que a ponte sobre o Ebro estava prestes a se concluir, lograva-se uma passagem a vau no Sícoris.

[63] 1. Agora, mais do que nunca, os inimigos se davam conta de que deviam apressar a marcha. Assim, deixando em Lérida uma guarnição de duas coortes auxiliares, passam o Sícoris com todas as demais tropas e se reúnem no acampamento das duas legiões que alguns dias antes tinham atravessado o rio. 2. O único recurso que restava a César era molestar com a cavalaria a coluna inimiga e fustigá-la. A ponte que construíra comportava um longo desvio, de modo que o inimigo tinha condições de atingir o Ebro por um percurso bem mais curto. 3. A cavalaria, enviada por César, transpõe o rio e, como Petreio e Afrânio tinham levantado acampamento na terceira vigília, de surpresa se deixa ver pela retaguarda inimiga e, fazendo um vasto círculo à sua volta, se põe a retardar e a embargar a marcha.

[64] 1. Ao romper do dia, dos terrenos adjacentes mais altos ao acampamento de César se podiam avistar os últimos elementos do inimigo pressionados violentamente pelo ataque da nossa cavalaria; às vezes, a retaguarda deles resistia e interrompia a marcha; outras vezes investia e, com a estocada de todas as coortes, os nossos eram repelidos, mas, a seguir, quando retomavam a marcha, os nossos iam-lhes ao encalço. 2. E por todo o acampamento os soldados formavam grupinhos, lastimavam por lhes escapar das mãos o inimigo, por ter a guerra fatalmente de se prolongar; abordavam centuriões e tribunos militares e pediam que dissessem a César que não levasse em conta suas fadigas e riscos: estavam preparados, tinham condições e ânimo para transpor o rio por onde passara a cavalaria. 3. Estimulado por esse entusiasmo e essas palavras, César, ainda que receasse expor o exército a uma correnteza tão forte, entendeu, contudo, que devia tentar e arriscar. 4. Ordena então que se descartem de todas as centúrias os mais fracos, cuja coragem e vigor físico não pareciam adequados o suficiente. 5. Deixa-os com uma legião para guarda do acampamento; retira de lá as demais legiões, levemente equipadas, e colocando um grande número de animais rio acima e rio abaixo, passa o exército.[84] 6. A violência das águas arranca as armas de alguns soldados; são apanhados e recolhidos pela cavalaria, no entanto, sem nenhuma

exercitu, copias instruit triplicemque aciem ducere incipit. 7. Ac tantum fuit in militibus studii, ut milium sex ad iter addito ad uadum circuitu magnaque fluminis mora interposita eos, qui de tertia uigilia exissent, ante horam diei VIIII consequerentur.

[65] 1. Quos ubi Afranius procul uisos cum Petreio conspexit, noua re perterritus locis superioribus constitit aciemque instruit. 2. Caesar in campis exercitum reficit, ne defessum proelio obiciat; rursus conantis progredi insequitur et moratur. 3. Illi necessario maturius, quam constituerant, castra ponunt. Suberant enim montes, atque a milibus passuum V itinera difficilia atque angusta excipiebant. 4. Hos montes intrare cupiebant ut equitatum effugerent Caesaris praesidiisque in angustiis collocatis exercitum itinere prohiberent, ipsi sine periculo ac timore Hiberum copias traducerent. 5. Quod fuit illis conandum atque omni ratione efficiendum; sed totius diei pugna atque itineris labore defessi rem in posterum diem distulerunt. Caesar quoque in proximo colle castra ponit.

[66] 1. Media circiter nocte iis, qui aquandi causa longius a castris processerant, ab equitibus correptis, fit ab his certior Caesar duces aduersariorum silentio copias castris educere. Quo cognito, signum dari iubet et uasa militari more conclamari. 2. Illi, exaudito clamore, ueriti ne noctu impediti sub onere confligere cogerentur aut ne ab equitatu Caesaris in angustius tenerentur, iter supprimunt copiasque in castris continent. 3. Postero die Petreius cum paucis equitibus occulte ad exploranda loca proficiscitur. Hoc idem fit ex castris Caesaris. Mittitur L. Decidius Saxa cum paucis, qui loci naturam perspiciat. 4. Vterque idem suis renuntiat: V milia passuum proxima intercedere itineris campestris, inde excipere loca aspera et montuosa; qui prior has angustias occupauerit, ab hoc hostem prohiberi nihil esse negotii.

---

85 Aqui, como em vários outros lugares da obra, César entra em consideração sobre as deficiências estratégicas e táticas dos chefes adversários, fornecendo elementos ao leitor para reconhecer não só a inépcia militar dos mesmos, como também a incapacidade para transmitir a seus soldados grandeza e heroísmo para superar as dificuldades, coisa que, logo a seguir (Cfr. *B.C.*1,68,2-3), os soldados de César são capazes de enfrentar com galhardia.

baixa. Com o exército são e salvo já do outro lado do rio, César põe a tropa em formação e passa a conduzi-la em três linhas. 7. Tal foi a disposição dos soldados que, apesar do desvio pela passagem a vau acrescer seis milhas à marcha e do grande atraso causado pelo rio, eles, antes da nona hora, alcançaram os inimigos, que tinham partido na terceira vigília.

[65] 1. Quando Afrânio, juntamente com Petreio, os avista ao longe e os distingue, apavorado com a situação inesperada, detém-se em terrenos elevados e entra em formação de combate. 2. César deixa a tropa repousar na planície, para não expô-la, cansada, ao combate; a uma tentativa dos inimigos de avançar, ele se põe a persegui-los e lhes tolhe o passo. 3. São forçados a acampar mais cedo do que pretendiam. É que bem próximo havia montanhas e a cinco passos dali as estradas que se abriam a eles eram estreitas e difíceis. 4. Eles desejavam entrar por entre esses montes para escapar da cavalaria de César, impedir-lhe a passagem do exército com a instalação de guarnições nos desfiladeiros e, assim, passar, sem risco e apreensão, suas próprias tropas pelo Ebro. 5. Essa era a manobra que eles deviam ter tentado e realizado a qualquer custo[85]; mas, extenuados com a luta do dia todo e com a fadiga da marcha, transferiram-na para o dia seguinte; César igualmente armou o acampamento numa colina bem próxima.

[66] 1. Lá pelo meio da noite, nossa cavalaria captura alguns soldados que se haviam afastado um pouco demais de seu acampamento para se abastecerem de água; por eles vem César a saber que os generais inimigos estavam retirando em silêncio as tropas do acampamento. Diante dessa notícia, ordena que se dê o sinal de alerta e de levantar acampamento, de acordo com a praxe militar. 2. Os inimigos ouvem o alarido e, temendo ter de combater de noite sob o peso da bagagem, ou ser barrados nos desfiladeiros pela cavalaria de César, suspendem a marcha e retêm a tropa no acampamento. 3. No dia seguinte, Petreio sai em segredo com alguns cavaleiros para reconhecer o terreno; do lado de César se faz o mesmo com o envio de Lúcio Decídio com uma pequena patrulha para examinar a natureza do lugar. 4. Cada um traz para o seu comando a mesma informação: as próximas cinco milhas eram de estrada plana, a partir daí sucediam-se regiões difíceis e montanhosas; quem primeiro ocupasse esses desfiladeiros não teria trabalho algum para barrar o inimigo.

[67] 1. Disputatur in consilio a Petreio atque Afranio et tempus profectionis quaeritur. Plerique censebant, ut noctu iter facerent: posse prius ad angustias ueniri, quam sentiretur. 2. Alii, quod pridie noctu conclamatum esset in Caesaris castris, argumenti sumebant loco non posse clam exiri. 3. Circumfundi noctu equitatum Caesaris atque omnia loca atque itinera obsidere; nocturnaque proelia esse uitanda, quod perterritus miles in ciuili dissensione timori magis quam religioni consulere consuerit. 4. At lucem multum per se pudorem omnium oculis, multum etiam tribunorum militum et centurionum praesentiam afferre; quibus rebus coerceri milites et in officio contineri soleant. 5. Quare omni ratione esse interdiu perrumpendum: etsi aliquo accepto detrimento, tamen summa exercitus salua locum, quem petant, capi posse. 6. Haec uincit in consilio sententia, et prima luce postridie constituunt proficisci.

[68] 1. Caesar, exploratis regionibus, albente caelo omnis copias castris educit magnoque circuitu nullo certo itinere exercitum ducit. Nam quae itinera ad Hiberum atque Octogesam pertinebant castris hostium oppositis tenebantur. 2. Ipsi erant transcendendae ualles maximae ac difflcillimae; saxa multis locis praerupta iter impediebant, ut arma per manus necessario traderentur, militesque inermes subleuatique alii ab aliis magnam partem itineris conficerent. 3. Sed hunc laborem recusabat nemo, quod eum omnium laborum finem fore existimabant, si hostem Hibero intercludere et frumento prohibere potuissent.

[69] 1. Ac primo Afraniani milites uisendi causa laeti ex castris procurrebant contumeliosisque uocibus prosequebantur nostros: necessarii uictus inopia coactos fugere atque ad Ilerdam reuerti. Erat enim iter a proposito diuersum, contrariamque in partem iri uidebatur. 2. Duces uero eorum consilium suum laudibus ferebant, quod se castris tenuissent; multumque eorum opinionem adiuuabat, quod sine iumentis impedimentisque ad iter

---

86 O tema dos inconvenientes de uma retirada à noite voltará a ser analisado por Curião, quando seu exército passar por grandes dificuldades na África (*B.C.* 2,31,7).

[67] 1. Petreio e Afrânio provocam um debate no conselho de guerra em que interroga-se sobre o momento da partida. A maioria era de parecer que a marcha se fizesse à noite: poderiam chegar aos desfiladeiros antes de serem percebidos. 2. Os outros tomavam como prova da impossibilidade de partir dali secretamente o fato de que na véspera, à noite, tinha sido dado o sinal de alerta no acampamento de César; 3. alegavam que a cavalaria de César fazia ronda em volta deles, que todas as posições e os caminhos estavam bloqueados; que os combates noturnos eram de se evitar porque numa guerra civil o soldado, uma vez em pânico, de ordinário leva mais em conta o medo que o juramento; 4. ao contrário, a luz do dia, por si mesma, suscita, à vista das pessoas, um forte sentimento de amor-próprio, e influi muito também a presença dos tribunos militares e dos centuriões; essas coisas costumam controlar os soldados e mantê-los no dever. 5. Por essa razão, a qualquer custo deviam forçar passagem durante o dia; mesmo com algum revés, o lugar aonde pretendiam chegar poderia ser conquistado, com o grosso do exército a salvo. 6. Esse ponto de vista prevaleceu no conselho, e eles decidiram partir no dia seguinte às primeiras horas do dia.[86]

[68] 1. César, depois de ter feito o reconhecimento do lugar, retira, ao raiar da aurora, toda tropa do acampamento e a põe em marcha por um longo desvio, sem itinerário certo. É que os caminhos que levavam ao Ebro e a Octogesa estavam ocupados e bloqueados pelo acampamento do inimigo. 2. César tinha de transpor vales profundos e muito difíceis; rochedos escarpados, em muitos lugares, atrapalhavam a marcha a ponto de ser necessário passar as armas de mão em mão e os soldados realizarem grande parte da caminhada desarmados e empurrados uns pelos outros. 3. Mas ninguém se negava a tal fadiga porque estavam todos convencidos de que seria o fim de todas elas, se conseguissem barrar o Ebro ao inimigo e privá-lo do abastecimento.

[69] 1. A princípio os soldados de Afrânio, exultantes, saíam correndo do acampamento a nos ver e nos acompanhar com gritos insultantes: "por falta de víveres, eram forçados a fugir e tornar a Lérida." Realmente a nossa marcha colidia com nosso plano e dávamos a impressão de ir para o lado contrário. 2. Os generais inimigos elogiavam a decisão por eles tomada de permanecer no acampamento; corroborava muito a opinião deles o fato de que viam que nos púnhamos em

profectos uidebant, ut non posse inopiam diutius sustinere confiderent. 3. Sed, ubi paulatim retorqueri agmen ad dextram conspexerunt iamque primos superare regionem castrorum animum aduerterunt, nemo erat adeo tardus aut fugiens laboris, quin statim castris exeundum atque occurrendum putaret. 4. Conclamatur ad arma, atque omnes copiae paucis praesidio relictis cohortibus exeunt rectoque ad Hiberum itinere contendunt.

[70] 1. Erat in celeritate omne positum certamen, utri prius angustias montesque occuparent; sed exercitum Caesaris uiarum difficultates tardabant, Afranii copias equitatus Caesaris insequens morabatur. 2. Res tamen ab Afranianis huc erat necessario deducta, ut, si priores montes, quos petebant, attigissent, ipsi periculum uitarent, impedimenta totius exercitus cohortesque in castris relictas seruare non possent; quibus interclusis exercitu Caesaris auxilium ferri nulla ratione poterat. 3. Confecit prior iter Caesar atque ex magnis rupibus nactus planitiem in hac contra hostem aciem instruit. Afranius, cum ab equitatu nouissimum agmen premeretur, ante se hostem uideret, collem quendam nactus ibi constitit. 4. Ex eo loco IIII caetratorum cohortis in montem, qui erat in conspectu omnium excelsissimus, mittit. Hunc magno cursu concitatos iubet occupare, eo consilio uti ipse eodem omnibus copiis contenderet et mutato itinere iugis Octogesam perueniret. 5. Hunc cum obliquo itinere caetrati peterent, conspicatus equitatus Caesaris in cohortis impetum facit; nec minimam partem temporis equitum uim caetrati sustinere potuerunt omnesque ab eis circumuenti in conspectu utriusque exercitus interficiuntur.

[71] 1. Erat occasio bene gerendae rei. Neque uero id Caesarem fugiebat, tanto sub oculis accepto detrimento, perterritum exercitum sustinere non posse, praesertim circumdatum undique equitatu, cum in loco aequo atque aperto confligeretur; idque ex omnibus partibus ab eo flagitabatur. 2. Concurrebant legati, centuriones tribunique militum: ne dubitaret proelium

---

87   Ver *B.C.* 1,39,1 e nota.

marcha sem animais de carga e sem bagagens, daí estarem convencidos de que não podíamos por mais tempo suportar a falta de alimentos. 3. Ora, desde que viram que nosso exército se voltava pouco a pouco pela direita e se certificaram que os nossos primeiros homens já estavam ultrapassando a linha do seu acampamento, ninguém, por mais idiota e indolente que fosse, deixaria de pensar que era hora de sair imediatamente do acampamento e interceptar o inimigo. 4. É dado o grito de apanhar as armas; a tropa toda deixa o acampamento, com exceção de umas poucas coortes que ficam de guarda, e se põe em marcha direta para o Ebro.

[70] 1. A decisão sobre qual dos dois exércitos ocuparia primeiro os desfiladeiros e os montes dependia exclusivamente da rapidez; as dificuldades das estradas atrasavam o exército de César, mas sua cavalaria atropelava as tropas de Afrânio e as retardava. 2. No entanto, do lado dos afranianos a situação tinha chegado a tal ponto que, se fossem os primeiros a atingir os morros para os quais se dirigiam, suas vidas estariam a salvo, mas as bagagens de todo o exército e as coortes deixadas no acampamento estariam perdidas; interceptadas pelo exército de César, em hipótese alguma se lhes podia prestar ajuda. 3. César chega primeiro e, tendo alcançado uma planície após muitos penhascos, lá põe a tropa diante do inimigo em formação de combate. Afrânio, pressionado em sua retaguarda pela nossa cavalaria e vendo à sua frente o inimigo, ganha uma colina e lá toma posição. 4. Desse lugar envia quatro coortes de *caetrati*[87] a um monte muito alto que estava à vista de todos; dá ordens a esses soldados para que, em marcha forçada, ocupem o morro; seu propósito era para lá se dirigir com todas as suas forças e, com mudança de percurso, chegar a Octogesa pelo pico. 5. Como os *caetrati* tentassem chegar ao morro por um caminho oblíquo, a cavalaria de César os viu e carregou sobre eles; nem por um momento os *caetrati* puderam resistir ao choque dos nossos cavaleiros; cercados por eles, foram massacrados à vista dos dois exércitos.

[71] 1. A ocasião era propícia para se lograr bom resultado. A César não passava despercebido que um exército, desmoralizado aos olhos de todos por um revés tão sério, não tinha condições de resistir a uma luta em terreno plano e aberto, sobretudo estando literalmente cercado pela cavalaria; e era o que, de todas as partes, reclamavam dele. 2. Acorriam em bloco legados, centuriões e tribunos militares:

LUSITÂNIA

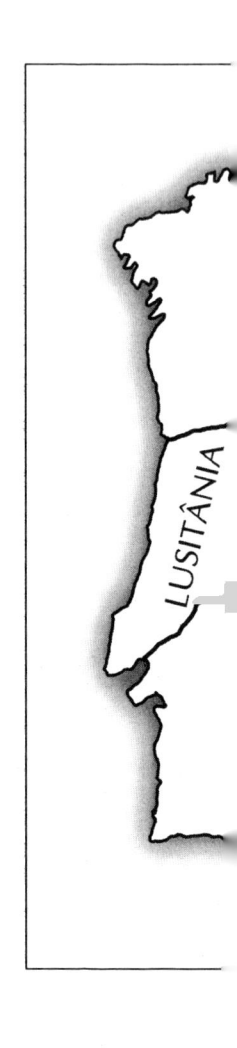

HISPÂNIA NA DÉCADA DE 50 A.C.

committere; omnium esse militum paratissimos animos. 3. Afranianos contra multis rebus sui timoris signa misisse: quod suis non subuenissent, quod de colle non decederent, quod uix equitum incursus sustinerent collatisque in unum locum signis conferti neque ordines neque signa seruarent. 4. Quod si iniquitatem loci timeret, datum iri tamen aliquo loco pugnandi facultatem, quod certe inde decedendum esset Afranio nec sine aqua permanere posset.

[72] 1. Caesar in eam spem uenerat, se sine pugna et sine uulnere suorum rem conficere posse, quod re frumentaria aduersarios interclusisset. 2. Cur etiam secundo proelio aliquos ex suis amitteret? cur uulnerari pateretur optime de se meritos milites? cur denique fortunam periclitaretur? praesertim cum non minus esset imperatoris consilio superare quam gladio. 3. Mouebatur etiam misericordia ciuium, quos interficiendos uidebat; quibus saluis atque incolumibus rem obtinere malebat. 4. Hoc consilium Caesaris plerisque non probabatur: milites uero palam inter se loquebantur, quoniam talis occasio uictoriae dimitteretur, etiam cum uellet Caesar, sese non esse pugnaturos. Ille in sua sententia perseuerat et paulum ex eo loco digreditur ut timorem aduersariis minuat. 5. Petreius atque Afranius oblata facultate in castra sese referunt. Caesar, praesidiis in montibus dispositis, omni ad Hiberum intercluso itinere, quam proxime potest hostium castris castra communit.

[73] 1. Postero die duces aduersariorum perturbati, quod omnem rei frumentariae fluminisque Hiberi spem dimiserant, de reliquis rebus consultabant. 2. Erat unum iter, Ilerdam si reuerti uellent; alterum, si Tarraconem peterent. Haec consiliantibus eis nuntiantur aquatores ab equitatu premi nostro. 3. Qua re cognita, crebras stationes disponunt equitum et cohortium alariarum legionariasque intericiunt cohortis uallumque ex castris ad aquam ducere incipiunt ut intra munitionem et sine timore et sine stationibus aquari possent.

---

88 O capítulo, na quase totalidade, se insere no programa e ideário político de César e de sua narrativa: transmitir a imagem de um comandante cioso de suas prerrogativas, mas guiado pela clarividência, plenamente preocupado em poupar seus soldados e cheio de misericórdia para os compatriotas do outro campo.

não hesitasse em travar combate; a disposição dos soldados para a luta era a melhor possível; 3. os afranianos, ao contrário, em muitas ocasiões tinham dado sinais de estar com medo: pois não tinham acudido aos seus companheiros, não desciam da colina, a custo resistiam às investidas da nossa cavalaria e, concentrados em um único lugar com as insígnias amontoadas, não se mantinham em ordem sob seus estandartes; 4. Mas, se estivesse apreensivo pela desvantagem do terreno, haveria ocasião de lutar em outro lugar, pois não havia dúvida de que Afrânio teria de descer da colina e não podia permanecer sem água.

[72] 1. César alimentava a esperança de pôr termo à campanha sem necessidade de combates e sem perdas entre os seus, uma vez que tinha cortado aos adversários o fornecimento de víveres: 2. por que perder alguns dos seus, ainda que em batalha vitoriosa? por que permitir que se firam soldados credores seus de tão excelentes serviços? por que desafiar a Fortuna? principalmente levando-se em conta que não é menos ofício de um general vencer pela inteligência do que pela espada. 3. Animava-o um sentimento de compaixão pelos seus compatriotas que, a seu ver, seriam inevitavelmente massacrados; preferia conseguir seu objetivo, mantendo-os sãos e salvos. 4. A maioria não aprovava essa ideia de César. Os soldados, por sua vez, falavam abertamente entre eles: já que se deixava escapar uma tal ocasião de vitória, não iriam combater mais, mesmo que César viesse a querer. Ele se mantém em seu ponto de vista[88] e se afasta um pouco daquele lugar para minorar o medo dos adversários. 5. Petreio e Afrânio, aproveitando o ensejo, se recolhem ao acampamento. César instala postos de guarda nas montanhas, bloqueia todos os acessos ao Ebro, monta e fortifica seu acampamento o mais próximo possível do acampamento dos inimigos.

[73] 1. No dia seguinte, os chefes inimigos, desalentados porque tinham perdido qualquer esperança de se abastecer e de chegar ao Ebro, deliberavam sobre que outras medidas tomar. 2. Havia um caminho, se quisessem voltar a Lérida, outro, caso se dirigissem a Tarragona. Enquanto deliberavam, chega-lhes a notícia de que seus aguadeiros estavam sendo fustigados pela nossa cavalaria. 3. Diante disso, estabelecem numerosos postos de cavaleiros e de coortes auxiliares, entre os quais intercalam coortes legionárias, e se põem a construir uma trincheira, do acampamento ao manancial, para poderem se abastecer de água dentro do acampamento, sem receios

4. Id opus inter se Petreius atque Afranius partiuntur ipsique perficiundi operis causa longius progrediuntur.

[74] 1. Quorum discessu liberam nacti milites colloquiorum facultatem uulgo procedunt, et quem quisque in Caesaris castris notum aut municipem habebat conquirit atque euocat. 2. Primum agunt gratias omnes omnibus, quod sibi perterritis pridie pepercissent: eorum se beneficio uiuere. Deinde de imperatoris fide quaerunt, rectene se illi sint commissuri, et quod non ab initio fecerint armaque cum hominibus necessariis et consanguineis contulerint, queruntur. 3. His prouocati sermonibus fidem ab imperatore de Petrei atque Afranii uita petunt, ne quod in se scelus concepisse neu suos prodidisse uideantur. Quibus confirmatis rebus, se statim signa translaturos confirmant legatosque de pace primorum ordinum centuriones ad Caesarem mittunt. 4. Interim alii suos in castra inuitandi causa adducunt, alii ab suis abducuntur, adeo ut una castra iam facta ex binis uiderentur; compluresque tribuni militum et centuriones ad Caesarem ueniunt seque ei commendant. 5. Idem hoc fit a principibus Hispaniae, quos illi euocauerant et secum in castris habebant obsidum loco. Hi suos notos hospitesque quaerebant, per quem quisque eorum aditum commendationis haberet ad Caesarem. 6. Afranii etiam filius adulescens de sua ac parentis sui salute cum Caesare per Sulpicium legatum agebat. 7. Erant plena laetitia et gratulatione omnia, eorum qui tanta pericula uitasse, et eorum qui sine uulnere tantas res confecisse uidebantur, magnumque fructum suae pristinae lenitatis omnium iudicio Caesar ferebat, consiliumque eius a cunctis probabatur.

[75] 1. Quibus rebus nuntiatis Afranius ab instituto opere discedit seque in castra recipit, sic paratus, ut uidebatur, ut, quicumque accidisset casus, hunc quieto et aequo animo ferret. 2. Petreius uero non deserit sese. Armat familiam; cum hac et praetoria cohorte caetratorum barbarisque equitibus

---

89 Nesse episódio de três capítulos, montados com habilidade pelo narrador, os soldados dos dois exércitos roubam a cena e, independentes de seus superiores, aparecem plenamente identificados com os ideais de paz, congraçamento e convivência contidos no programa de César. Em total assintonia com eles estão os chefes pompeianos: um, inepto e incapaz de qualquer reação, o outro, prepotente, autoritário e cruel, a frustrar os anseios gerais.

e sentinelas. 4. Petreio e Afrânio repartem entre si a tarefa, e para executar a obra avançam uma distância relativamente considerável.

[74] 1. A ausência dos comandantes proporciona aos seus soldados a oportunidade de conversar livremente com os nossos[89]; eles aparecem, vindos de todos os lados, e os que tinham conhecidos ou conterrâneos no acampamento de César procuram por eles e os chamam. 2. Todos começam por agradecer a todos porque, diziam, na véspera, quando estavam em pânico, haviam sido poupados; por bondade deles tinham a vida. Depois, perguntam sobre a lealdade de César; agiriam corretamente entregando-se a ele? lamentam não tê-lo feito desde o início e ter empunhado armas contra pessoas amigas e do mesmo sangue. 3. Estimulados pela troca de ideias, pedem ao general garantia de vida para Petreio e Afrânio, para que não venham a dar a impressão de ter concebido uma ação infame ou ter traído seus camaradas. Assegurado o compromisso, eles garantem que passarão imediatamente seus estandartes para o lado de César; enviam, como delegados, centuriões das patentes mais elevadas, para tratar da paz. 4. Enquanto isso, de um e outro lado levam-se os amigos em visita aos próprios acampamentos, a tal ponto que a impressão era de que de dois acampamentos se fizeram um só. Um grande número de tribunos militares e centuriões vêm ter com César e lhe pedem proteção; 5. seguem-lhes o exemplo os chefes espanhóis que os pompeianos tinham convocado e mantinham consigo no acampamento como reféns; eles procuravam amigos e anfitriões por meio dos quais pudessem ter acesso a uma recomendação junto a César. 6. Até mesmo o jovem filho de Afrânio, por intermédio do legado Sulpício, tratava com César de salvar a própria pele e a de seu pai. 7. Tudo era alegria e felicitação tanto por parte daqueles que achavam que tinham escapado de um grande perigo quanto daqueles que pensavam ter realizado uma grande façanha sem derramamento de sangue. E César – a opinião era unânime – colhia grande fruto de sua moderação da véspera, e sua atitude recebia aprovação geral.

[75] 1. Quando a notícia desses acontecimentos chega a Afrânio, ele abandona a obra em andamento e se recolhe ao acampamento, disposto aparentemente a aceitar com serenidade e calma qualquer desventura que lhe viesse a ocorrer. 2. Petreio, porém, não se desmente. Arma seus escravos; com eles, com uma coorte pretoriana de *caetrati* e um pequeno grupo de cavaleiros bárbaros, gente privilegiada na

paucis, beneficiariis suis, quos suae custodiae causa habere consuerat, improuiso ad uallum aduolat, colloquia militum interrumpit, nostros repellit a castris, quos deprendit interficit. 3. Reliqui coeunt inter se et repentino periculo exterriti sinistras sagis inuoluunt gladiosque destringunt atque ita se a caetratis equitibusque defendunt castrorum propinquitate confisi seque in castra recipiunt et ab iis cohortibus, quae erant in statione ad portas, defenduntur.

[76] 1. Quibus rebus confectis, flens Petreius manipulos circumit militesque appellat, neu se neu Pompeium, imperatorem suum, aduersariis ad supplicium tradant, obsecrat. 2. Fit celeriter concursus in praetorium. Postulat, ut iurent omnes se exercitum ducesque non deserturos neque prodituros neque sibi separatim a reliquis consilium capturos. 3. Princeps in haec uerba iurat ipse; idem iusiurandum adigit Afranium; subsequuntur tribuni militum centurionesque; centuriatim producti milites idem iurant. 4. Edicunt, penes quem quisque sit Caesaris miles, ut producatur: productos palam in praetorio interficiunt. Sed plerosque ii, qui receperant, celant noctuque per uallum emittunt. 5. Sic terror oblatus a ducibus, crudelitas in supplicio, noua religio iurisiurandi spem praesentis deditionis sustulit mentesque militum conuertit et rem ad pristinam belli rationem redegit.

[77] 1. Caesar, qui milites aduersariorum in castra per tempus colloquii uenerant, summa diligentia conquiri et remitti iubet. 2. Sed ex numero tribunorum militum centurionumque nonnulli sua uoluntate apud eum remanserunt. Quos ille postea magno in honore habuit; centuriones in priores ordines, equites Romanos in tribunicium restituit honorem.

[78] 1.Premebantur Afraniani pabulatione, aquabantur aegre. Frumenti copiam legionarii nonnullam habebant, quod dierum VIII ab Ilerda frumentum iussi erant efferre, caetrati auxiliaresque nullam, quorum erant et facultates ad

---

90 Note-se pela narrativa que o ambiente de camaradagem entre os dois exércitos só consegue ser reprimido por escravos, cavaleiros bárbaros e pela guarda pessoal do comandante; esta era constituída de gente mais bem paga.

caserna, de quem costumava se servir para sua guarda pessoal[90], voa de surpresa até a paliçada, interrompe as conversações dos soldados, expulsa os nossos do acampamento, dá cabo de quem encontra pelo caminho. 3. Os outros se agrupam e, apavorados com o perigo inesperado, enrolam o manto no braço esquerdo, sacam da espada; dessa forma se defendem dos *caetrati* e da cavalaria, alentados com a proximidade do seu acampamento; lá se refugiam e são defendidos pelas coortes que estavam de guarda junto às portas.

[76] 1. Consumado esse episódio, Petreio, aos prantos, circula pelos manípulos, dirige-se aos soldados, conjura-os a que não entreguem aos adversários nem a ele nem a Pompeu, seu comandante supremo ausente, para serem sentenciados. 2. Rapidamente se produz uma aglomeração junto à tenda do general. Petreio insta que todos jurem que não abandonarão nem trairão o exército nem seus chefes e que não tomarão nenhuma decisão individual, isolada do grupo. 3. Ele próprio, primeiramente, jura de acordo com aquela fórmula, e ao mesmo juramento obriga Afrânio. A seguir vêm os tribunos militares e os centuriões; os soldados, levados a se apresentar por centúrias, fazem igual juramento. 4. É dada uma ordem: todo aquele que tivesse junto a si um soldado de César devia entregá-lo; entregues, eram mortos em público diante do pretório. Mas a maioria dos que tinham sido acolhidos eram ocultados e à noite deixavam-nos escapar da trincheira. 5. Dessa forma, o terror de que deram mostra os chefes, a crueldade dos castigos, a renovação do compromisso do juramento deitaram a perder a esperança de uma rendição imediata, transformaram as disposições dos soldados e fizeram voltar a situação ao antigo esquema da guerra.

[77] 1. César dá ordens para que se procurem com o maior escrúpulo e sejam devolvidos os soldados adversários que tinham vindo ao seu acampamento por ocasião das conversações. 2. Mas alguns dentre os tribunos militares e centuriões, por sua própria vontade, permaneceram ao lado dele. Tempos depois, ele os cumulou de honras: devolveu aos centuriões a patente que tinham anteriormente e aos cavaleiros romanos, o posto de tribunos.

[78] 1. Os afranianos passavam por apertos na forragem e lhes era difícil o abastecimento de água. Os legionários tinham uma certa abastança de trigo, porque lhes tinha sido dada a ordem de trazer de

parandum exiguae et corpora insueta ad onera portanda. 2. Itaque magnus eorum cotidie numerus ad Caesarem perfugiebat. In his erat angustiis res. Sed ex propositis consiliis duobus explicitius uidebatur Ilerdam reuerti, quod ibi paulum frumenti reliquerant. Ibi se reliquum consilium explicaturos confidebant. 3. Tarraco aberat longius; quo spatio plures rem posse casus recipere intellegebant. Hoc probato consilio ex castris proficiscuntur. 4. Caesar, equitatu praemisso, qui nouissimum agmen carperet atque impediret, ipse cum legionibus subsequitur. Nullum intercedebat tempus quin extremi cum equitibus proeliarentur.

[79] 1. Genus erat hoc pugnae. Expeditae cohortes nouissirnum agmen claudebant pluresque in locis campestribus subsistebant. 2. Si mons erat ascendendus, facile ipsa loci natura periculum repellebat, quod ex locis superioribus, qui antecesserant, suos ascendentes protegebant; 3. cum uallis aut locus decliuis suberat, neque ii, qui antecesserant, morantibus opem ferre poterant, equites uero ex loco superiore in auersos tela coniciebant, tum magno erat in periculo res. 4. Relinquebatur, ut, cum eiusmodi locis esset appropinquatum, legionum signa consistere iuberent magnoque impetu equitatum repellerent, eo submoto repente incitati cursu sese in uallis uniuersi demitterent atque ita transgressi rursus in locis superioribus consisterent. 5. Nam tantum ab equitum suorum auxiliis aberant, quorum numerum habebant magnum, ut eos superioribus perterritos proeliis in medium reciperent agmen ultroque eos tuerentur; quorum nulli ex itinere excedere licebat quin ab equitatu Caesaris exciperetur.

[80] 1. Tali dum pugnatur modo, lente atque paulatim proceditur crebroque ut sint auxilio suis subsistunt; ut tum accidit. 2. Milia enim progressi IIII uehementiusque peragitati ab equitatu montem excelsum capiunt ibique una fronte contra hostem castra muniunt neque iumentis onera deponunt. 3. Vbi Caesaris castra posita tabernaculaque constituta et dimissos equites

Lérida víveres para oito dias; os *caetrati* e auxiliares nada possuíam porque eram parcos seus recursos para adquiri-los e seus corpos não estavam habituados a carregar peso. 2. É por isso que um grande número deles diariamente desertava para o lado de César. A situação era crítica. Em todo o caso, dos dois planos propostos, o mais viável parecia ser o de tornar a Lérida, porque lá tinham deixado um pouco de trigo. Contavam dar lá seguimento ao restante do seu plano. 3. Tarragona ficava mais longe; entendiam que durante esse percurso a situação podia reservar-lhes mais riscos. Tendo adotado essa solução, deixam o acampamento. 4. César envia à frente a cavalaria para acossar-lhes a retaguarda e retardar-lhes a marcha e vem atrás com as legiões. Não passava um instante sem que as últimas fileiras deles tivessem de lutar com nossa cavalaria.

[79] 1. A tática de combate era a seguinte: as coortes de armamento leve fechavam a retaguarda e eram mais numerosas as que tomavam posição nos lugares planos. 2. Se tinham de escalar uma elevação, a própria natureza do lugar conjurava o perigo, pois os que estavam adiante protegiam dos lugares mais elevados os companheiros que subiam; 3. quando se deparava com um vale ou lugar em declive e os que estavam na frente não podiam socorrer os que se atrasavam, então a cavalaria de César, de um ponto dominante, atirava-lhes projéteis nas costas; nesse caso, a situação era de grande risco. 4. Restava-lhes um recurso: quando se chegasse às proximidades de lugares desse tipo, dar ordem às legiões de estacar o passo e em violenta investida repelir a cavalaria, e depois de tê-la deslocado, todos se porem imediatamente a correr vale abaixo e tendo-o assim transposto, deterem-se em lugares elevados. 5. Pois os soldados pompeianos podiam contar muito pouco com sua cavalaria, por sinal bastante numerosa; desmoralizada pelos combates anteriores, eles a acolhiam no centro da coluna e chegavam até a protegê-la; nenhum soldado podia sair de sua linha de marcha salvo se capturado pela cavalaria de César.

[80] 1. Com esse tipo de escaramuça, a marcha é lenta e gradual, e com frequência se para para socorrer os camaradas; foi o que se deu nessa ocasião. 2. Os pompeianos, depois de avançarem quatro milhas e serem acossados com muita violência pela nossa cavalaria, ocupam uma colina elevada, fortificam aí o acampamento apenas na parte frontal ao inimigo, sem retirar as cargas dos animais. 3. Quando

pabulandi causa animum aduerterunt, sese subito proripiunt hora circiter sexta eiusdem diei et spem nacti morae discessu nostrorum equitum iter facere incipiunt. 4. Qua re animum aduersa, Caesar refectis legionibus subsequitur, praesidio impedimentis paucas cohortes relinquit; hora x subsequi, pabulatores equitesque reuocari iubet. Celeriter equitatus ad cotidianum itineris officium reuertitur. 5. Pugnatur acriter ad nouissimum agmen, adeo ut paene terga conuertant, compluresque milites, etiam nonnulli centuriones, interficiuntur. Instabat agmen Caesaris atque uniuersum imminebat.

[81] 1. Tum uero neque ad explorandum idoneum locum castris neque ad progrediendum data facultate consistunt necessario et procul ab aqua et natura iniquo loco castra ponunt. 2. Sed isdem de causis Caesar, quae supra sunt demonstratae, proelio non lacessit et eo die tabernacula statui passus non est, quo paratiores essent ad insequendum omnes, siue noctu siue interdiu erumperent. 3. Illi, animaduerso uitio castrorum, tota nocte munitiones proferunt castraque castris conuertunt. Hoc idem postero die a prima luce faciunt totumque in ea re diem consumunt. 4. Sed quantum opere processerant et castra protulerant, tanto aberant ab aqua longius, et praesenti malo aliis malis remedia dabantur. 5. Prima nocte aquandi causa nemo egreditur ex castris; proximo die praesidio in castris relicto uniuersas ad aquam copias educunt, pabulatum emittitur nemo. 6. His eos suppliciis male haberi Caesar et necessariam subire deditionem quam proelio decertare malebat. Conatur tamen eos uallo fossaque circummunire, ut quam maxime repentinas eorum eruptiones demoretur; quo necessario descensuros existimabat. 7. Illi et inopia pabuli adducti et, quo essent ad id expeditiores, omnia sarcinaria iumenta interfici iubent.

[82] 1. In his operibus consiliisque biduum consumitur; tertio die magna iam pars operis Caesaris processerat. Illi impediendae reliquae munitionis causa

eles percebem que o acampamento de César estava estabelecido, as tendas montadas e a cavalaria dispersa para buscar forragem, imediatamente, pela hora sexta desse mesmo dia, se arrancam e, contando com a esperança de que com a dispersão de nossa cavalaria haveria atraso na perseguição, se põem em marcha. 4. Percebendo a movimentação, César segue-lhes ao encalço com as legiões descansadas, deixa umas poucas coortes para proteger as bagagens, ordena-lhes que pela hora décima o sigam e que os cavaleiros sejam chamados de volta. Rapidamente a cavalaria reassume sua função diária de marcha. 5. São violentos os combates na retaguarda, a ponto de o inimigo estar perto de bater em retirada; numerosos soldados e até alguns centuriões são mortos. A tropa de César acossava o inimigo e o ameaçava por todos os lados.

[81] 1. Então o inimigo, na impossibilidade de explorar um local adequado para acampar e na impossibilidade de avançar, se vê forçado a parar e a montar acampamento em terreno desfavorável e distante de água. 2. César, pelas mesmas razões que acima alegou, não os desafia ao combate e nesse dia não permitiu que se armassem as tendas, para que todos estivessem prontos para persegui-los, se tentassem romper o cerco, de dia ou de noite. 3. Os pompeianos, quando percebem as deficiências do acampamento, tratam durante a noite inteira de estender a linha de fortificação e trocam um acampamento por outro. Continuam o mesmo trabalho no dia seguinte desde a alvorada e nisso gastam o dia todo. 4. Quanto mais avançavam o acampamento, mais e mais se afastavam da água e remediavam o mal presente com outros males. 5. Na primeira noite, ninguém deixa o acampamento para buscar água; no dia seguinte, deixam lá uma guarnição e saem com toda a tropa para aguar; ninguém é enviado para forragear. 6. César preferia que eles passassem por essas privações e se vissem forçados a se submeter a uma rendição a ter que travar combate. Empenha-se, no entanto, em cercá-los com uma paliçada e um fosso para impedir, de todas as formas, as saídas repentinas deles, a que, no seu entender, inevitavelmente recorreriam. 7. Os chefes inimigos, em razão da falta de forragem e para terem maior liberdade de movimento para essas saídas, ordenam que se sacrifiquem todos os animais de carga.

[82] 1. Com essas manobras e esses planos, passam-se dois dias; no terceiro dia, uma grande parte da obra de César estava bem

hora circiter VIIII signo dato legiones educunt aciemque sub castris instruunt. 2. Caesar ab opere legiones reuocat, equitatum omnem conuenire iubet, aciem instruit; contra opinionen enim militum famamque omnium uideri proelium defugisse magnum detrimentum afferebat. 3. Sed eisdem de causis, quae sunt cognitae, quo minus dimicare uellet, mouebatur, atque hoc etiam magis, quod spatii breuitas etiam in fugam coniectis aduersariis non multum ad summam uictoriae iuuare poterat. 4. Non enim amplius pedum milibus duobus ab castris castra distabant; hinc duas partes acies occupabant duae; tertia uacabat ad incursum atque impetum militum relicta. 5. Si proelium committeretur, propinquitas castrorum celerem superatis ex fuga receptum dabat. Hac de causa constituerat signa inferentibus resistere, prior proelio non lacessere.

[83] 1. Acies erat Afraniana duplex legionum V; tertium in subsidiis locum alariae cohortes obtinebant; 2. Caesaris triplex; sed primam aciem quaternae cohortes ex V legionibus tenebant, has subsidiariae ternae et rursus aliae totidem suae cuiusque legionis subsequebantur; sagittarii funditoresque media continebantur acie, equitatus latera cingebat. 3. Tali instructa acie tenere uterque propositum uidebatur: Caesar, nisi coactus proelium ne committeret; ille, ut opera Caesaris impediret. Producitur tum res, aciesque ad solis occasum continentur; inde utrique in castra discedunt. 4. Postero die munitiones institutas Caesar parat perficere; illi uadum fluminis Sicoris temptare, si transire possent. 5. Qua re animaduersa, Caesar Germanos leuis armaturae equitumque partem flumen traicit crebrasque in ripis custodias disponit.

[84] 1. Tandem omnibus rebus obsessi, quartum iam diem sine pabulo retentis iumentis, aquae, lignorum, frumenti inopia colloquium petunt et id, si fieri possit, semoto a militibus loco. 2. Vbi id a Caesare negatum et, palam si colloqui uellent, concessum est, datur obsidis loco Caesari filius Afranii.

---

91 Os arqueiros (*sagittarii*), normalmente enquadrados na infantaria e equipados com armamento leve, arremessavam flechas feitas de material de pouco peso com pontas de ferro; os fundibulários (*funditores*), também formados na infantaria ligeira, eram armados de funda com a qual lançavam pedras ou esferas de chumbo.

avançada. Eles, para impedir a conclusão dos trabalhos de fortificação, pela hora nona, a um dado sinal retiram as legiões e as enfileiram ao pé do acampamento. 2. César manda que as legiões retornem da obra, que a cavalaria se reúna e põe a tropa em formação. O fato de César dar a impressão de ter fugido ao combate ao arrepio dos sentimentos dos soldados e dos boatos que corriam constituía um fator bastante negativo. 3. César, inspirado nos mesmos motivos já conhecidos, não queria o confronto, tanto mais que o espaço reduzido para a batalha não era muito favorável a uma vitória definitiva, ainda que o adversário fosse posto em fuga. 4. Com efeito, um acampamento não distava do outro mais que dois mil pés. Nesse intervalo, as duas formações ocupavam dois terços; a terceira parte ficava livre, reservada para a corrida e o embate dos soldados. 5. No caso de se ferir batalha, a proximidade dos acampamentos ensejava aos vencidos uma rápida retirada em caso de fuga. Por esse motivo, César decidira resistir se eles atacassem, mas não tomar a iniciativa do combate.

[83] 1. As cinco legiões de Afrânio estavam dispostas em duas linhas; ocupavam um terceiro lugar, como tropas de reserva, as coortes auxiliares. 2. A formação de César era de três linhas, mas quatro coortes de cada uma das cinco legiões formavam a primeira linha; a estas seguiam três auxiliares na segunda linha e igual número na terceira, cada uma delas de sua própria legião; os arqueiros e fundibulários[91] estavam dispostos na linha do meio, a cavalaria cobria os flancos. 3. Com esse tipo de formação, ambos os contendores davam mostras de ater-se aos seus objetivos: César, o de não travar combate a não ser obrigado; o inimigo, o de criar entraves para as obras de César. A situação se arrasta e a formação se mantém até o pôr do sol; depois, os dois lados se recolhem a seus acampamentos. 4. No dia seguinte, César se apresta para terminar a obra iniciada, e eles a tentear o vau do rio Lícoris para ver se podiam passá-lo. 5. Ao perceber a manobra, César faz passar o rio soldados germanos armados levemente e parte da cavalaria e distribui pelas margens destacamentos a pequena distância um do outro.

[84] 1. Enfim, os afranianos, completamente bloqueados, há quatro dias sem forragem, com os animais retidos dentro do acampamento, com falta de água, lenha e trigo, pedem conversações e, se possível, longe da presença dos soldados. 2. César recusou a condição e aceitou as conversações desde que fossem públicas; é dado como

3. Venitur in eum locum, quem Caesar delegit. Audiente utroque exercitu loquitur Afranius: non esse aut ipsis aut militibus succensendum, quod fidem erga imperatorem suum Cn. Pompeium conseruare uoluerint. 4. Sed satis iam fecisse officio satisque supplicii tulisse: perpessos omnium rerum inopiam; nunc uero paene ut feras circummunitos prohiberi aqua, prohiberi ingressu, neque corpore dolorem neque animo ignominiam ferre posse. 5. Itaque se uictos confiteri; orare atque obsecrare, si qui locus misericordiae relinquatur, ne ad ultimum supplicium progredi necesse habeant. Haec quam potest demississime et subiectissime exponit.

[85] 1. Ad ea Caesar respondit: nulli omnium has partis uel querimoniae uel miserationis minus conuenisse. 2. Reliquos enim omnis officium suum praestitisse: se, qui etiam bona condicione, et loco et tempore aequo, confligere noluerit, ut quam integerrima essent ad pacem omnia; exercitum suum, qui iniuria etiam accepta suisque interfectis, quos in sua potestate habuerit, conseruarit et texerit; illius denique exercitus milites, qui per se de concilianda pace egerint; qua in re omnium suorum uitae consulendum putarint. 3. Sic omnium ordinum partis in misericordia constitisse. Ipsos duces a pace abhorruisse; eos neque colloqui neque indutiarum iura seruasse et homines imperitos et per colloquium deceptos crudelissime interfecisse. 4. Accidisse igitur his, quod plerumque hominum nimia pertinacia atque arrogantia accidere soleat, uti eo recurrant et id cupidissime petant, quod paulo ante contempserint. 5. Neque nunc se illorum humilitate neque aliqua temporis opportunitate postulare quibus rebus opes augeantur suae; sed eos exercitus, quos contra se multos iam annos aluerint, uelle dimitti. 6. Neque enim sex legiones alia de causa missas in Hispaniam septimamque ibi conscriptam neque tot tantasque classis paratas neque submissos duces rei militaris peritos. 7. Nihil horum ad pacandas Hispanias, nihil ad usum prouinciae prouisum,

---

92 Essa longa alocução de César, embora reportada em discurso indireto, processo prevalente na sua narrativa, no qual habilmente se neutralizam os efeitos dramáticos e emocionais da enunciação direta para dar a entender que o importante é o conteúdo objetivo, frio e consistente dos fatos, é, no entanto, de elaborada construção retórica; veja-se, por exemplo, o efeito que se obtém com o amplo emprego da anáfora. O seu conteúdo merece algumas rápidas observações: a crítica à criação de comandos excepcionais (*noui generis imperia*) para pessoas que administram províncias das portas de Roma, visa diretamente Pompeu, que exercia ilegalmente o proconsulado da Hispânia através legados; no entanto, no livro 6,1,2 do *Bellum Gallicum*, essa situação é perfeitamente aceitável. Ademais, fala-se das Hispânias como região belicosíssima, mas não se aceita a necessidade de lá se concentrarem muitas tropas.

refém a César o filho de Afrânio. 3. Reúnem-se em lugar escolhido por César. Afrânio se põe a falar perante os dois exércitos: não era justo enfurecer-se com os generais e seus soldados por terem querido manter lealdade a Pompeu, seu comandante supremo. 4. Mas já tinham cumprido bem com o seu dever e passado por diversos sofrimentos: aguentaram até o fim toda sorte de privações; agora, porém, acuados, quase como feras, estavam impedidos de beber, de mover um passo; não tinham mais como suportar no corpo a dor e na alma a humilhação. 5. Por isso se reconheciam vencidos; pediam e suplicavam, se houvesse ainda espaço para a compaixão, que não fossem obrigados a caminhar para o derradeiro suplício. Essas declarações são feitas da maneira mais humilde e submissa possível.

[85] 1. A elas dá César a seguinte resposta[92]: de todos ele era o único a quem menos calhava o papel de encenar lamúrias e apelos à compaixão; 2. sim, os outros todos tinham cumprido com suas responsabilidades: ele, César, que, mesmo em condições propícias, em lugar e momento favoráveis, não quis atacar, para que a abertura para a paz fosse totalmente preservada; o seu exército, que apesar de ser vítima de ultrajes e ter os seus assassinados, poupou e protegeu os adversários que estavam sob seu poder; os soldados do exército inimigo, que por iniciativa própria fizeram tratativas para chegar à paz, tiveram em mente salvaguardar a vida de todos os seus camaradas. 3. Portanto, o desempenho de todos os grupos teve como base o sentimento de humanidade. Os chefes, sim, tiveram aversão à paz; não respeitaram as normas das negociações e da trégua, assassinaram com a maior crueldade pessoas ingênuas que se iludiram com a possibilidade de conversações. 4. Acontecera, portanto, com os líderes, o que sói acontecer à maioria dos homens de obstinação e arrogância desmedida, a saber, recorrem àquilo que há bem pouco desprezaram e o pedem com a maior ânsia. 5. Não ia ele agora tirar vantagem da humilhação deles e de sua situação favorável e fazer exigências para aumentar suas próprias forças, mas queria que fossem desmobilizados os exércitos que havia muitos anos sustentavam contra ele. 6. Com efeito, não foi por outro motivo que tinham sido enviadas seis legiões à Hispânia e aí recrutada uma sétima; não por outro motivo tantas e tão grandes frotas tinham sido equipadas e enviados sorrateiramente tão experientes chefes militares. 7. Nenhuma dessas medidas foi tomada para pacificar as Hispânias,

quae propter diuturnitatem pacis nullum auxilium desiderarit. 8. Omnia haec iam pridem contra se parari; in se noui generis imperia constitui, ut idem ad portas urbanis praesideat rebus et duas bellicosissimas prouincias absens tot annis obtineat; 9. in se iura magistratuum commutari, ne ex praetura et consulatu, ut semper, sed per paucos probati et electi in prouincias mittantur; in se etiam aetatis excusationem nihil ualere, quod superioribus bellis probati ad obtinendos exercitus euocentur; 10. in se uno non seruari, quod sit omnibus datum semper imperatoribus, ut rebus feliciter gestis aut cum honore aliquo aut certe sine ignominia domum reuertantur exercitumque dimittant. 11. Quae tamen omnia et se tulisse patienter et esse laturum; neque nunc id agere ut ab illis abductum exercitum teneat ipse, quod tamen sibi difficile non sit, sed ne illi habeant quo contra se uti possint. 12. Proinde, ut esset dictum, prouinciis excederent exercitumque dimitterent; si id sit factum, se nociturum nemini. Hanc unam atque extremam esse pacis condicionem.

[86] 1. Id uero militibus fuit pergratum et iucundum, ut ex ipsa significatione cognosci potuit, ut, qui aliquid iusti incommodi exspectauissent, ultro praemium missionis ferrent. 2. Nam cum de loco et tempore eius rei controuersia inferretur, et uoce et manibus uniuersi ex uallo, ubi constiterant, significare coeperunt ut statim dimitterentur, neque omni interposita fide firmum esse posse, si in aliud tempus differretur. 3. Paucis cum esset in utramque partem uerbis disputatum, res huc deducitur ut ei, qui habeant domicilium aut possessionem in Hispania, statim, reliqui ad Varum flumen dimittantur; 4. ne quid eis noceatur, neu quis inuitus sacramentum dicere cogatur, a Caesare cauetur.

[87] 1. Caesar ex eo tempore, dum ad flumen Varum ueniatur, se frumentum daturum pollicetur. Addit etiam ut, quod quisque eorum in bello amiserit, quae sint penes milites suos, iis, qui amiserint, restituatur; militibus

---

93 O rio Varo, que nasce nos Alpes Marítimos e deságua no Mediterrâneo, perto de Nice, marcava o limite entre as duas províncias da Gália, a Cisalpina e a Transalpina.

nenhuma delas no interesse da província, que em razão do longo período de paz não carecia de reforços. 8. Contra ele é que todas essas medidas, de longa data, estavam sendo preparadas; contra ele se criavam comandos de natureza excepcional, a tal ponto que uma mesma pessoa, às portas de Roma, presidia à política interna e, ausente, comandava, já havia tantos anos, duas províncias dentre as mais belicosas; 9. contra ele se subvertiam as normas das magistraturas para que fossem enviados às províncias, não os ex-pretores e ex-cônsules – prática sempre adotada –, mas os aprovados e eleitos por uma minoria; contra ele não se levava em conta a justificativa da idade, pois homens que já tinham prestado bons serviços nas guerras anteriores eram novamente convocados para o comando militar; 10. apenas contra ele não se mantinha o que sempre se concedeu a todos generais: voltar para casa, após campanha vitoriosa, com alguma honra ou certamente sem nenhuma ignomínia e, em seguida, licenciar seu exército. 11. Tudo isso, no entanto, ele suportou e suportaria pacientemente; seu propósito no momento não era manter para si o exército que lhe tinha sido tirado – coisa que não lhe seria difícil –, mas fazer com que não o tivessem para usá-lo contra ele. 12. Portanto, como tinha sido dito, deviam deixar a província e licenciar o exército; se o fizessem, ele não faria mal a ninguém. Essa era a única e última condição de paz.

[86] 1. Essa atitude de César provocou grande alegria e satisfação entre os soldados, como se pôde perceber de suas próprias manifestações, pois eles, que teriam esperado um merecido castigo, recebiam até mesmo o prêmio da desmobilização. 2. Com efeito, quando se iniciou o debate sobre o lugar e o momento da dispensa, os soldados em sua totalidade, da paliçada onde se encontravam, puseram-se, com gestos e palavras, a manifestar o desejo de serem dispensados imediatamente: ainda que lhes fossem dadas todas as garantias, a dispensa não estaria assegurada, se fosse adiada para mais tarde. 3. Depois de breve discussão sobre as duas hipóteses, chegou-se à conclusão de que os que tivessem domicílio ou propriedade na Hispânia seriam dispensados de imediato; os demais o seriam às margens do rio Varo[93]; 4. César lhes dá garantias de que em nada seriam molestados e que ninguém seria constrangido a prestar juramento.

[87] 1. César lhes assegura o fornecimento de trigo desde esse dia até a chegada ao rio Varo; acrescenta que os objetos que qualquer

aequa facta aestimatione pecuniam pro his rebus dissoluit. 2. Quascumque postea controuersias inter se milites habuerunt, sua sponte ad Caesarem in ius adierunt. 3. Petreius atque Afranius cum stipendium ab legionibus paene seditione facta flagitarentur, cuius illi diem nondum uenisse dicerent, Caesar ut cognosceret, postulatum est, eoque utrique, quod statuit, contenti fuerunt. 4. Parte circiter tertia exercitus eo biduo dimissa, duas legiones suas antecedere, reliquas subsequi iussit, ut non longo inter se spatio castra facerent, eique negotio Q. Fufium Calenum legatum praeficit. 5. Hoc eius praescripto ex Hispania ad Varum flumen est iter factum, atque ibi reliqua pars exercitus dimissa est.

um dos adversários perdeu durante a campanha e que estivessem em poder dos seus soldados seriam restituídos aos perdedores; após justa avaliação, pagou em dinheiro esses objetos aos soldados. 2. A partir daí, em todos os litígios que os soldados tiveram entre si, por iniciativa própria, apelaram para a arbitragem de César. 3. Estando os legionários, quase em rebelião, a reclamar o soldo cuja data de pagamento, segundo alegavam Petreio e Afrânio, ainda não tinha vencido, pediu-se a César que apreciasse o caso, e as duas partes ficaram satisfeitas com o que ele ajuizou. 4. Perto de uma terça parte do exército em dois dias foi desmobilizada; César deu ordens para que duas das suas legiões precedessem os pompeianos e que as outras viessem logo atrás, para que não montassem acampamento a longa distância umas das outras, e deu o comando dessa operação a Quinto Fúfio Caleno. 5. De acordo com essas instruções de César, se fez a marcha da Hispânia até o rio Varo e aí o restante do exército foi desmobilizado.

Liber Secvndvs

Livro Segundo

[1] 1. Dum haec in Hispania geruntur, C. Trebonius legatus, qui ad oppugnationem Massiliae relictus erat, duabus ex partibus aggerrem, uineas turresque ad oppidum agere instituit. 2. Vna erat proxima portu naualibusque, altera ad portam, qua est aditus ex Gallia atque Hispania, ad id mare, quod attingit ad ostium Rhodani. 3. Massilia enim fere tribus ex oppidi partibus mari alluitur; reliqua quarta est, quae aditum habeat ab terra. Huius quoque spatii pars ea, quae ad arcem pertinet, loci natura et ualle altissima munita longam et difficilem habet oppugnationem. 4. Ad ea perficienda opera C. Trebonius magnam iumentorum atque hominum multitudinem ex omni prouincia uocat; uimina materiamque comportari iubet. Quibus comparatis rebus aggerem in altitudinem pedum LXXX exstruit.

[2] 1. Sed tanti erant antiquitus in oppido omnium rerum ad bellum apparatus tantaque multitudo tormentorum, ut eorum uim nullae contextae uiminibus uineae sustinere possent. 2. Asseres enim pedum XII cuspidibus praefixi atque hi maximis balistis missi per IIII ordines cratium in terra

---

94 O autor apresenta aqui três dispositivos comumente empregados no cerco das cidades antigas: um deles fixo, a plataforma (*agger*), e os dois outros, o mantelete (*uinea*) e a torre (*turris*), móveis. A plataforma era um aterro maciço formado pelo acúmulo de material de todo tipo cuja camada final era de terra; construída junto às muralhas, a plataforma viabilizava o acesso das máquinas de abordagem, como os manteletes, que eram barracas dotadas de rodas, articuladas em forma de lagarta, como as torres, que eram construções de vários pavimentos cuja altura devia atingir o plano superior das muralhas para de lá desalojar seus defensores.

[1] 1. Enquanto esses acontecimentos ocorrem na Hispânia, o legado Caio Trebônio, que tinha sido deixado para assediar Marselha, se põe a levantar diante da cidade, em dois frontes, uma plataforma, manteletes e torres.[94] 2. Um desses pontos ficava perto do porto e dos estaleiros, o outro, junto à porta que dá acesso aos que vêm da Gália e da Hispânia, perto do braço do mar adjacente à foz do Ródano. 3. Na verdade, Marselha é banhada pelo mar em quase três partes da cidade; a quarta parte é acessível por terra. Mesmo nesta parte, o espaço que se estende até a cidadela é protegido pela natureza do terreno e por um precipício muito profundo, sendo de longo e difícil assédio. 4. Para levar a termo esses trabalhos, Caio Trebônio apela para uma grande quantidade de pessoas e animais de toda a província; ordena que lhe tragam madeira e vime. De posse de todas essas coisas, ele constrói uma plataforma de oitenta pés de altura.[95]

[2] 1. Mas já de longa data havia na cidade uma tão grande provisão de todo tipo de material de guerra e uma tão grande quantidade de projéteis que nenhum dos manteletes recobertos de vime lograva suportar-lhes o impacto. 2. Com efeito, estacas pontiagudas de doze pés, com pontas de ferro, lançadas de enormes balistas, fincavam-se na terra depois de passar por quatro camadas de grades de

---

95 Como o pé mede 0,296 de um metro, a altura da plataforma era de pouco mais de 23,5 metros.

defigebantur. 3. Itaque pedalibus lignis coniunctis inter se porticus integebantur, atque hac agger inter manus proferebatur. 4. Antecedebat testudo pedum LX aequandi loci causa facta item ex fortissimis lignis, conuoluta omnibus rebus, quibus ignis iactus et lapides defendi possent. 5. Sed magnitudo operum, altitudo muri atque turrium, multitudo tormentorum omnem administrationem tardabat. 6. Crebrae etiam per Albicos eruptiones fiebant ex oppido ignesque aggeri et turribus inferebantur; quae facile nostri milites repellebant magnisque ultro illatis detrimentis eos, qui eruptionem fecerant, in oppidum reiciebant.

[3] 1. Interim L Nasidius, a Cn. Pompeio cum classe nauium XVI, in quibus paucae erant aeratae, L. Domitio Massiliensibusque subsidio missus, freto Siciliae imprudente atque inopinante Curione peruehitur, 2. appulsisque Messanam nauibus atque inde propter repentinum terrorem principum ac senatus fuga facta ex naualibus eorum nauem unam deducit. 3. Hac adiuncta ad reliquas naues, cursum Massiliam uersus perficit, praemissaque clam nauicula Domitium Massiliensesque de suo aduentu certiores facit eosque magnopere hortatur ut rursus cum Bruti classe additis suis auxiliis confligant.

[4] 1. Massilienses post superius incommodum ueteres ad eundem numerum ex naualibus productas nauis refecerant summaque industria armauerant (remigum, gubernatorum magna copia suppetebat), 2. piscatoriasque adiecerant atque contexerant, ut essent ab ictu telorum remiges tuti; has sagittariis tormentisque compleuerunt. 3. Tali modo instructa classe, omnium seniorum, matrum familiae, uirginum precibus et fletu excitati, extremo tempore ciuitati subuenirent, non minore animo ac fiducia quam

---

96 Essas galerias (*porticus*) seriam o resultado da disposição em fila de vários manteletes, de forma a constituir uma espécie de longo pórtico.

97 O termo tartaruga (*testudo*) servia para designar diferentes dispositivos militares; trata-se aqui de uma máquina de assédio semelhante ao mantelete (*uinea*), mas maior e mais robusta. Dotada de material anti-incêndio na cobertura (couro cru e argila), protegia os sitiantes no trabalho de solapar a muralha com o aríete.

98 Esse acúmulo de dados e informações parece ter o propósito de prevenir críticas à qualidade das tropas de César pelo inesperado longo cerco de Marselha.

99 Lúcio Domício Aenobarbo, grande proprietário de terra na Itália e senador de prestígio na Gália, onde seus antepassados tinham vasta clientela, havia sido nomeado procônsul nessa região em substituição a César; aprisionado e libertado por César em Corfínio, assumiu o comando naval das forças do Senado na região de Marselha.

100 É difícil não ver aqui uma censura ao seu lugar-tenente na Sicília, região que estava a exigir muita vigilância em razão de sua importância para o abastecimento da

vime. 3. Em vista disso, construíam-se galerias[96] cobertas com peças de madeira da espessura de um pé, unidas entre si, e através delas passava-se de mão em mão o material para levantar a plataforma. 4. Para aplainar o terreno, fazia-se avançar uma tartaruga[97] de sessenta pés, feita igualmente de madeira muito resistente, revestida de todos os materiais que podiam protegê-la de projéteis incendiários e de pedras. 5. Todavia a magnitude dos trabalhos, a altura das muralhas e das torres, a grande quantidade das máquinas de guerra atrasavam o andamento das operações.[98] 6. Ademais, os álbicos, saindo da cidade, promoviam frequentes surtidas e deitavam fogo à plataforma e às torres: essas ações os nossos soldados repeliam facilmente e, além de infligir-lhes grandes perdas, faziam recuar para dentro da cidade os que nos tinham atacado.

[3] 1. Nesse meio-tempo, Lúcio Nasídio, à testa de uma frota de dezesseis navios, dos quais alguns tinham a proa de bronze, é enviado por Pompeu como reforço a Lúcio Domício[99] e aos marselheses; ele atravessa o estreito da Sicília, apanhando de surpresa Curião, que nada suspeitava[100]; 2. aporta com seus navios em Messina; com a fuga dos chefes e do Senado, vítimas de pânico repentino, retira um navio dos estaleiros deles; 3. incorporando-o aos demais, cumpre sua rota em direção a Marselha e, destacando secretamente à frente um pequeno barco, anuncia sua chegada a Domício e aos marselheses; exorta-os encarecidamente a que, somando suas forças aos reforços enviados, travem novamente combate com a frota de Bruto.

[4] 1. Os marselheses, após o desastre anterior, tinham recuperado velhos navios, tirados dos estaleiros em número igual ao dos navios perdidos, e os armaram com o maior empenho, dotando-os de um considerável efetivo de remadores e pilotos; 2. haviam acrescentado navios pesqueiros, colocando-lhes ponte, para que os remadores estivessem a salvo dos golpes dos projéteis; encheram-nos de arqueiros e peças de artilharia. 3. Com a frota equipada dessa forma, os combatentes, estimulados por preces e prantos de todos – anciãos, mães de família e moças – a lhes pedir que socorressem a cidade em situação tão crítica, embarcam com mesmo ânimo e confiança com que antes

---

Itália e também por poder se transformar em cabeça de ponte para uma possível invasão da península pelas forças de Pompeu.

ante dimicauerant naues conscendunt. 4. Communi enim fit uitio naturae, ut inuisitatis atque incognitis rebus magis confidamus uehementiusque exterreamur; ut tum accidit. Aduentus enim L. Nasidi summa spe et uoluntate ciuitatem compleuerat. 5. Nacti idoneum uentum ex portu exeunt et Tauroenta, quod est castellum Massilensium, ad Nasidium perueniunt, ibique naues expediunt, rursusque se ad confligendum animo confirmant et consilia communicant. Dextra pars attribuitur Massiliensibus, sinistra Nasidio.

[5] 1. Eodem Brutus contendit aucto nauium numero. Nam ad eas, quae factae erant Arelate per Caesarem, captiuae Massiliensium accesserant sex. Has superioribus diebus refecerat atque omnibus rebus instruxerat. 2. Itaque suos cohortatus, quos integros superauissent, ut uictos contemnerent, plenus spei bonae atque animi aduersus eos proficiscitur. 3. Facile erat ex castris C. Trebonii atque omnibus superioribus locis prospicere in urbem, ut omnis iuuentus, quae in oppido remanserat, omnesque superioris aetatis cum liberis atque uxoribus publicis locis custodiisque aut muro ad caelum manus tenderent, aut templa deorum immortalium adirent et ante simulacra proiecti uictoriam ab diis exposcerent. 4. Neque erat quisquam omnium quin in eius diei casu suarum omnium fortunarum euentum consistere existimaret. 5. Nam et honesti ex iuuentute et cuiusque aetatis amplissimi nominatim euocati atque obsecrati nauis conscenderant ut, si quid aduersi accidisset, ne ad conandum quidem sibi quicquam reliqui fore uiderent; si superauissent, uel domesticis opibus uel externis auxiliis de salute urbis confiderent.

[6] 1. Commisso proelio, Massiliensibus res nulla ad uirtutem defuit; sed memores eorum praeceptorum, quae paulo ante ab suis acceperant, hoc animo decertabant ut nullum aliud tempus ad conandum habituri uiderentur et, quibus in pugna uitae periculum accideret, non ita multo se reliquorum ciuium fatum antecedere existimarent, quibus urbe capta eadem esset belli fortuna

---

101 Este capítulo quase todo dedicado a reconhecer o valor e a bravura dos marselheses, em outras oportunidades criticados como pérfidos e traiçoeiros, pode bem revelar a verdade dos fatos; no entanto, a insistência no tema se enquadra bem nos objetivos e na estrutura da obra; com ela quer César contrapor a valentia dos marselheses à inépcia e covardia dos pompeianos, como se pode ver no capítulo seguinte.

tinham combatido. 4. Por um vezo comum à natureza humana se dá que, em situações inusitadas e desconhecidas, ficamos mais seguros de nós mesmos (ou entramos em pânico violento); foi o que de fato aconteceu. Realmente, com a chegada de Nasídio encheu-se a cidade de maior esperança e entusiasmo. 5. Aproveitando o vento favorável, deixam o porto, ganham o forte marselhês de Tauroente, juntando-se a Nasídio; aí aprestam os navios, novamente se encorajam para a luta, combinam os planos. As operações à direita são confiadas aos marselheses e as da esquerda, a Nasídio.

[5] 1. Para o mesmo lugar dirige-se Bruto depois de ter aumentado o número de seus navios. Pois aos que tinham sido construídos em Arles por iniciativa de César juntaram-se os seis tomados aos marselheses. A estes havia ele reparado dias antes e equipado de todo o necessário. 2. Então, tendo recomendado aos seus que não levassem a sério um inimigo abatido, que, em plena vitalidade, já tinha sido sobrepujado, parte para enfrentá-lo, cheio de confiança e coragem. 3. Do acampamento de Caio Trebônio e de todos os lugares altos podia-se facilmente avistar a cidade e ver todos os jovens que lá haviam permanecido, as pessoas de idade mais avançada com filhos e mulheres, nas praças públicas, nos postos de guarda ou nas muralhas, levantarem as mãos aos céus ou se recolherem aos templos dos deuses imortais e, prosternados diante de suas imagens, reclamarem deles a vitória. 4. De todos, não havia um que não estivesse convencido de que seu futuro destino dependia dos resultados daquele dia. 5. Com efeito, os jovens nobres e os mais ilustres de todas as idades tinham sido nominalmente convocados e instados a embarcar, de tal modo que, se lhes ocorresse algum desastre, veriam que não lhes restaria nada mais a tentar; se levassem a melhor, poderiam confiar na sobrevivência da cidade com seus próprios meios ou com ajuda externa.

[6] 1. Travado o combate, nada faltou aos marselheses em termos de coragem[101]; ao contrário, lembrando-se das recomendações que pouco antes lhes haviam feito seus compatriotas, lutavam com tal bravura que davam a impressão de que não teriam nenhuma oportunidade para uma outra tentativa e pareciam estar convencidos de que os que viessem a perder a vida em batalha, se anteciparium de pouco à sorte dos demais cidadãos que, com a submissão da cidade, teriam de passar pela mesma sina da guerra.

patienda. 2. Diductisque nostris paulatim nauibus et artificio gubernatorum et mobilitati nauium locus dabatur, et si quando nostri facultatem nacti ferreis manibus iniectis nauem religauerant, undique suis laborantibus succurrebant. 3. Neque uero coniuncti Albicis comminus pugnando deficiebant neque multum cedebant uirtute nostris. Simul ex minoribus nauibus magna uis eminus missa telorum multa nostris de improuiso imprudentibus atque impeditis uulnera inferebant. 4. Conspicataeque naues triremes duae nauem D. Bruti, quae ex insigni facile agnosci poterat, duabus ex partibus sese in eam incitauerant Sed tantum re prouisa Brutus celeritate nauis enisus est, ut paruo momento antecederet. 5. Illae adeo grauiter inter se incitatae conflixerunt, ut uehementissime utraque ex concursu laborarent, altera uero praefracto rostro tota collabefieret. 6. Qua re animaduersa, quae proximae ei loco ex Bruti classe naues erant, in eas impeditas impetum faciunt celeriterque ambas deprimunt.

[7] 1. Sed Nasidianae naues nullo usui fuerunt celeriterque pugna excesserunt; non enim has aut conspectus patriae aut propinquorum praecepta ad extremum uitae periculum adire cogebant. 2. Itaque ex eo numero nauium nulla desiderata est: ex Massiliensium classe V sunt depressae, IV captae, una cum Nasidianis profugit; quae omnes citeriorem Hispaniam petiuerunt. 3. At ex reliquis una praemissa Massiliam huius nuntii perferendi gratia cum iam appropinquaret urbi, omnis sese multitudo ad cognoscendum effudit, et, re cognita, tantus luctus excepit, ut urbs ab hostibus capta eodem uestigio uideretur. 4. Massilienses tamen nihilo secius ad defensionem urbis reliqua apparare coeperunt.

[8] 1. Est animaduersum ab legionibus, qui dextram partem operis administrabant, ex crebris hostium eruptionibus magno sibi ease praesidio posse, si ibi pro castello ac receptaculo turrim ex latere sub muro fecissent

2. Se os nossos navios paulatinamente se dispersavam uns dos outros, era oportunidade que se dava à habilidade dos pilotos e à rapidez dos navios inimigos; e se por acaso os nossos, aproveitando ocasião propícia, atiravam em um navio ganchos de ferro e o prendiam, o inimigo vinha de todos os lados em socorro aos camaradas em apuros. 3. Misturados aos álbicos, não fraquejavam no combate corpo a corpo, nem eram muito inferiores aos nossos em valor. Ao mesmo tempo, uma grande quantidade de projéteis atirados de navios menores produzia muitos ferimentos nos nossos soldados, inesperadamente tomados de surpresa e implicados nas manobras. 4. Dois navios trirremes, ao avistarem o navio de Décimo Bruto, facilmente identificável pelas suas insígnias, arremetem contra ele pelos dois flancos. Mas Bruto, quando percebeu a manobra, imprimiu ao barco uma tal velocidade a ponto de se adiantar em pequeno avanço. 5. Os navios inimigos, lançados um contra o outro, se chocaram com tal violência que, ambos, com a colisão, sofreram danos muito sérios; um deles, com a proa avariada, se desmantelou. 6. Vendo o que se passava, os navios de Bruto, que estavam perto daquele ponto, atacam esses navios em dificuldade e rapidamente põem a pique os dois.

[7] 1. Os navios de Nasídio, porém, não serviram para nada e bem depressa se safaram da luta; com efeito, nem a pátria à vista nem as recomendações dos parentes os levavam a arrostar o extremo risco da vida. 2. É por isso que dos seus navios não se perdeu nenhum; da frota marselhesa, cinco foram afundados, quatro, capturados, e um fugiu com os de Nasídio; todos eles rumaram para a Hispânia citerior. 3. Entretanto, dos que restaram, um foi enviado mais cedo a Marselha para transmitir a notícia desses fatos; já próximo da cidade, a população toda se precipita em busca de informação; conhecido o resultado, seguiram-se tão grandes manifestações de dor que se tinha a impressão de que a cidade, naquele momento, acabara de ser tomada pelo inimigo. 4. Os marselheses, apesar de tudo, se puseram a preparar o que lhes restava fazer para a defesa da cidade.

[8] 1. Os legionários que estavam executando as obras do setor direito se deram conta de que, em razão das frequentes surtidas do inimigo, poderia ser-lhes de grande proteção a construção, naquele ponto, de uma torre de tijolos, ao pé do muro, como uma espécie de fortim e lugar de refúgio. Inicialmente a construíram rasa e modesta

Quam primo ad repentinos incursus humilem paruamque fecerunt. 2. Huc se referebant; hinc, si qua maior oppresserat uis, propugnabant; hinc ad repellendum et prosequendum hostem procurrebant. Patebat haec quoquo uersus pedes XXX, sed parietum crassitudo pedes V. 3. Postea uero, ut est rerum omnium magister usus, hominum adhibita sollertia, inuentum est magno esse usui posse, si haec esset in altitudinem turris elata. Id hac ratione perfectum est.

[9] 1. Vbi turris altitudo perducta est ad contabulationem, eam in parietes instruxerunt, ita ut capita tignorum extrema parietum structura tegerentur, ne quid emineret ubi ignis hostium adhaeresceret. 2. Hanc insuper contignationem, quantum tectum plutei ac uinearum passum est, latericulo adstruxerunt supraque eum locum duo tigna transuersa iniecerunt non longe ab extremis parietibus, quibus suspenderent eam contignationem, quae turri tegimento esset futura, supraque ea tigna directo transuersas trabes iniecerunt easque axibus religauerunt. 3. Has trabes paulo longiores atque eminentiores quam extremi parietes erant effecerunt, ut esset ubi tegimenta praependere possent ad defendendos ictus ac repellendos, cum intra eam contignationem parietes exstruerentur; 4. eamque contabulationem summam lateribus lutoque construauerunt, ne quid ignis hostium nocere posset, centonesque insuper iniecerunt, ne aut tela tormentis missa tabulationem perfringerent, aut saxa ex catapultis latericium discuterent. 5. Storias autem ex funibus ancorariis III in longitudinem parietum turris latas IIII pedes fecerunt easque ex tribus partibus, quae ad hostes uergebant, eminentibus trabibus circum turrim praependentes religauerunt; quod unum genus tegimenti aliis locis erant experti nullo telo neque tormento traici posse. 6. Vbi uero ea pars turris, quae erat perfecta, tecta atque munita est ab omni ictu hostium, pluteos ad alia opera abduxerunt; turris tectum per se ipsum pressionibus ex contignatione prima supendere ac tollere coeperunt 7. Vbi quantum storiarum demissio patiebatur, tantum eleuarant, intra haec tegimenta abditi atque muniti parietes lateribus exstruebant

para fazer frente às investidas repentinas. 2. Lá se refugiavam; de lá se defendiam, se pressionados por forças superiores; de lá se lançavam em contra-ataque e perseguição ao inimigo. Ela media trinta pés de comprimento e de largura, mas a espessura das paredes era de cinco pés. 3. Como a experiência é a mestra de tudo, quando aliada à criatividade humana, descobriu-se posteriormente que poderia ser de grande utilidade se essa torre se projetasse em altura. A obra foi executada da seguinte maneira.

[9] 1. Quando a torre atingiu um andar, colocou-se o madeiramento sobre as paredes de tal forma que as pontas das vigas ficassem encobertas pela parte externa da alvenaria, para não deixar nenhuma saliência onde pudesse se alojar o fogo lançado pelo inimigo. 2. Sobre esse assoalho, na medida em que permitia a altura do teto do mantelete e das barracas, continuou-se a construção com pequenos tijolos e sobre ela se apoiaram duas vigas transversais, não longe das paredes externas, para suportar a plataforma que devia constituir o teto da torre, e sobre essas vigas colocaram-se travessas em ângulo reto, amarradas por pranchas. 3. Essas travessas eram um pouco mais compridas e ultrapassavam um pouco o lado exterior da parede para que aí se pudesse colocar uma cobertura para se defender dos projéteis ou repeli-los, enquanto se construíam, dentro dessa plataforma, as paredes; 4. a parte superior desse assoalho foi revestida de tijolos e barro para que o fogo do inimigo não viesse a causar algum dano, e sobre esse revestimento se colocaram colchões de proteção para que os projéteis lançados pelas máquinas de guerra não rompessem o assoalho e as pedras atiradas das catapultas abalassem a alvenaria. 5. Construíram-se também com corda de âncora três esteiras do comprimento das paredes da torre e de quatro pés de largura e, prendendo-as às pontas das vigotas em saliências, dependuraram-nas em volta da torre, nos três lados que estavam voltados para o inimigo; esse era o único tipo de cobertura – empregado em outras ocasiões – sem condições de ser perfurado por algum projétil de infantaria ou máquina de guerra. 6. Quando então, com o término dos trabalhos, essa parte da torre ficou coberta e protegida de qualquer tiro do inimigo, retiraram-se os manteletes para servirem em outras obras; e os nossos soldados se puseram a soerguer do piso do primeiro andar o teto da torre – uma peça única – e levantá-lo por meio de alavancas. 7. Depois de terem erguido tanto quanto o permitia a altura das esteiras, eles, escondidos

rursusque alia pressione ad aedificandum sibi locum expediebant. 8. Vbi tempus alterius contabulationis uidebatur, tigna item ut primo tecta extremis lateribus instruebant exque ea contignatione rursus summam contabulationem storiasque eleuabant. 9. Ita tuto ac sine ullo uulnere ac periculo sex tabulata exstruxerunt fenestrasque, quibus in locis uisum est, ad tormenta mittenda in struendo reliquerunt.

[10] 1. Vbi ex ea turri, quae circum essent opera, tueri se posse confisi sunt, musculum pedes LX longum ex materia bipedali, quem a turri latericia ad hostium turrim murumque perducerent, facere instituerunt; cuius musculi haec erat forma. 2. Duae primum trabes in solo aeque longae distantes inter se pedes IIII collocantur, inque eis columellae pedum in altitudinem V defiguntur. 3. Has inter se capreolis molli fastigio coniungunt, ubi tigna, quae musculi tegendi causa ponant, collocentur. Eo super tigna bipedalia iniciunt eaque laminis clauisque religant. 4. Ad extremum musculi tectum trabesque extremas quadratas regulas IIII patentes digitos defigunt, quae lateres, qui super musculo struantur, contineant. 5. Ita fastigato atque ordinatim structo, ut trabes erant in capreolis collocatae, lateribus luto musculus, ut ab igni, qui ex muro iaceretur, tutus esset, contegitur. 6. Super lateres coria inducuntur, ne canalibus aqua immissa lateres diluere posset. Coria autem, ne rursus igni ac lapidibus corrumpantur, centonibus conteguntur. 7. Hoc opus omne tectum uineis ad ipsam turrim perficiunt subitoque inopinantibus hostibus machinatione nauali, phalangis subiectis, ad turrim hostium admouent, ut aedificio iungatur.

[11] 1. Quo malo perterriti subito oppidani saxa quam maxima possunt uectibus promouent praecipitataque muro in musculum deuoluunt. Ictum firmitas materiae sustinet, et quicquid incidit fastigio musculi elabitur. 2. Id ubi uident, mutant consilium; cupas taeda ac pice refertas incendunt easque de muro in musculum deuoluunt. Inuolutae labuntur, delapsae ab

---

102 Esse tipo de galeria a que César dá o nome de *musculus* era uma espécie de barraca de proteção aos sitiantes e de aproximação das muralhas, com rodas, semelhante ao mantelete (*uinea*), mas de maiores proporções.

e protegidos por esse abrigo, levantavam paredes de tijolos e com nova alavancagem liberavam o espaço para continuar a construção. 8. Tão logo se apresentava a ocasião de um outro andar, eles colocavam vigas protegidas, como anteriormente, pela parte externa da parede, de tijolos e, sobre esse assoalho, elevavam a última plataforma e a esteira. 9. Dessa forma, protegidos, sem baixas e nenhum perigo, construíram seus andares, e nos lugares que acharam oportunos deixaram, durante a construção, aberturas para tiros de artilharia.

[10] 1. Quando se asseguraram de que, de dentro dessa torre, podiam defender as obras que estavam em redor, puseram-se a construir uma galeria coberta[102], de sessenta pés de comprimento, feita de peças de madeiras de dois pés de espessura, para fazê-la chegar da torre de tijolos à torre inimiga e às muralhas. 2. A estrutura da galeria era a seguinte: primeiro colocam-se no solo duas vigas de igual comprimento, distantes entre si quatro pés, e sobre elas se fixam pilares de cinco pés de altura. 3. Prendem-se uns aos outros por escoras em declive suave, sobre as quais se possam colocar caibros para cobrir a galeria. Aí em cima deitam-se vigas de dois pés de espessura, prendendo-as com lâminas de metal e pregos. 4. Nas extremidades do teto da galeria e das vigas prendem-se réguas quadradas de quatro dedos, para segurar os tijolos que se venham a assentar sobre a galeria. 5. Dotada de inclinação e construída metodicamente, assim que as vigas ficam assentadas sobre a estrutura, a galeria é coberta com tijolos e barro para estar a salvo do fogo que possa ser atirado das muralhas. 6. Por sobre os tijolos estendem-se couros para que não venha a aluir os tijolos a água canalizada pelo inimigo. Mas revestem-se os couros de colchões para que, por sua vez, não sejam danificados por fogo ou pedras. 7. Toda essa obra é executada bem junto à torre, sob a proteção de manteletes, e, imediatamente, sem que os inimigos se deem conta, soto-pondo-se-lhe roletes, estratagema usado com navios, a galeria é acionada até a torre dos inimigos, de modo a deixá-la encostada à muralha.

[11] 1. Os habitantes da cidade, alarmados com essa ameaça inesperada, removem com alavancas pedras, as maiores possíveis, e, precipitando-as do alto das muralhas, fazem-nas rolar sobre a galeria. A robustez da madeira resiste ao impacto e tudo que lhe cai em cima desliza pela inclinação da galeria. 2. Quando veem isso, mudam de ideia: põem fogo em tonéis cheios de resina e piche e os rolam do

lateribus longuriis furcisque ab opere remouentur. 3. Interim sub musculo milites uectibus infima saxa turris hostium, quibus fundamenta continebantur, conuellunt. Musculus ex turri latericia a nostris telis tormentisque defenditur; hostes ex muro ac turibus submouentur: non datur libera muri defendendi facultas. 4. Compluribus iam lapidibus ex ea, quae suberat turri subductis, repentina ruina pars eius turris concidit, pars reliqua consequens procumbebat: cum hostes urbis direptione perterriti inermes cum infulis se porta foras uniuersi proripiunt, ad legatos atque exercitum supplices manus tendunt.

[12] 1. Qua noua re oblata, omnis administratio belli consistit, militesque auersi a proelio ad studium audiendi et cognoscendi feruntur. 2. Vbi hostes ad legatos exercitumque peruenerunt, uniuersi se ad pedes proiciunt; orant ut aduentus Caesaris exspectetur: 3. captam suam urbem uidere; opera perfecta, turrim subrutam; itaque ab defensione desistere. Nullam exoriri moram posse quominus, cum uenisset, si imperata non facerent, ad nutum e uestigio diriperentur. 4. Docent, si omnino turris concidisset, non posse milites contineri quin spe praedae in urbem irrumperent urbemque delerent. Haec atque eiusdem generis complura ut ab hominibus doctis magna cum misericordia fletuque pronuntiantur.

[13] 1. Quibus rebus commoti legati milites ex opere deducunt, oppuguatione desistunt; operibus custodias relinquunt. 2. Indutiarum quodam genere misericordia facto, aduentus Caesaris exspectatur. Nullum ex muro, nullum a nostris mittitur telum; ut re confecta, omnes curam et diligentiam remittunt. 3. Caesar enim per litteras Trebonio magnopere mandauerat ne per uim oppidum expugnari pateretur, ne grauius permoti milites et defectionis odio et contemptione sui et diutino labore omnes puberes interficerent; 4. quod se facturos minabantur, aegreque tunc sunt retenti quin oppidum irrumperent,

---

103 Trata-se da *infula*, fita de lã branca ou vermelha; fazia parte do ritual religioso dos suplicantes e, em razão do seu caráter sacral, conferia inviolabilidade a quem a portava.

104 Esse reconhecimento da intelectualidade de Marselha faz justiça ao prestígio de que gozava a cidade, importante centro de difusão do helenismo no Mediterrâneo ocidental, além de florescente porto de ativo comércio com a Gália.

105 O próprio César parece reconhecer que não se tratava de uma trégua regular, mas de uma suspensão de hostilidades por motivos humanitários, cujas condições e alcance não ficam bem esclarecidos. O comando romano tinha consciência de que a rendição não estava assegurada, tanto que deixa vigias junto às obras. Ao leitor fica talvez a insinuação (ou estereótipo) de que a *fides* romana é vítima das falácias e espertezas gregas em contraste com a clemência e a moderação de César, preocupado em garantir a segurança da população assediada.

alto das muralhas sobre a galeria. Os tonéis rolam e vão ao solo; uma vez caídos pelas laterais, são removidos da construção com varas e garfos. 3. Enquanto isso, os soldados, ao abrigo da galeria, removem com alavancas as pedras mais baixas da torre inimiga, que constituíam seu alicerce. Da torre de tijolos, os nossos defendem a galeria com dardos e projéteis de artilharia; os inimigos são desalojados dos muros e das torres, sem que possam se proteger. 4. Com a retirada de muitos blocos de pedras da base da torre, uma parte dela vem abaixo em queda repentina, outra se inclina, ameaçando ruir; foi então que o inimigo, apavorado com a ideia do saque da cidade, desarmado e com fitas[103] na cabeça, se lança em massa para fora das portas, estendendo aos nossos legados e ao nosso exército suas mãos súplices.

[12] 1. Diante dessa situação nova, interrompem-se as operações de guerra, e os soldados, dando as costas aos combates, entregam-se à curiosidade de ouvir e conhecer. 2. Os inimigos, tão logo se aproximam dos legados e do exército, atiram-se todos a seus pés; pedem que se aguarde a chegada de César: 3. reconhecem que a cidade está tomada, os trabalhos de assédio terminados, a torre solapada; desistem, portanto, da defesa; sabem que nada pode impedir que sejam, num piscar de olhos, imediatamente saqueados se, com a chegada de César, não se cumprirem suas ordens. 4. Mostram que, se a torre ruísse completamente, não se poderiam conter os soldados de irromper pela cidade na esperança de despojos e de destruí-la. Essas palavras e várias outras do mesmo tipo, vindas de pessoas cultas[104] e repassadas de muitas lágrimas, são pronunciadas de maneira a despertar grande compaixão.

[13] 1. Emocionados com essas demonstrações, os legados retiram os soldados dos trabalhos e desistem do assédio; deixam sentinelas junto às obras. 2. Estabelecido assim um certo tipo de trégua[105] por compaixão, aguarda-se a chegada de César. Das muralhas não parte nenhum projétil; nenhum também do nosso lado. Como se o caso já estivesse consumado, todos afrouxam a atenção e a vigilância. 3. Na verdade, César, em carta a Trebônio, tinha recomendado vivamente não permitir que a cidade fosse tomada de assalto com violência, para evitar que os soldados, bastante irritados com a odiosa defecção dos marselheses, com o desprezo de que eram vítimas e com a longa duração do assédio, matassem todos os adultos; 4. era o que eles ameaçavam

grauiterque eam rem tulerunt, quod stetisse per Treboninm quominus oppido potirentur, uidebatur.

[14] 1. At hostes sine fide tempus atque occasionem fraudis ac doli quaerunt interiectisque aliquot diebus, nostris languentibus atque animo remissis, subito meridiano tempore, cum alius discessisset, alius ex diutino labore in ipsis operibus quieti se dedisset, arma uero omnia reposita contectaque essent, portis se foras erumpunt, secundo magnoque uento ignem operibus inferunt. 2. Hunc sic distulit uentus uti uno tempore agger, plueti, testudo, turris, tormenta flammam conciperent et prius haec omnia consumerentur, quam quemadmodum accidisset animaduerti posset. 3. Nostri repentina fortuna permoti arma, quae possunt, arripiunt; alii ex castris sese incitant. Fit in hostes impetus eorum; sed de muro sagittis tormentisque fugientes persequi prohibentur. 4. Illi sub murum se recipiunt ibique musculum turrimque latericiam libere incendunt. Ita multorum mensium labor hostium perfidia et ui tempestatis puncto temporis interiit. 5. Temptauerunt hoc idem Massilienses postero die. Eandem nacti tempestatem maiore cum fiducia ad alteram turrim aggeremque eruptione pugnauerunt multumque ignem intulerunt. 6. Sed ut superioris temporis contentionem nostri omnem remiserant, ita proximi diei casu admoniti omnia ad defensionem parauerant. Itaque multis interfectis reliquos infecta re in oppidum reppulerunt.

[15] 1. Trebonius ea, quae sunt amissa, multo maiore militum studio administrare et reficere instituit. Nam ubi tantos suos labores et apparatus male cecidisse uiderunt indutiisque per scelus uiolatis, suam uirtutem irrisui fore perdoluerunt, quod, unde agger omnino comportari posset, nihil erat reliquum, omnibus arboribus longe lateque in finibus Massiliensium excisis et conuectis, aggerem noui generis atque inauditum ex latericiis duobus muris senum pedum crassitudine atque eorum murorum contignatione facere

fazer. A custo se impediu então que eles irrompessem pela cidade, e foi-lhes penoso aceitar tal proibição, porque lhes parecia que, por culpa de Trebônio, não se apoderavam eles da cidade.

[14] 1. No entanto, os inimigos, desleais, procuram o momento e a ocasião da trapaça e da velhacaria; eram passados alguns dias, estavam os nossos espreguiçados e despreocupados, e repentinamente, pelo meio-dia – quando alguns estavam de folga e outros, após longo trabalho, se entregavam ao descanso nas próprias obras, com as armas de lado ou dentro das bainhas –, eles se lançam fora das portas e, sob um vento forte e favorável, põem fogo às obras. 2. O vento o propagou com tal intensidade que, num instante, a plataforma, as galerias, a tartaruga, a torre e as peças de artilharia foram tomadas pelas chamas e tudo se reduziu a cinzas, antes que se pudesse compreender como tinha acontecido. 3. Dos nossos, vivamente emocionados com essa repentina adversidade, uns apanham as armas que lhes caem às mãos, outros se lançam para fora do acampamento; investem contra os inimigos, mas as setas e os projéteis atirados do alto das muralhas impedem a perseguição aos fugitivos. 4. Estes se retiram ao pé das muralhas e aí, à vontade, põem fogo na galeria e na torre de tijolos. Dessa forma, o sofrido trabalho de tantos meses é, numa fração de minuto, reduzido a pó pela perfídia do inimigo e pela violência do mau tempo. 5. Os marselheses tentaram repetir a façanha no dia seguinte. Favorecidos por igual condição do tempo e com maior confiança, se põem a lutar junto à outra torre e ao outro bastião, e deitam fogo em muitos pontos. 6. Mas os nossos, se haviam afrouxado a prontidão no dia anterior, agora, prevenidos pelo infortúnio da véspera, tinham tudo preparado para a defesa. Por isso o inimigo, além de sofrer muitas baixas, foi repelido para dentro da cidade, sem nada conseguir.

[15] 1. Trebônio, com empenho ainda maior por parte dos soldados, se põe a reorganizar e refazer o que se perdera. Com efeito, eles viam que tão grandes sacrifícios e preparativos tinham resultado em nada, e pungia-lhes que, por essa pérfida violação da trégua, seu valor viesse a ser exposto ao ridículo; pois não havia mais material algum para se construir a menor plataforma, uma vez que todas as árvores de todos os quadrantes do território dos marselheses tinham sido cortadas e retiradas. Decidiram então fazer uma plataforma de

instituerunt aequa fere latitudine, atque ille congesticius ex materia fuerat agger. 2. Vbi aut spatium inter muros aut imbecillitas materiae postulare uideretur, pilae interponuntur, trauersaria tigna iniciuntur, quae firmamento esse possint, et quicquid est contignatum cratibus consternitur, crates luto integuntur. 3. Sub tecto miles dextra ac sinistra muro tectus, aduersus plutei obiectu, operi quaecumque sunt usui, sine periculo supportat. 4. Celeriter res administratur; diuturni laboris detrimentum sollertia et uirtute militum breui reconciliatur. Portae, quibus locis uidetur, eruptionis causa in muro relinquuntur.

[16] 1. Quod ubi hostes uiderunt, ea, quae diu longoque spatio refici non posse sperassent, paucorum dierum opera et labore ita refecta, ut nullus perfidiae neque eruptioni locus esset nec quicquam omnino relinqueretur, qua aut telis militibus aut igni operibus noceri posset, 2. eodemque exemplo sentiunt totam urbem, qua sit aditus ab terra, muro turribusque circumiri posse, sic ut ipsis consistendi in suis munitionibus locus non esset, cum paene inaedificata in muris ab exercitu nostro moenia uiderentur ac telum manu coniceretur, 3. suorumque tormentorum usum, quibus ipsi magna sperauissent, spatii propinquitate interire parique condicione ex muro ac turribus bellandi data se uirtute nostris adaequare non posse intellegunt, ad easdem deditionis condiciones recurrunt.

[17] 1. M. Varro in ulteriore Hispania initio cognitis eis rebus, quae sunt in Italia gestae, diffidens Pompeianis rebus, amicissime de Caesare loquebatur: 2. praeoccupatum sese legatione ab Cn. Pompeio, teneri obstrictum fide; necessitudinem quidem sibi nihilo minorem cum Caesare intercedere, neque se ignorare quod esset officium legati, qui fiduciariam operam obtineret, quae uires suae, quae uoluntas erga Caesarem totius

---

106 Os acontecimentos a que o autor alude de forma genérica referem-se evidentemente à marcha fulminante de Ravena a Brundísio, a fuga de Pompeu e a estada de César em Roma.

tipo novo e do qual jamais se ouvira falar, formada de duas paredes de seis pés de espessura, cobertas com vigamento, de largura igual à da plataforma anterior. 2. Onde as distâncias entre as paredes ou a fraqueza do material pareciam exigir, colocavam-se entre elas pilares, introduziam-se vigas transversais para reforço e todo o vigamento era coberto de grades revestidas de argamassa. 3. Os soldados, protegidos, sob essa cobertura, à direita e à esquerda pelo muro e tendo à frente o plúteo do mantelete, carregavam sem risco tudo que era necessário à obra. 4. O trabalho é executado rapidamente. A perda do longo esforço despendido é resgatada em pouco tempo pela habilidade e pela bravura da tropa. Deixam-se, em alguns pontos do muro, aberturas para permitir as saídas imprevistas.

[16] 1. Quando os inimigos viram que, com o trabalho e o esforço de poucos dias, eram refeitas as obras que eles contavam que não podiam ser executadas nem mesmo em espaço de tempo muito longo, a ponto de a perfídia e o ataque não terem mais nenhuma chance e não restar absolutamente nenhum ponto por onde se pudesse causar, com projéteis, dano aos nossos soldados ou às obras, com o fogo; 2. quando igualmente perceberam que a cidade toda, na parte a que se tinha acesso por terra, podia ser assediada por alvenaria e torres, de tal forma que não tinham mais condições de permanecer em suas fortificações, pois o muro construído pelo nosso exército parecia praticamente estar em contato com suas muralhas, os projéteis podiam ser arremessados com as mãos 3. e o emprego da sua artilharia, na qual tinham depositado grande esperança, era neutralizado pela proximidade das linhas; quando compreenderam que, tendo de combater nos muros e nas torres em igualdade de condições, não podiam competir em bravura com os nossos, recorrem às mesmas condições da rendição anterior.

[17] 1. Na Hispânia ulterior, Varrão, a par dos acontecimentos da Itália[106] e descrendo da sorte de Pompeu, num primeiro momento falava de César em termos muito amistosos: 2. tendo sido precedentemente nomeado legado de Pompeu, sentia-se comprometido com ele pelo juramento de fidelidade; todavia, as relações de amizade entre ele e César não eram menos estreitas; tampouco ignorava quais eram os deveres de um legado que ocupava um cargo de confiança, quais eram suas forças, qual era a simpatia de toda a província por

prouinciae. 3. Haec omnibus ferebat sermonibus neque se in ullam partem mouebat. 4. Postea uero, cum Caesarem ad Massiliam detineri cognouit, copias Petreii cum exercitu Afranii esse coniunctas, magna auxilia conuenisse, magna esse in spe atque exspectari et consentire omnem citeriorem prouinciam, quaeque postea acciderant de angustiis ad Ilerdam rei fumentariae accepit, atque haec ad eum latius atque inflatius Afranius perscribebat, se quoque ad motus fortunae mouere coepit.

[18] 1. Dilectum habuit tota prouincia, legionibus completis duabus cohortes circiter XXX alarias addidit. Frumenti magnum numerum coegit, quod Massiliensibus, item quod Afranio Petreioque mitteret. Naues longas X Gaditanis ut facerent imperauit, complures praeterea Hispali faciendas curauit. 2. Pecuniam omnem omniaque ornamenta ex fano Herculis in oppidum Gades contulit; eo sex cohortes praesidii causa ex prouincia misit Gaiumque Gallonium, equitem Romanum, familiarem Domitii, qui eo procurandae hereditatis causa uenerat missus a Domitio, oppido Gadibus praefecit; arma omnia priuata ac publica in domum Galloni contulit. 3. Ipse habuit graues in Caesarem contiones. Saepe ex tribunali praedicauit aduersa Caesarem proelia fecisse, magnum numerum ab eo militum ad Afranium perfugisse: haec se certis nuntiis, certis auctoribus comperisse. 4. Quibus rebus perterritos ciuis Romanos eius prouinciae sibi ad rem publicam administrandam HS CLXXX et argenti pondo XX milia, tritici modium CXX milia polliceri coegit. 5. Quas Caesari esse amicas ciuitates arbitrabatur, his grauiora onera iniungebat praesidiaque eo deducebat et iudicia in priuatos reddebat qui uerba atque orationem aduersus rem publicam habuissent: eorum bona in publicum addicebat, Prouinciam omnem in sua et Pompei uerba iusiurandum adigebat. 6. Cognitis iis rebus, quae sunt gestae in citeriore Hispania, bellum parabat. Ratio autem haec erat belli, ut se cum II legionibus Gades conferret, naues frumentumque omne ibi contineret; prouinciam enim omnem Caesaris rebus

---

107 O capítulo todo é uma divertida e fleugmática ironia sobre o trauma do adesismo oportunista de Varrão, escritor de cultura e produção enciclopédica, aqui desajeitadamente transvestido de general. Alguns capítulos abaixo, César, quando recebe sua rendição, o trata com dignidade. Após o desastre de Pompeu em Farsália, tornou ele a Roma e foi nomeado curador da biblioteca do fórum de César. Foi das poucas figuras de projeção que, tendo tido participação nas guerras civis do fim da República, conseguiu chegar à idade avançada e não ter morte violenta.

108 Este capítulo e o seguinte fazem referência a acidentes geográficos daquela região da Hispânia ulterior que, mais tarde, passou a fazer parte da província da Bética. Gades (hoje Cádis), antiga colônia fenícia, ficava em uma ilha; Hispalis e Corduba (hoje respectivamente Sevilha e Córdova) ficavam às margens do Baetis (hoje Guadarquibir).

César. 3. Era o que dizia em todas as suas conversas, mas não pendia por nenhum dos lados. 4. Depois, porém, que ficou sabendo que César estava retido no cerco a Marselha, que as tropas de Petreio se tinham juntado ao exército de Afrânio, que se haviam reunido grandes reforços e outros tantos eram esperados e aguardados, e que toda a província citerior os apoiava, e depois que o informaram dos acontecimentos posteriores relativos às dificuldades de César em se abastecer de trigo na região de Lérida – fatos que Afrânio lhe relatava ampliando e exagerando –, aí então Varrão se pôs a pender para onde pendia a Fortuna.[107]

[18] 1. Promoveu recrutamento em toda a província[108]; após formar duas legiões completas, a elas incorporou perto de trinta coortes auxiliares. Acumulou grande quantidade de trigo, para enviá-lo tanto aos marselheses como a Afrânio e a Petreio. Ordenou aos gaditanos que construíssem dez vasos de guerra e cuidou também de mandar fazer um grande número deles em Sevilha. 2. Fez transportar para a cidade de Cádis todo o dinheiro e todo o tesouro do templo de Hércules; para lá enviou da província uma guarnição de seis coortes e pôs no comando dessa cidade Gaio Galônio, cavaleiro romano e amigo íntimo de Domício, que para lá o enviara como procurador num caso de herança; concentrou na casa de Galônio todas as armas, de uso público e privado. 3. Ele mesmo fez discursos contundentes contra César. Com frequência, anunciou do alto de seu tribunal que César tinha travado combates de resultados adversos, que grande número de seus soldados haviam desertado para o lado de Afrânio e que essas notícias ele as colhera de informantes dignos de fé e de fontes seguras. 4. Com base nessas intimidações, os cidadãos romanos da província foram constrangidos a garantir-lhe, para a administração da província, dezoito milhões de sestércios, vinte mil libras de prata e cento e vinte mil módios de trigo. 5. Às cidades que ele julgava serem simpáticas a César impunha obrigações mais pesadas, para lá deslocava guarnições; autorizava processos contra simples cidadãos que tivessem emitido opiniões ou falado contra seu governo e lhes confiscava os bens. Forçava toda a província a prestar juramento de fidelidade a ele próprio e a Pompeu. 6. A par dos resultados das operações militares da Hispânia citerior, preparava a guerra. Sua estratégia era dirigir-se a Cádis com duas legiões e lá concentrar os navios e o abastecimento, pois era do seu conhecimento que toda

fauere cognouerat. In insula frumento nauibusque comparatis bellum duci non difficile existimabat. 7. Caesar, etsi multis necessariisque rebus in Italiam reuocabatur, tamen constituerat nullam partem belli in Hispaniis relinquere, quod magna esse Pompei beneficia et magnas clientelas in citeriore prouincia sciebat.

[19] 1. Itaque duabus legionibus missis in ulteriorem Hispaniam cum Q. Cassio, tribuno plebis, ipse cum DC equitibus magnis itineribus praegreditur edictumque praemittit, ad quam diem magistratus principesque omnium ciuitatum sibi esse praesto Cordubae uellet. 2. Quo edicto tota prouincia peruulgato, nulla fuit ciuitas quin ad id tempus partem senatus Cordubam mitteret, non ciuis Romanus paulo notior quin ad diem conueniret. 3. Simul ipse Cordubae conuentus per se portas Varroni clausit, custodias uigiliasque in turribus muroque disposuit, cohortes duas, quae colonicae appellabantur, cum eo casu uenissent, tuendi oppidi causa apud se retinuit. 4. Isdem diebus Carmonenses, quae est longe firmissima totius prouinciae ciuitas, deductis tribus in arcem oppidi cobortibus a Varrone praesidio, per se cohortes eiecit portasque praeclusit.

[20] 1. Hoc uero magis properare Varro, ut cum legionibus quam primum Gades contenderet, ne itinere aut traiectu intercluderetur: tanta ac tam secunda in Caesarem uoluntas prouinciae reperiebatur. 2. Progresso ei paulo longius litterae Gadibus redduntur, simul atque sit cognitum de edicto Caesaris, consensisse Gaditanos principes cum tribunis cohortium, quae essent ibi in praesidio, ut Gallonium ex oppido expellerent, urbem insulamque Caesari seruarent. 3. Hoc inito consilio denuntiauisse Gallonio, ut sua sponte, dum sine periculo liceret, excederet Gadibus; si id non fecisset, sibi consilium capturos. Hoc timore adductum Gallonium Gadibus

---

109 Emprega-se o termo técnico de *conuentus* para indicar a associação ou comunidade dos cidadãos romanos residentes em centros urbanos provinciais.

110 Essas coortes eram chamadas colônicas porque recrutadas em colônias romanas da província.

111 Trata-se de cidade a nordeste de Sevilha, à qual César atribui a expressão *firmissima totius prouinciae*, mas da qual são poucas as referências registradas nos dicionários latinos especializados.

112 César, que não deixou passar em silêncio o apoio recebido das populações de cidades da Itália (Cfr. *B.C.* 1,28), registra aqui com exclamações a adesão das cidades de longínqua Hispânia ulterior. Era o orgulho de quem quer passar a ideia de que sua causa vai ao encontro da opinião do império.

a província apoiava César. Pensava que na ilha não lhe seria difícil prolongar a guerra graças às provisões de trigo e aos navios lá concentrados. 7. César, embora fossem muitos e inadiáveis os assuntos que reclamavam sua presença na Itália, decidira, no entanto, não deixar nenhum foco de guerra nas Hispânias, pois sabia que eram grandes os serviços prestados por Pompeu e grande sua clientela na província citerior.

[19] 1. Em vista disso, tendo enviado à Hispânia ulterior duas legiões sob o comando de Quinto Cássio, tribuno da plebe, ele próprio, com seiscentos cavaleiros e em marcha forçada, toma-lhe a dianteira e se faz preceder de um edito no qual estabelecia o dia em que desejava que os magistrados e os chefes de todas as cidades estivessem à sua disposição em Córdova. 2. Divulgado o edito por toda a província, não houve uma cidade que nessa data não enviasse a Córdova parte do seu Senado, não houve um cidadão romano de algum prestígio que não se apresentasse nesse dia. 3. Concomitantemente, a comunidade dos cidadãos romanos[109] de Córdova, por iniciativa própria, fechou suas portas a Varrão, distribuiu postos e sentinelas pelas torres e muros, reteve consigo duas coortes chamadas colônicas[110] que, por coincidência, lá tinham ido para dar proteção à cidade. 4. Por esses mesmos dias, os habitantes de Carmona[111], de longe a mais poderosa de todas as cidades da província, expulsaram com seus próprios meios as três coortes enviadas por Varrão para a defesa da cidadela, e fecharam suas portas.

[20] 1. Era realmente por esses motivos que Varrão se apressava para chegar o quanto antes com suas legiões a Cádis, para não ser interceptado durante a marcha ou o trajeto, tantas e tão favoráveis eram as manifestações de simpatia da província para com César.[112] 2. Tendo ele percorrido uma certa distância, entregam-lhe uma carta vinda de Cádis na qual se informava que, tão logo tomaram conhecimento do edito, os líderes gaditanos, juntamente com os tribunos das coortes que ali estavam aquarteladas, tinham, de comum acordo, decidido expulsar Galônio da praça e manter a cidade e a ilha para César; 3. após essa decisão, notificaram Galônio para que tomasse a iniciativa de deixar a cidade, enquanto lhe era possível fazê-lo sem risco; se não o fizesse, eles se encarregariam da decisão; inquieto com essas ameaças, Galônio

excessisse. 4. His cognitis rebus, altera ex duabus legionibus, quae uernacula appellabatur, ex castris Varronis, adstante et inspectante ipso, signa sustulit seseque Hispalim recepit atque in foro et porticibus sine maleficio consedit. 5. Quod factum adeo eius conuentus ciues Romani comprobauerunt, ut domum ad se quisque hospitio cupidissime reciperet. 6. Quibus rebus perterritus Varro, cum itinere conuerso sese Italicam uenturum praemisisset, certior ab suis factus est praeclusas esse portas. 7. Tum uero omni interclusus itinere ad Caesarem mittit, paratum se esse legionem, cui iusserit, tradere. Ille ad eum Sextum Caesarem mittit atque huic tradi iubet. 8. Tradita legione, Varro Cordubam ad Caesarem uenit; relatis ad eum publicis cum fide rationibus, quod penes eum est pecuniae, tradit et, quid ubique habeat frumenti et nauium, ostendit.

[21] 1. Caesar contione habita Cordubae omnibus generatim gratias agit: ciuibus Romanis, quod oppidum in sua potestate studuissent habere; Hispanis, quod praesidia expulissent; Gaditanis, quod conatus aduersariorum infregissent seseque in libertatem uindicassent; tribunis militum centurionibusque, qui eo praesidii causa uenerant, quod eorum consilia sua uirtute confirmassent. 2. Pecunias, quas erant in publicum Varroni ciues Romani polliciti, remittit; bona restituit iis quos liberius locutos hanc poenam tulisse cognouerat. 3. Tributis quibusdam populis publicis priuatisque praemiis reliquos in posterum bona spe complet biduumque Cordubae commoratus Gadis proficiscitur; pecunias monimentaque, quae ex fano Herculis collata erant in priuatam domum, referri in templum iubet. 4. Prouinciae Q. Cassium praeficit; huic IIII legiones attribuit. Ipse iis nauibus, quas M. Varro quasque Gaditani iussu Varronis fecerant, Tarraconem paucis diebus peruenit. Ibi totius fere citerioris prouinciae legationes Caesaris aduentum exspectabant. 5. Eadem ratione priuatim ac publice quibusdam

---

113 Durante as guerras civis ocorreu a existência de legiões formadas, não de cidadãos romanos, como era norma, mas de nativos das províncias; daí se chamarem *uernaculae* por processo metafórico, pois *uernaculus* era o escravo nascido na casa do patrão, doméstico; posteriormente o termo passa a significar o que é próprio do país, nacional. (Ver *Bellum Alexandrinum* 53,5).

tinha deixado Cádis. 4. A par desses fatos, uma das duas legiões, a chamada indígena[113], retira as insígnias do acampamento de Varrão, na presença e à vista dele, recolhe-se a Sevilha e acampa no fórum e nos pórticos, sem molestar ninguém. 5. Essa atitude recebeu tal aprovação dos cidadãos romanos da comunidade que cada um tinha o maior desejo de receber em casa, como hóspedes, os legionários. 6. Esses fatos abateram Varrão; tinha já ele alterado seu roteiro e enviado mensageiros à Itálica anunciando sua chegada, quando foi informado por gente sua de que as portas lhe estavam fechadas. 7. Interceptado por todo lado, manda dizer a César que estava pronto a entregar a legião a quem ele designasse. César envia Sexto César e ordena que lha entreguem. 8. Feita a entrega, Varrão foi ter com César em Córdova; presta-lhe lealmente conta da administração, entrega o dinheiro que tem em mãos e indica o que tem de navios e abastecimento e onde se encontra.

[21] 1. César, discursando perante a assembleia em Córdova, agradece a todos, categoria por categoria: aos cidadãos romanos pelo empenho em manter a cidade sob seu controle, aos hispânicos por terem expulsado as guarnições, aos gaditanos por terem frustrado as pretensões dos adversários e reconquistado a liberdade, aos tribunos militares e aos centuriões que tinham vindo para a defesa da cidade, porque, com sua coragem, corroboram as decisões dos gaditanos. 2. Devolve a contribuição que os cidadãos romanos tinham prometido a Varrão dar ao erário público; restitui os bens à pessoas que, por terem-se expressado com demasiada liberdade, ele sabia que foram vítimas de confisco. 3. Tendo recompensado a coletividade e particulares, acena aos outros com boas perspectivas para o futuro. Tendo-se demorado dois dias em Córdova, parte para Cádis; dá ordens para que o dinheiro e os ex-votos que tinham sido tirados do templo de Hércules e levados para uma casa particular lhe sejam devolvidos; 4. confia a Quinto Cássio o comando da província, atribuindo-lhe quatro legiões. Ele mesmo, alguns dias depois, chega a Tarragona com os navios que Varrão e os gaditanos, por ordem de Varrão, tinham construído. Lá, delegações de quase toda a província citerior aguardavam a chegada de César. 5. Como em Córdova, agracia algumas cidades, distribuindo favores tanto a coletividades como a particulares, deixa Tarragona e por terra se dirige a Narbona e daí a Marselha. Lá fica sabendo que

ciuitatibus habitis honoribus Tarracone discedit pedibusque Narbonem atque inde Massiliam peruerit, Ibi legem de dictatore latam seseque dictatorem dictum a M. Lepido praetore cognoscit.

[22] 1. Massilienses omnibus defessi malis, rei frumentariae ad summam inopiam adducti, bis nauali proelio superati, crebris eruptionibus fusi, graui etiam pestilentia conflictati ex diutina conclusione et mutatione uictus (panico enim uetere atque hordeo corrupto omnes alebantur, quod ad huiusmodi casus antiquitus paratum in publicum contulerant), deiecta turri, labefacta magna parte muri, auxiliis prouinciarum et exercituum desperatis, quos in Caesaris potestatem uenisse cognouerant, sese dedere sine fraude constituunt. 2. Sed paucis ante diebus L. Domitius, cognita Massiliensium uoluntate, nauibus III comparatis, ex quibus duas familiaribus suis attribuerat, unam ipse conscenderat, nactus turbidam tempestatem profectus est. 3. Hunc conspicatae naues, quae iussu Bruti consuetudine cotidiana ad portum excubabant, sublatis ancoris sequi coeperunt. 4. Ex his unum ipsius nauigium contendit et fugere perseuerauit auxilioque tempestatis ex conspectu abiit, duo perterrita concursu nostrarum nauium sese in portum receperunt. 5. Massilienses arma tormentaque ex oppido, ut est imperatum, proferunt, nauis ex portu naualibusque educunt, pecuniam ex publico tradunt. 6. Quibus rebus confectis, Caesar magis eos pro nomine et uetustate, quam pro meritis in se ciuitatis conseruans duas ibi legiones praesidio relinquit, ceteras in Italiam mittit; ipse ad urbem proficiscitur.

[23] 1. Isdem temporibus C. Curio in Africam profectus ex Sicilia et iam ab initio copias P. Attii Vari despiciens duas legiones ex IIII, quas a Caesare

---

114 É sabido que em Roma a ditadura era uma magistratura temporária e extraordinária, prevista na Constituição do Estado para solucionar situações de crises institucionais. O ditador era nomeado por um dos cônsules, de acordo com proposta do Senado. O fato de estarem ausentes de Roma os dois cônsules de 49 – ambos na Grécia com Pompeu – criava uma situação de impasse legal para a adoção da ditadura. A solução encontrada terá sido a votação de uma medida legal (senátus-consulto ou plebiscito) sobre essa magistratura com outorga de direito ao pretor Marco Lépido para nomear César ditador. Embora ele tenha exercido esse cargo apenas por alguns dias (pois logo a seguir se elegeu cônsul), era importante registrar a adoção dessa medida, pois ela cobria seu detentor com o manto da legalidade.

115 Dos acontecimentos que marcaram essa viagem não há menção no *Bellum Ciuile*. Sabe-se por outras fontes antigas, entre outros, Suetônio (*César*, 69) que o ditador teve de enfrentar em Placência, com severidade brutal, o amotinamento da nona legião. Seu silêncio sobre esse fato (e vários outros) é apontado como indício de que seu depoimento não está livre de filtros seletivos de informação.

116 Deste capítulo até o final do livro segundo, o relato se ocupa da desastrosa campanha de Curião na África, a quem César, embora lhe reconheça fidelidade e coragem juvenil e lhe atribua um longo e emocionado discurso, não deixa de

uma lei sobre a ditadura havia sido proposta e ele fora nomeado ditador[114] pelo pretor Marco Lépido.

[22] 1. Os marselheses, exauridos por toda sorte de adversidade, reduzidos à extrema penúria de trigo, derrotados por duas batalhas navais, postos em fuga em suas frequentes investidas, às voltas, além do mais, com uma grave epidemia provocada pelo longo bloqueio e pela alteração da alimentação – com efeito, nutriam-se de painço velho e cevada estragada que tinham, havia muito tempo, providenciado e recolhido aos armazéns públicos para eventualidades como aquela –, com a torre posta abaixo, com grande parte das muralhas abaladas, sem esperança de contar com o auxílio das províncias e dos exércitos que já sabiam ter caído nas mãos de César, decidem render-se sem subterfúgios. 2. Mas, alguns dias antes, Lúcio Domício, sabendo das disposições do marselheses, equipou três barcos dos quais deu dois aos seus amigos, e no terceiro ele próprio embarcou; tirando proveito de uma violenta tempestade, partiu. 3. Os navios que, por ordem de Bruto, montavam guarda no porto em sua rotina diária, avistaram-nos e, levantando âncoras, puseram-se ao seu encalço. 4. Um dos navios, o de Domício, imprimiu velocidade, persistiu na fuga e, tendo a seu favor o mau tempo, escapou da nossa vista; os outros dois, atemorizados com a perseguição dos nossos navios, se recolheram ao porto. 5. Os marselheses, de acordo com as ordens dadas, levam para fora dos muros as armas e as peças de artilharia, retiram os navios do porto e dos estaleiros, entregam o dinheiro do erário. 6. Realizadas essas operações, César poupou-os mais pela sua fama e tradição do que pelo que estavam a merecer dele. Deixando lá duas legiões como guarnição, César enviou as demais à Itália e ele próprio se dirigiu a Roma.[115]

[23] 1. Nessa mesma época, Caio Curião partia da Sicília para a África[116] e, menosprezando já desde o início as tropas de Átio Varo, transportava apenas duas das quatro legiões recebidas de César e quinhentos cavaleiros; após dois dias e três noites de navegação,

---

fazer reparos, como já o fizera antes sobre seu comportamento na Sicília. O teatro das operações militares se concentra fundamentalmente no golfo de Túnis (o antigo *sinus Carthaginiensium*), onde se pode situar e identificar a maior parte das localidades citadas no texto.

acceperat, D equites transportabat biduoque et noctibus tribus nauigatione consumptis appellit ad eum locum, qui appellatur Anquillaria. 2. Hic locus abest a Clupeis passuum XXII milia habetque non incommodam aestate stationem et duobus eminentibus promuntoriis continetur. 3. Huius aduentum L. Caesar filius cum X longis nauibus ad Clupea praestolans, quas nauis Vticae ex praedonum bello subductas P. Attius reficiendas huius belli causa curauerat, ueritus nauium multitudinem ex alto refugerat, appulsaque ad proximum litus trireme constrata et in litore relicta pedibus Adrumetum perfugerat. 4. Id oppidum C. Considius Longus unius legionis praesidio tuebatur. Reliquae Caesaris naues eius fuga se Adrumetum receperunt. 5. Hunc secutus Marcius Rufas quaestor nauibus XII, quas praesidio onerariis nauibus Curio ex Sicilia eduxerat, postquam in litore relictam nauem conspexit, hanc remulco abstraxit; ipse ad C. Curionem cum classe redit.

[24] 1. Curio Marcium Vticam nauibus praemittit; ipse eodem cum exercitu proficiscitur biduique iter progressus ad flumen Bagradam peruenit. 2. Ibi C. Caninium Rebilum legatum cum legionibus reliquit; ipse cum equitatu antecedit ad castra exploranda Cornelia, quod is locus peridoneus castris habebatur. 3. Id autem est iugum directum eminens in mare, utraque ex parte praeruptum atque asperum, sed tamen paulo leniore fastigio ab ea parte, quae ad Vticam uergit. 4. Abest directo itinere ab Vtica paulo amplius passuum milibus. Sed hoc itinere est fons, quo mare succedit longius, lateque is locus restagnat; quem si qui uitare uoluerit, sex milium circuitu in oppidum peruenit.

[25] 1. Hoc explorato loco Curio castra Vari conspicit muro oppidoque coniuncta ad portam, quae appellatur Belica, admodum munita natura loci, una ex parte ipso oppido Vtica, altero a theatro, quod est ante oppidum, substructionibus eius operis maximis, aditu ad castra difficili et angusto. 2. Simul animaduertit multa undique portari atque agi plenissimis uiis, quae repentini tumultus timore ex agris in urbem conferantur. 3. Huc equitatum mittit ut

desembarca no lugar chamado Anquilária. 2. Esse lugar dista de Clúpea 22 mil passos, tem no verão ancoradouro nada incômodo e fica ao abrigo de dois promontórios a cavaleiro do mar. 3. Lúcio César, o filho, estava à sua espreita com dez navios de guerra ao largo de Clúpea (Públio Átio, tendo-os retirado do mar após a guerra dos piratas, tratara de recuperá-los em Útica para o conflito em curso); apreensivo com o número de navios inimigos, abandonara o alto-mar e, tendo rumado com uma trirreme de cobertura para o litoral mais próximo onde a deixara, tinha fugido por terra para Adrumeto. 4. Consídio Longo cuidava da segurança dessa cidade com a guarnição de uma legião. Os demais navios de Lúcio César retiraram-se em fuga para Adrumeto. 5. O questor Márcio Rufo tinha perseguido Lúcio César com os doze navios que trouxera da Sicília para comboiar os navios cargueiros; quando avistou o navio abandonado na praia, rebocou-o e foi ao reencontro de Caio Curião com sua frota.

[24] 1. Curião envia antes, para Útica, Márcio com os navios; ele próprio se dirige para lá também com o exército e, após dois dias de marcha, chega ao rio Bagrada; 2. Deixa aí o legado Caio Canínio Rebilo com as legiões; ele, porém, avança com a cavalaria para fazer o reconhecimento da localidade de Castro Cornélio, considerada particularmente apropriada para acampar. 3. É um promontório talhado a pique, a cavaleiro do mar, em ambos os lados íngreme e de difícil acesso, com uma inclinação, porém, mais suave na parte que se volta para Útica. 4. Dista de Útica, em linha reta, pouco mais de mil passos. Nesse percurso, há uma nascente, por onde o mar penetra fundo e o terreno se inunda em larga extensão; se alguém quer evitá-la, chega à cidade por um desvio de seis mil passos.

[25] 1. Feito o reconhecimento do lugar, Curião avista o acampamento de Varo, encostado nos muros da cidade, junto à porta chamada Bélica, muito bem protegido pelas condições locais: de um lado pela própria cidade de Útica, do outro pelo teatro em frente da cidade, com suas fundações enormes, tornando difícil e estreito o acesso ao acampamento. 2. Nota também que pelas estradas, totalmente tomadas, se transporta e se conduz quantidade de coisas vindas de todas as partes, que dos campos se acumulavam na cidade, em pânico pelo alarme inesperado. 3. Para lá Curião envia a cavalaria para saquear e fazer despojos; ao mesmo tempo, Varo, para proteger

diriperet atque haberet loco praedae; eodemque tempore his rebus subsidio DC Numidae ex oppido peditesque CCCC mittuntur a Varo, quos auxilii causa rex Iuba paucis diebus ante Vticam miserat. 4. Huic et paternum hospitium cum Pompeio et simultas cum Curione intercedebat, quod tribunus plebis legem promulgauerat, qua lege regnum Iubae publicauerat. 5. Concurrunt equites inter se; neque uero primum impetum nostrorum Numidae ferre potuerunt, sed, interfectis circiter CXX, reliqui se in castra ad oppidum receperunt. 6. Interim aduentu longarum nauium Curio pronuntiari onerariis nauibus iubet, quae stabant ad Vticam numero circiter CC, se in hostium habiturum loco qui non e uestigio ad castra Cornelia naues traduxisset. 7. Qua pronuntiatione facta, temporis puncto sublatis ancoris, omnes Vticam relinquunt et quo imperatum est transeunt. Quae res omnium rerum copia compleuit exercitum.

[26] 1. His rebus gestis Curio se in castra ad Bagradam recipit atque uniuersi exercitus conclamatione imperator appellatur posteroque die exercitum Vticam ducit et prope oppidum castra ponit. 2. Nondum opere castrorum perfecto equites ex statione nuntiant magna auxilia equitum peditumque ab rege missa Vticam uenire; eodemque tempore uis magna pulueris cernebatur, et uestigio temporis primum agmen erat in conspectu. 3. Nouitate rei Curio permotus praemittit equites, qui primum impetum sustineant ac morentur; ipse celeriter ab opere deductis legionibus aciem instruit. 4. Equitesque committunt proelium et, priusquam plane legiones explicari et consistere possent, tota auxilia regis impedita ac perturbata, quod nullo ordine et sine timore iter fecerant, in fugam coniciunt equitatuque omni fere incolumi, quod se per litora celeriter in oppidum recepit, magnum peditum numerum interficiunt.

---

117 Com o encerramento do ciclo das Guerras Púnicas (146 a.C.), Roma transformou o território de Cartago e as terras férteis ao seu redor na província da África, deixando a Numídia, território continental entre ela e a Mauritânia, nas mãos do seu aliado Massinissa, do qual Juba I era descendente. Este rei, por ter combatido lado a lado com as forças de Pompeu, teve seu reino anexado por César à chamada província da África Nova, onde o historiador cesarista Salústio exerceu discutida administração, mas onde hauriu elementos preciosos para escrever sua monografia sobre a Guerra de Jugurta.

118 Durante a República, era de praxe que o general romano revestido de comando (*imperium*) fosse ovacionado pela tropa com o título de *imperator*, em caso de vitória sobre inimigo externo. Esse êxito e homenagem contavam pontos para a concessão de outras solenidades, como, por exemplo, o solene desfile (*triumphus*) na cidade. A partir de César (Suetônio, *César* 76,2), com a implantação da Monarquia imperial, a palavra passou a acompanhar permanentemente o nome dos novos chefes de Estado e caracterizar-lhe o tipo de governo. Durante as guerras civis, houve sempre certo escrúpulo em ovacionar com esse título os generais

aquelas mercadorias, envia da cidade seiscentos cavaleiros númidas e quatrocentos infantes que, alguns dias antes, o rei Juba[117] despachara a Útica, como reforço. 4. Entre esse rei e Pompeu as relações eram de uma hospitalidade que já vinha do pai, e com Curião eram de rancor porque, como tribuno da plebe, ele havia proposto uma lei que incorporava a Roma o reino de Juba. 5. As duas cavalarias entram em choque; os númidas não conseguem resistir ao primeiro embate dos nossos e, depois de perder cerca de 120 cavaleiros, os demais se retiram para o acampamento às portas da cidade. 6. Nesse ínterim, com a chegada dos navios de guerra, Curião manda anunciar a uns duzentos navios cargueiros ancorados em Útica que ele teria na conta de inimigos os comandantes dos navios que não se deslocassem imediatamente para Castro Cornélio. 7. Feita a proclamação, no mesmo instante todos os navios levantam âncoras, deixam Útica e se dirigem ao local determinado. Essa medida garantiu ao exército a provisão de toda sorte de mercadorias.

[26] 1. Após essas operações, Curião se recolhe ao acampamento perto de Bagrada, e por aclamação unânime da tropa é saudado com o título de *imperator*.[118] No dia seguinte, conduz o exército a Útica e arma o acampamento nas cercanias da cidade. 2. Ainda se ultimavam os trabalhos do acampamento, e os cavaleiros dos postos avançados comunicam que grandes reforços de cavalaria e infantaria, enviados pelo rei, estavam chegando a Útica; ao mesmo tempo se divisava uma nuvem de poeira e num fechar de olhos estava à vista a vanguarda. 3. Curião, atarantado com essa situação inesperada, coloca na dianteira a cavalaria para sustentar o primeiro ataque e ganhar tempo para a batalha; ele próprio retira rapidamente as legiões ocupadas com as obras e as põe em formação de combate. 4. Os cavaleiros travam combate e antes mesmo que as legiões possam se alinhar completamente e tomar posição, toda a tropa do rei, sem condições de manobra e em pânico (pois tinha feito a marcha em desordem e desatenção), é posta em fuga. A cavalaria inimiga salva-se quase inteira porque se refugia precipitadamente no acampamento pela praia, mas há um grande número de perdas na infantaria.

vencedores de batalha contra seus concidadãos, havendo, no entanto, maneiras capciosas de contorná-lo, dando origem a incriminações mútuas.

[27] 1. Proxima nocte centuriones Marsi duo ex castris Curionis cum manipularibus suis XXII ad Attium Varum perfugiunt. 2. Hi, siue uere quam habuerant opinionem ad eum perferunt, siue etiam auribus Vari seruiunt (nam quae uolumus, et credimus libenter et, quae sentimus ipsi, reliquos sentire speramus), confirmant quidem certe totius exercitus animos alienos esse a Curione maximeque opus esse in conspectum exercitus uenire et colloquendi dare facultatem. 3. Qua opinione adductus Varus postero die mane legiones ex castris educit. Facit idem Curio, atque una ualle non magna interiecta suas uterque copias instruit.

[28] 1. Erat in exercitu Vari Sextus Quintilius Varus, quem fuisse Corfinii supra demonstratum est. Hic dimissus a Caesare in Africam uenerat, legionesque eas transduxerat Curio, quas superioribus temporibus Corfinio receperat Caesar, adeo ut, paucis mutatis centurionibus, idem ordines manipulique constarent. 2. Hanc nanctus appellationis causam Quintilius circumire aciem Curionis atque obsecrare milites coepit, ne primam sacramenti, quod apud Domitium atque apud se quaestorem dixissent, memoriam deponerent, neu contra eos arma ferrent, qui eadem essent usi fortuna eademque in obsidione perpessi, neu pro iis pugnarent, a quibus cum contumelia perfugae appellarentur. 3. Huc pauca ad spem largitionis addidit, quae ab sua liberalitate, si se atque Attium secuti essent, exspectare deberent. 4. Hac habita oratione, nullam in partem ab exercitu Curionis fit significatio, atque ita suas uterque copias reducit.

[29] 1. At in castris Curionis magnus omnium incessit timor animis. Is uariis hominum sermonibus celeriter augetur. Vnusquisque enim opiniones fingebat et ad id, quod ab alio audierat, sui aliquid timoris addebat. 2. Hoc ubi uno auctore ad plures permanauerat, atque alius alii tradiderat, plures auctores eius rei uidebantur. [3. Ciuile bellum; genus hominum, cui liceret libere facere et sequi, quod uellet; legiones eae, quae paulo ante apud aduersarios fuerant, nam etiam Caesaris beneficium mutauerat consuetudo, qua offerrentur; municipia etiam diuersis partibus coniuncta, namque ex Marsis Pelignisque ueniebant ei qui superiore nocte: haec in contuberniis commilitesque nonnulli

---

119 Os motivos da deserção desses centuriões César não apresenta, levanta hipóteses. Ora, o que se sabe é que, quando da rendição em Corfínio, os marsos se opuseram inicialmente à entrega de seu comandante Domício a César; depois, quando incorporados ao exército do vencedor, tiveram de fazer novo juramento de fidelidade (Cfr. Ces. *B.C.*1,15,7;1,20,3-5;1,23,5). Os motivos da deserção poderiam ser de ordem política ou religiosa, e não como o narrador parece insinuar.

[27] 1. Na noite seguinte, dois centuriões marsos[119] desertam do acampamento de Curião com 22 dos seus soldados e passam para o lado de Átio Varo. 2. Esses homens, ou porque referiam o que realmente pensavam, ou porque pretendiam lisonjear os ouvidos de Varo (na verdade acreditamos de coração no que desejamos, e o que nós mesmos pensamos, esperamos que os outros pensem), sustentavam que os sentimentos de toda a tropa eram hostis a Curião, que era indispensável que se pusessem os dois exércitos um à frente do outro e que lhes fosse dada oportunidade de dialogar. 3. Influenciado por essas ideias, Varo, no dia seguinte pela manhã, retira as legiões do acampamento. O mesmo faz Curião, e os dois generais alinham suas tropas, separadas por um vale de pouca largura.

[28] 1. Estava no exército de Varo, Sexto Quintílio Varo, que tinha estado em Corfínio, como acima foi mencionado; posto em liberdade por César, partiu para a África. As legiões que para lá Curião transportara eram as mesmas que César acolhera anteriormente em Corfínio, com a mudança de alguns centuriões; e as centúrias e os manípulos eram os mesmos. 2. Quintílio aproveita esse motivo para lhes dirigir a palavra, pôs-se a percorrer as linhas de Curião e a conjurar os soldados a que não esquecessem o primeiro juramento que tinham pronunciado na presença de Domício e dele próprio na qualidade de questor; que não empunhassem armas contra os que tinham compartilhado a mesma sorte e passado pelos mesmos transes no cerco e não lutassem em prol daqueles que, com desprezo, os chamavam trânsfugas. 3. De acréscimo, acenou um pouco com a esperança de larguezas que deveriam esperar de sua generosidade, se seguissem ele e Átio. 4. Após esse discurso, não se nota nenhuma reação por parte do exército de Curião, e então os dois comandantes reconduzem suas tropas aos respectivos acampamentos.

[29] 1. Mas no acampamento de Curião uma grande angústia invade os corações de todos e se intensifica rapidamente com as conversas das diferentes pessoas. 2. Cada um forjava suas próprias conjecturas, e o que um ouvia do outro servia para aumentar um pouco sua própria angústia. Quando uma opinião, proveniente de uma única fonte, tinha atingido um grande número de pessoas e passava de boca em boca, suas fontes pareciam muito mais

grauiora; sermones militum dubii durius accipiebantur]. Nonnulla etiam ab iis qui diligentiores uideri uolebant fingebantur.

[30] 1. Quibus de causis consilio conuocato de summa rerum deliberare incipit. 2. Erant sententiae quae conandum omnibus modis castraque Vari oppugnanda censerent, quod huiusmodi militum consiliis otium maxime contrarium esse arbitrarentur; postremo praestare dicebant per uirtutem in pugna belli fortunam experiri, quam desertos et circumuentos ab suis grauissimum supplicium perpeti. 3. Erant qui censerent de tertia uigilia in castra Cornelia recedendum, ut maiore spatio temporis interiecto militum mentes sanarentur, simul, si quid grauius accidisset, magna multitudine nauium et tutius et facilius in Siciliam receptus daretur.

[31] 1. Curio utrumque improbans consilium, quantum alteri sententiae deesset animi, tantum alteri superesse dicebat: hos turpissimae fugae rationem habere, illos etiam iniquo loco dimicandum putare. 2. "Qua enim," inquit, "fiducia et opere et natura loci munitissima castra expugnari posse confidimus? 3. Aut uero quid proficimus, si accepto magno detrimento ab oppugnatione castrorum discedimus? Quasi non et felicitas rerum gestarum exercitus beneuolentiam imperatoribus et res aduersae odia colligant! 4. Castrorum autem mutatio quid habet nisi turpem fugam et desperationem omnium et alienationem exercitus? Nam neque pudentis suspicari oportet sibi parum credi, neque improbos scire sese timeri, quod illis licentiam timor augeat noster, his studia deminuat." 5. Quod si iam, inquit, "haec explorata habeamus, quae de exercitus alienatione dicuntur, quae quidem ego aut omnino falsa aut certe minora opinione esse confido, quanto haec dissimulari et occultari, quam per nos confirmari praestet? 6. An non, uti corporis uulnera, ita exercitus incommoda sunt tegenda, ne spem aduersariis augeamus? 7. At etiam, ut media nocte proficiscamur, addunt, quo maiorem, credo, licentiam

---

120 O texto, de acordo com os estudiosos, se apresenta de tal forma arruinado que torna vã qualquer tentativa de imaginar seu provável sentido.

121 Essa imagem de Curião, momentaneamente ponderado e prudente, não condiz com a história de sua vida pregressa e com o desenrolar dos próprios acontecimentos da África.

122 Se César, ao compor esse belo discurso de Curião, adota para si o princípio atribuído ao seu lugar-tenente, segundo o qual se deve guardar silêncio sobre as próprias mazelas para não abrir a guarda ao inimigo, estará aí a evidência de que a omissão, em sua obra, de fatos que depõem contra sua pessoa é, antes, fruto de meditada conveniência política do que de defecções da memória.

numerosas (...).[120] Algumas notícias eram fruto da imaginação mesmo daqueles que queriam passar por mais bem informados.

[30] 1. Em vista disso, Curião convoca o conselho de guerra e abre o debate sobre os vários aspectos da situação. 2. Havia os que sustentavam a necessidade de ousar por todos os meios e atacar o acampamento de Varo, porque achavam que, naquele estado de ânimo dos soldados, a inatividade era um fator extremamente nefasto; em suma, diziam que era preferível testar em combate os azares da guerra, combatendo com coragem, a ser abandonado e traído pelos próprios soldados e sofrer o mais grave dos suplícios. 3. Havia os que eram da opinião de que, pela terceira vigília, deviam recolher-se ao acampamento de Cornélio, para que, com maior disponibilidade de tempo, se processasse a recuperação psicológica da tropa e também para que, no caso de algo mais grave, houvesse a possibilidade de retirada mais segura e mais fácil para a Sicília com o grande número de navios de que dispunham.

[31] 1. Curião, desaprovando ambas as propostas, dizia que o que faltava de coragem numa havia em excesso na outra[121]: uns levam em conta a mais torpe das fugas, outros acham que se deve combater até mesmo em terreno desfavorável. 2. "Com que elementos contamos – disse ele – para poder tomar de assalto um campo dos mais bem protegidos pela natureza e por fortificações? 3. Por outro lado, que vantagem logramos se, tendo sofrido grave revés, desistimos de assediar o acampamento, como se não fosse o sucesso que garante aos generais a estima da tropa, e o fracasso, o seu repúdio! 4. O que significa a mudança de acampamento, senão fuga vergonhosa, desesperança geral e deserção do exército? Pois importa que os que têm brio não suspeitem que pouco se lhes crê, que os maus não se saibam temidos, pois a estes nosso medo lhes acresce o atrevimento, àqueles lhes embota o ardor. 5. Se – continuou ele – já consideramos como certo o que se diz sobre o descontentamento do exército – coisa de que tenho plena confiança não ser verdadeira ou certamente ser bem menor do que se pensa –, não seria melhor disfarçar e ocultar os fatos do que corroborá-los por nós mesmos? 6. Porventura os contratempos do exército, tanto quanto as feridas do corpo, não devem ser encobertos, para não aumentar a esperança do inimigo?[122] 7. Mas ainda acrescentam que devemos partir em meio à noite para que,

habeant, qui peccare conentur. Namque huiusmodi res aut pudore aut metu tenentur; quibus rebus nox maxime aduersaria est. 8. Quare neque tanti sum animi, ut sine spe castra oppugnanda censeam, neque tanti timoris, uti spe deficiam; atque omnia prius experienda arbitror magnaque ex parte iam me una uobiscum de re iudicium facturum confido."

[32] 1. Dimisso consilio, contionem aduocat militum. Commemorat quo sit eorum usus studio ad Corfinium Caesar, ut magnam partem Italiae beneficio atque auctoritate eorum suam fecerit. 2. "Vos enim uestrumque factum," inquit, "omnia deinceps municipia sunt secuta, neque sine causa et Caesar amicissime de uobis et illi grauissime iudicauerunt. 3. Pompeius enim nullo proelio pulsus uestri facti praeiudicio demotus Italia excessit; Caesar me, quem sibi carissimum habuit, prouinciam Siciliam atque Africam, sine quibus urbem atque Italiam tueri non potest, uestrae fidei commisit. 4. Adsunt qui uos hortentur, ut a nobis desciscatis. Quid enim est illis optatius, quam uno tempore et nos circumuenire et uos nefario scelere obstringere? aut quid irati grauius de uobis sentire possunt, quam ut eos prodatis qui se uobis omnia debere iudicant, in eorum potestatem ueniatis qui se per uos perisse existimant? 5. An uero in Hispania res gestas Caesaris non audistis? duos pulsos exercitus, duos superatos duces, duas receptas prouincias? haec acta diebus XL, quibus in conspectum aduersariorum uenerit Caesar. 6. An, qui incolumes resistere non potuerunt, perditi resistant? uos autem incerta uictoria Caesarem secuti diiudicata iam belli fortuna uictum sequamini, cum uestri officii praemia percipere debeatis? 7. Desertos enim se ac proditos a uobis dicunt et prioris sacramenti mentionem faciunt. 8. Vosne uero L. Domitium, an uos Domitius deseruit? Nonne extremam pati fortunam paratos proiecit ille? nonne sibi clam salutem fuga petiuit? nonne proditi per illum Caesaris beneficio estis conseruati? 9. Sacramento quidem uos tenere qui potuit, cum proiectis fascibus

---

123 A insistência de Curião em querer tranquilizar os soldados da acusação de sacrilégio, por terem renegado em Corfínio o juramento de fidelidade ao comandante Domício e se engajado em um novo compromisso no exército de César, revela a existência de algum escrúpulo a incomodar a consciência religiosa da tropa.

suponho eu, tenham maior liberdade de ação os que queiram prevaricar; tais propósitos são refreados pelo medo ou pelo sentimento de vergonha, aos quais a noite é particularmente adversa. 8. Portanto, não tenho tal arrojo a ponto de pensar que se deva atacar no desespero o acampamento, nem tenho tanto medo para não alimentar nenhuma esperança; penso que, antes, devemos nos certificar de tudo, e tenho plena confiança de que logo, juntamente convosco, chegaremos a uma decisão sobre o caso."

[32] 1. Terminado o conselho, Curião manda reunir os soldados. Lembra-lhes com que dedicação tinham eles servido a César no cerco de Corfínio, que, graças aos serviços e exemplo deles, conquistara grande parte da Itália. 2. "Com efeito, todos os municípios – disse ele –, um após outro, imitaram a vós e a vossa conduta, e não é sem motivo que César vos aprecia com tanta simpatia, e os inimigos com tanta severidade. 3. Realmente, Pompeu, sem ter sido batido em batalha alguma, deixou a Itália, tangido pelo precedente do vosso comportamento. À vossa lealdade confiou César a minha pessoa, por quem nutre ele particular afeição, a vós confiou a Sicília e a África, sem as quais não se pode salvaguardar a Cidade e a Itália. 4. Há os que vos aconselham a deserção; o que eles mais desejam, senão encurralar a nós e, ao mesmo tempo, implicar-vos em um crime abominável? No seu ódio, o que podem eles conceber de mais grave a vosso respeito, senão que prevariqueis contra aqueles que pensam que a vós devem tudo e que caiais nas mãos daqueles que estão cientes de que sois vós a causa de sua ruína? 5. Não ouvistes falar das façanhas de César na Hispânia? Dois exércitos postos em fuga, a vitória sobre dois generais, a conquista de duas províncias; e isso obra de quarenta dias, a partir do momento que César se apresentou à vista dos adversários? 6. Aqueles que não conseguiram resistir quando suas forças estavam intactas, por acaso resistirão agora que estão arruinados? E vós, que seguistes César quando a vitória era incerta, ireis, agora que a sorte da guerra está decidida, seguir o vencido, quando deveis colher as recompensas dos vossos serviços? 7. Sim, eles dizem que foram abandonados e traídos por vós e fazem menção do juramento anterior.[123] Mas quem abandonou? 8. Vós a Domício, ou Domício a vós? Por acaso não foi ele que deitou fora os que estavam dispostos a correr todos os riscos? Não foi ele que, sem o saberdes, buscou salvar-se sozinho, fugindo? Traídos que fostes por ele, não deveis vossa vida aos favores de César? 9. Como

et deposito imperio priuatus et captus ipse in alienam uenisset potestatem? 10. Relinquitur noua religio, ut eo neglecto sacramento, quo tenemini, respiciatis illud quod deditione ducis et capitis deminutione sublatum est. 11. At, credo, si Caesarem probatis, in me offenditis. Qui de meis in uos meritis praedicaturus non sum, quae sunt adhuc et mea uoluntate et uestra exspectatione leuiora; sed tamen sui laboris milites semper euentu belli praemia petiuerunt, qui qualis sit futurus, ne uos quidem dubitatis: diligentiam quidem nostram aut, quem ad finem adhuc res processit, Fortunam cur praeteream? An poenitet uos quod saluum atque incolumem exercitum nulla omnino naue desiderata traduxerim? quod classem hostium primo impetu adueniens profligauerim? quod his per biduum equestri proelio superauerim? quod ex portu sinuque aduersariorum CC naues oneratas abduxerim eoque illos compulerim, ut neque pedestri itinere neque nauibus commeatu iuuari possint? 12. Hac uos fortuna atque his ducibus repudiatis, an Corfiniensem ignominiam, an Italiae fugam, an Hispaniarum deditionem, Africi belli praeiudicia, sequimini? Equidem me Caesaris militem dici uolui, uos me imperatoris nomine appellauistis. Cuius si uos poenitet, uestrum uobis beneficium remitto, mihi meum restituite nomine, ne ad contumeliam honorem dedisse uideamini."

[33] 1. Qua oratione permoti milites crebro etiam dicentem interpellabant, ut magno cum dolore infidelitatis suspicionem sustinere uiderentur; discedentem uero ex contione uniuersi cohortantur, magno sit animo, necubi dubitet proelium committere et suam fidem uirtutemque experiri. 2. Quo facto commutata omnium et uoluntate et opinione consensu summo constituit Curio, cum primum sit data potestas, proelio rem committere posteroque die productos eodem loco quo superioribus diebus constiterat in acie collocat. 3. Ne Varus quidem Attius dubitat copias producere, siue sollicitandi milites siue aequo loco dimicandi detur occasio, ne facultatem praetermittat.

---

124 Os feixes (*fasces*) eram constituídos de varas amarradas por uma correia e encimados por um machado; carregavam-no os litores à frente dos magistrados. O argumento de Curião para serenar a consciência dos antigos soldados de Domício era que a prisão do general provocava automaticamente a perda do comando e dos símbolos externos de autoridade e desobrigava seus subordinados de qualquer juramento.

Domício podia manter-vos presos ao juramento, se, com o abandono dos feixes e a perda do comando[124], estava, como cidadão comum e prisioneiro, sob o domínio de outra pessoa? 10. Estamos diante de uma forma inédita de obrigação: não levar em conta o juramento a que estais presos e respeitar aquele que foi anulado com a rendição do general e a perda dos seus direitos civis. 11. No entanto, é verdade: estais satisfeitos com César e descontentes comigo. Não sou eu que vou alardear os meus títulos de reconhecimento, que estão abaixo dos meus desejos e de vossas expectativas; no entanto, soldados não têm por norma pedir recompensas de suas fadigas, senão com o desfecho da guerra, e qual seja ele, vós mesmos não tendes dúvida alguma. Por que deixarei eu de mencionar meu empenho e minha sorte quanto aos resultados até agora obtidos? 12. Desagrada-vos que eu tenha transportado o exército, são e salvo, sem a perda de um só navio? que, ao chegar, já tenha, no primeiro ataque, derrotado a esquadra inimiga? que por duas vezes em dois dias tenha triunfado em combate de cavalaria? que, do porto, tenha recolhido do âmago do inimigo duzentos navios com suas cargas e deixado o inimigo sem condições de se abastecer nem por terra nem por mar? 13. Dando as costas à Fortuna e a tais chefes, seguireis o partido da vergonha de Corfínio, da fuga da Itália, da rendição das Hispânias, dos acontecimentos premonitórios da guerra da África? 14. Quanto a mim, não quis outro título, senão o de ser soldado de César, vós me destes o título de *imperator*. Se estais arrependidos, eu vos devolvo o favor; restituí-me meu nome, para que não se diga que o título de honra me foi dado por escárnio."

[33] 1. Os soldados, emocionados com esse discurso, interrompiam frequentemente o orador durante sua fala, dando demonstração de suportar com grande dor a suspeita de infidelidade. À saída da reunião, todos o exortam a não perder o ânimo, a não hesitar, em momento algum, em travar combate e a pôr à prova a fidelidade e a bravura da tropa. 2. Curião, tendo dessa forma, por sua iniciativa, transformado o estado de ânimo e o pensamento de todos, decide, com aprovação unânime, travar combate, assim que se oferecesse a ocasião; no dia seguinte, tira a tropa do acampamento e a alinha no mesmo lugar onde se postara nos dias anteriores. 3. Átio Varo também não hesita em tirar a tropa, para ter a possibilidade de ganhar para si a tropa de Curião, ou de combater em terreno favorável, se lhe fosse dada essa oportunidade.

[34] 1. Erat uallis inter duas acies, ut supra demonstratum est, non ita magna, at difficili et arduo ascensu. Hanc uterque, si aduersariorum copiae transire conarentur, exspectabat, quo aequiore loco proelium committeret [...]. 2. Simul ab sinistro cornu P. Attii equitatus omnis et una leuis armaturae interiecti complures, cum se in uallem demitterent, cernebantur. 3. Ad eos Curio equitatum et duas Marrucinorum cohortis mittit; quorum primum impetum equites hostium non tulerunt, sed admissis equis ad suos refugerunt; relicti ab his, qui una procurrerant leuis armaturae, circumueniebantur atque interficiebantur ab nostris. Huc tota Vari conuersa acies suos fugere et concidi uidebat. 4. Tum Rebilus, legatus Caesaris, quem Curio secum ex Sicilia duxerat, quod magnum habere usum in re militari sciebat, "Perterritum", inquit, "hostem uides, Curio: quid dubitas uti temporis opportunitate?" 5. Ille unum elocutus, ut memoria tenerent milites ea quae pridie sibi confirmassent, sequi sese iubet et praecurrit ante omnes. Adeoque erat impedita uallis, ut in ascensu nisi subleuati a suis primi non facile eniterentur. 6. Sed praeoccupatus animus Attianorum militum timore et fuga et caede suorum nihil de resistendo cogitabat, omnesque iam se ab equitatu circumueniri arbitrabantur. Itaque priusquam telum abici posset, aut nostri propius accederent, omnis Vari acies terga uertit seque in castra recepit.

[35] 1. Qua in fuga Fabius Paelignus quidam ex infimis ordinibus de exercitu Curionis primum agmen fugientium consecutus magna uoce Varum nomine appellans requirebat, uti unus esse ex eius militibus et monere aliquid uelle ac dicere uideretur. 2. Vbi ille saepius appellatus aspexit ac restitit et, quis esset aut quid uellet quaesiuit, humerum apertum gladio appetit, paulumque afuit quin Varum interficeret; quod ille periculum sublato ad eius conatum scuto uitauit. Fabius a proximis militibus circumuentus interficitur. 3. Hac fugientium multitudine ac turba portae castrorum occupantur atque iter impeditur, pluresque in eo loco sine uulnere quam in proelio aut fuga intereunt, neque multum afuit quin etiam castris expellerentur, ac nonnulli protinus

---

125 Neste ponto ocorre lacuna no texto.

126 O episódio de grande heroísmo de Fábio Peligno, centurião de pequena patente, ganha expressão e conteúdo se se pensar que, logo abaixo, essa sua façanha se contrapõe à covardia dos soldados adversários, descritos (com quase imperceptível ironia) em fuga tão desabalada que ultrapassam até mesmo o próprio acampamento e vão ter à cidade, onde se sentem mais seguros.

[34] 1. Como acima se mencionou, havia entre as duas formações um vale não muito grande, mas de escalada difícil e penosa. Cada um dos comandantes contava que a tropa adversária tentasse transpô-la, para poder travar combate em terreno mais favorável (...).[125] 2. Ao mesmo tempo via-se pelo flanco esquerdo toda a cavalaria de Públio Átio e, por entre ela espalhada, uma numerosa infantaria de arma leve, que se lançavam vale abaixo. 3. Curião envia ao seu encontro a cavalaria e duas coortes de marrucinos a cujo primeiro embate os cavaleiros inimigos não resistiram, mas, a rédeas soltas, recuaram para suas linhas; abandonada por eles, a infantaria levemente armada, que tinha avançado juntamente com eles, era cercada e massacrada pelos nossos. Todas as fileiras de Varo, de olhos voltados para essa cena, viam seus camaradas fugirem e serem liqüidados. 4. Foi então que Rebilo, legado de César, que Curião trouxera consigo da Sicília, porque tinha conhecimento de sua larga experiência militar, disse: "Curião, estás vendo o exército deles em pânico; por que hesitas em aproveitar o momento oportuno?" 5. E ele, dizendo apenas aos soldados que tivessem presente na memória o que lhe haviam garantido na véspera, dá ordens que o sigam e se põe à frente de todos. A depressão era tão árdua que os primeiros não conseguiam subir a rampa senão apoiados pelos companheiros que estavam abaixo. 6. Mas a cabeça dos soldados de Átio, entretida mais com o medo, a fuga e o massacre, não tinha a menor idéia de resistir, e todos já pensavam que estavam sendo envolvidos pela cavalaria. Por isso, antes que se pudesse lançar um projétil ou que os nossos se aproximassem, todo o exército de Varo bate em retirada e se recolhe ao acampamento.

[35] 1. Nessa fuga, um certo Fábio Peligno, um dos centuriões de menor patente do exército de Curião, tendo atingido a primeira linha dos fugitivos, procurava por Varo, chamando-o aos brados pelo nome, dando a impressão de ser um dos seus soldados e de querer adverti-lo ou dizer-lhe alguma coisa. 2. Varo, sentindo seu nome tantas vezes repetido, olhou, deteve-se e lhe perguntou quem era e o que queria; então Fábio lhe desferiu com a espada um golpe no ombro exposto e por pouco Varo não foi morto. Varo conjurou o perigo barrando a estocada com o escudo. Fábio, cercado pelos soldados mais próximos, é morto.[126] 3. A turbamulta dos fugitivos congestionou as portas do acampamento, obstruiu a passagem e lá, sem golpe, morreu mais gente do que no combate ou na fuga; pouco faltou para que fossem

eodem cursu in oppidum contenderunt. 4. Sed cum loci natura et munitio castrorum adiri tunc prohibebat, tum quod ad proelium egressi Curionis milites iis rebus indigebant, quae ad oppugnationem castrorum erant usui. 5. Itaque Curio exercitum in castra reducit suis omnibus praeter Fabium incolumibus, ex numero aduersariorum circiter DC interfectis ac mille uulneratis; qui omnes discessu Curionis multique praeterea per simulationem uulnerum ex castris in oppidum propter timorem sese recipiunt. 6. Qua re animaduersa Varus et terrore exercitus cognito bucinatore in castris et paucis ad speciem tabernaculis relictis de tertia uigilia silentio exercitum in oppidum reducit.

[36] 1. Postero die Curio obsidere Vticam et uallo circummunire instituit. Erat in oppido multitudo insolens belli diuturnitate otii, Vticenses pro quibusdam Caesaris in se beneficiis illi amicissimi, conuentus is qui ex uariis generibus constaret, terror ex superioribus proeliis magnus. 2. Itaque de deditione omnes iam palam loquebantur et cum P. Attio agebant, ne sua pertinacia omnium fortunas perturbari uellet. 3. Haec cum agerentur, nuntii praemissi ab rege Iuba uenerunt, qui ilium adesse cum magnis copiis dicerent et de custodia ac defensione urbis hortarentur. Quac res eorum perterritos animos confirmauit.

[37] 1. Nuntiabantur haec eadem Curioni, sed aliquamdiu fides fieri non poterat: tantam habebat suarum rerum fiduciam. 2. Iamque Caesaris in Hispania res secundae in Africam nuntiis ac litteris perferebantur. Quibus omnibus rebus sublatus nihil contra se regem nisurum existimabat. 3. Sed ubi certis auctoribus comperit minus V et XX milibus longe ab Vtica eius copias abesse, relictis munitionibus sese in castra Cornelia recepit. 4. Huc frumentum comportare, castra munire, materiam conferre coepit statimque in Siciliam misit, uti duae legiones reliquusque equitatus ad se mitteretur. 5. Castra erant ad bellum ducendum aptissima natura et loci munitione et maris propinquitate et

---

127 A composição social da população de Útica, que não deveria ser muito diferente da maioria das cidades provinciais, era formada de três estratos juridicamente diferenciados: a massa dos excluídos dos direitos políticos, os cidadãos locais elegíveis para as magistraturas domésticas e a comunidade dos cidadãos romanos (*conuentus ciuium romanorum*) lá residentes e dedicados, na sua maior parte, às diferentes atividades econômicas.

enxotados do acampamento. E uns poucos, no ímpeto da corrida em que vinham, foram dar na cidade. 4. No entanto, de um lado a natureza do lugar e as obras de fortificação impediam nosso acesso ao campo, de outro, os soldados de Curião, por terem saído para uma batalha, não dispunham do material necessário para o assédio. 5. Por isso, Curião reconduziu a tropa ao acampamento sem registrar nenhuma baixa, salvo a de Fábio, enquanto do lado dos adversários foram perto de seiscentos mortos e mil feridos. Com a partida de Curião, todos os feridos e muitos outros, simulando ferimento, deixam por medo o acampamento e se refugiam na cidade. 6. Varo, a par disso e do pânico do exército, deixa no acampamento um corneteiro e umas poucas barracas para despistar e, pela terceira vigília, conduz em silêncio o exército à cidade.

[36] 1. No dia seguinte, Curião decide assediar Útica e realizar os trabalhos de circunvalação. Na cidade havia: uma massa desacostumada da guerra em razão do longo período de paz; os uticenses[127], muito ligados a César pelos favores dele recebidos; a comunidade dos cidadãos romanos, composta de várias categorias; e um grande pânico motivado pelos últimos combates. 2. Por isso, todos já falavam abertamente em rendição e negociavam com Públio Varo para que não viesse, com sua obstinação, a consentir que a sorte de todos passasse por dificuldades. 3. Durante essas tratativas, chegaram emissários do rei Juba cuja finalidade era comunicar que ele estava a caminho com muita tropa e exortá-los a preservar e defender a cidade. Essa notícia deu novo alento aos espíritos tomados de pânico.

[37] 1. Iguais notícias eram trazidas a Curião, mas por algum tempo não podia ele lhes dar crédito, tão grande era a confiança na sua fortuna. 2. Já chegavam à África, por mensageiros e cartas, os êxitos de César na Hispânia. Fascinado por todos esses acontecimentos, pensava que o rei de forma alguma empreenderia alguma ação contra ele. 3. Quando fica sabendo de fontes certas que as tropas do rei estavam a menos de 25 milhas de Útica, abandona os trabalhos de assédio e recolhe-se ao Acampamento Cornélio. 4. Para lá se põe a transportar trigo, a reforçar a defesa, a acumular madeira e, sem perda de tempo, despacha emissários à Sicília para que lhe sejam enviadas duas legiões e o restante da cavalaria. 5. O acampamento era o lugar ideal para prolongar a guerra em razão da localização, de

aquae et salis copia, cuius magna uis iam ex proximis erat salinis eo congesta. 6. Non materia multitudine arborum, non frumentum, cuius erant plenissimi agri, deficere poterat. Itaque omnium suorum consensu Curio reliquas copias exspectare et bellum ducere parabat.

[38] 1. His constitutis rebus probatisque consiliis, ex perfugis quibusdam oppidanis audit Iubam reuocatum finitimo bello et controuersiis Leptitanorum restitisse in regno, Saburram, eius praefectum, cum mediocribus copiis missum Vticae appropinquare. 2. His auctoribus temere credens consilium commutat et proelio rem committere constituit. Multum ad hanc rem probandam adiuuat adulescentia, magnitudo animi, superioris temporis prouentus, fiducia rei bene gerendae. 3. His rebus impulsus equitatum omnem prima nocte ad castra hostium mittit ad flumen Bagradam, quibus praeerat Saburra, de quo ante erat auditum; sed rex omnibus copiis insequebatur et sex milium passuum interuallo a Saburra consederat. 4. Equites missi nocte iter conficiunt, imprudentis atque inopinantis hostes aggrediuntur. Numidae enim quadam barbara consuetudine nullis ordinibus passim consederant. 5. Hos oppressos somno et dispersos adorti magnum eorum numerum interficiunt; multi perterriti profugiunt. Quo facto ad Curionem equites reuertuntur captiuosque ad eum reducunt.

[39] 1. Curio cum omnibus copiis quarta uigilia exierat cohortibus V castris praesidio relictis. Progressus milia passuum VI equites conuenit, rem gestam cognouit; ex captiuis quaerit quis castris ad Bagradam praesit: respondent Saburram. 2. Reliqua studio itineris conficiendi quaerere praetermittit proximaque respiciens signa: "Videtisne", inquit, "milites, captiuorum orationem cum perfugis conuenire? abesse regem, exiguas esse copias missas, quae paucis equitibus pares esse non potuerint? 3. Proinde ad praedam, ad gloriam properate, ut iam de praemiis uestris et de referenda gratia

suas defesas, da proximidade do mar, da abundância de água e de sal, do qual grande quantidade já tinha sido lá armazenada, proveniente das salinas mais próximas. 6. Não podia vir a faltar madeira pelo grande número de árvores existentes, nem trigo, do qual os campos estavam carregados. Em vista disso, com o apoio unânime dos seus, Curião fazia os preparativos para aguardar as forças remanescentes e prolongar a guerra.

[38] 1. Tomadas essas providências e aprovadas essas medidas, Curião é informado por alguns desertores da cidade que Juba, em razão de uma guerra entre vizinhos e de disputas dos habitantes de Léptis, tinha permanecido no reino e que Saburra, seu preposto, fora enviado a Útica com um modesto contingente que se aproximava da cidade. 2. Dando imprudentemente crédito a essas fontes, muda o plano e decide enfrentar a situação em combate. Para adotar essa atitude contribuiu poderosamente a juventude de Curião, sua grandeza de alma, os resultados anteriores, a confiança no sucesso. 3. Sob o impulso desses motivos, envia à noitinha toda sua cavalaria à vizinhança do acampamento inimigo, às margens do rio Bagrada; como mencionado anteriormente, o comandante inimigo era Saburra, mas o rei o seguia de perto com todas suas tropas e se instalara a seis mil passos dele. 4. Os cavaleiros destacados cumprem a marcha à noite e atacam os inimigos, desprevenidos e sem nada suspeitar. É que os númidas, segundo o costume bárbaro, tinham acampado ao léu e sem nenhuma formação. 5. Nossa cavalaria os ataca, dispersos e dominados pelo sono, massacrando um grande número deles; muitos, em pânico, se põem a fugir. Terminada a operação, os cavaleiros retornam junto a Curião, trazendo-lhe prisioneiros.

[39] 1. Curião havia partido pela quarta vigília com toda a tropa, tendo deixado cinco coortes para guarda do acampamento. Ao avançar seis mil passos, encontra os cavaleiros que o põem a par da operação realizada; pergunta aos prisioneiros quem comanda o acampamento junto ao Bagrada; respondem que Saburra. 2. No afã de cumprir a marcha, deixa de fazer outras perguntas e, voltando seu olhar às unidades mais próximas, diz: "Não vedes, soldados, que as palavras dos prisioneiros combinam com as dos desertores? O rei não está lá, o contingente enviado é reduzido; não teve condições para enfrentar uns poucos cavaleiros. 3. Avante! Avançai para os despojos,

cogitare incipiamus." 4. Erant per se magna, quae gesserant equites, praesertim cum eorum exiguus numerus cum tanta multitudine Numidarum conferretur. Haec tamen ab ipsis inflatius commemorabantur, ut de suis homines laudibus libenter praedicant. 5. Multa praeterea spolia praeferebantur, capti homines equitesque producebantur, ut, quicquid intercederet temporis, hoc omne uictoriam morari uideretur. 6. Ita spei Curionis militum studia non deerant. Equites sequi iubet sese iterque accelerat, ut quam maxime ex fuga perterritos adoriri posset. At illi itinere totius noctis confecti subsequi non poterant, atque alii alio loco resistebant. Ne haec quidem res Curionem ad spem morabantur.

[40] 1. Iuba certior factus a Saburra de nocturno proelio II milia Hispanorum et Gallorum equitum, quos suae custodiae causa circum se habere consuerat, et peditum eam partem, cui maxime confidebat, Saburrae submisit; ipse cum reliquis copiis elephantisque LX lentius subsequitur. 2. Suspicatus praemissis equitibus ipsum adfore Curionem Saburra copias equitum peditumque instruit atque his imperat ut simulatione timoris paulatim cedant ac pedem referant: sese, cum opus esset, signum proelii daturum et, quod rem postulare cognouisset, imperaturum. 3. Curio ad superiorem spem addita praesentis temporis olpinione, hostes fugere arbitratus copias ex locis superioribus in campum deducit.

[41] 1. Quibus ex locis cum longius esset progressus, confecto iam labore exercitu XVI milium spatio constitit. 2. Dat suis signum Saburra, aciem constituit et circumire ordines atque hortari incipit; sed peditatu dumtaxat procul ad speciem utitur, equites in aciem immittit. 3. Non deest negotio Curio suosque hortatur ut spem omnem in uirtute reponant. Ne militibus quidem, ut defessis, neque equitibus, ut paucis et labore confectis, studium ad pugnandum uirtusque deerat; sed hi erant numero CC, reliqui in itinere substiterant. 4. Hi, quamcumque in partem impetum fecerant, hostes loco cedere cogebant, sed neque longius fugientes prosequi neque uehementius equos incitare

para a glória, que já entramos a pensar nas vossas recompensas e no nosso reconhecimento." 4. Era uma façanha o que tinham cumprido os cavaleiros, sobretudo comparando-se o pequeno número deles com a multidão impressionante dos númidas; no entanto, esses fatos eram relatados com bastante exagero, dado que os homens se gabam com prazer de suas próprias glórias. 5. Além do mais, exibiam-se numerosos espólios, apresentavam-se prisioneiros da infantaria e da cavalaria, a tal ponto que cada minuto que passava parecia retardar a vitória. 6. E assim o entusiasmo dos soldados estava à altura das expectativas de Curião. Ordena que a cavalaria o siga e acelera a marcha para poder atacar o inimigo, o quanto possível, ainda na desordem da fuga. Mas seus soldados, esgotados pela marcha de toda a noite, não conseguiam acompanhá-lo e ficavam pelo caminho, uns aqui, outros ali. Nem mesmo esse fato retardava os anseios de Curião.

[40] 1. Juba, informado por Saburra sobre o ataque noturno, socorre-o sorrateiramente com dois mil cavaleiros espanhóis e gauleses que tinha por hábito manter à sua volta como guarda pessoal, e com a parte de infantaria em que depositava a maior confiança; ele próprio, com o resto da tropa e sessenta elefantes, vem atrás em marcha mais lenta. 2. Saburra, imaginando que Curião, depois de despachar à frente a cavalaria, iria aparecer pessoalmente, põe em formação de combate a infantaria e a cavalaria; instrui-as a dar mostras de medo, ir aos poucos cedendo terreno e recuar; ele, quando fosse necessário, daria o sinal de combate e as ordens que, a seu ver, as circunstâncias exigissem. 3. Curião, somando a confiança, que já tinha, à impressão favorável do momento, se convence de que os inimigos se põem em fuga e, deixando os lugares altos, desce com a tropa para a planície.

[41] 1. Depois de percorrer dessas alturas uma distância mais ou menos longa e estando o exército extenuado por uma marcha de dezesseis milhas, Curião se deteve. 2. Saburra então dá o sinal aos seus, põe-nos em formação, começa a percorrer as fileiras e a estimulá-las, mas ele mantém a infantaria a distância para não dar na vista e coloca a cavalaria em linha. 3. Curião esteve à altura de suas responsabilidades; encoraja os seus a depositar toda a esperança no próprio valor. Nem aos soldados, embora cansados, nem aos cavaleiros, embora poucos e extenuados pelo esforço, faltaram disposição e coragem para a luta, mas eram duzentos e os outros tinham ficado pelo caminho. 4. Eles,

poterant. 5. At equitatus hostium ab utroque cornu circuire aciem nostram et auersos proterere incipit. 6. Cum cohortes ex acie procucurrissent, Numidae integri celeritate impetum nostrorum effugiebant rursusque ad ordines suos se recipientes circumibant et ab acie excludebant. Sic neque in loco manere ordinesque seruare neque procurrere et casum subire tutum uidebatur. 7. Hostium copiae submissis ab rege auxiliis crebro augebantur; nostros uires lassitudine deficiebant, simul ii qui uulnera acceperant, neque acie excedere neque in locum tutum referri poterant, quod tota acies equitatu hostium circumdata tenebatur. 8. Hi de sua salute desperantes, ut extremo uitae tempore homines facere consuerunt, aut suam mortem miserabantur aut parentes suos commendabant, si quos ex eo periculo fortuna seruare potuisset. Plena erant omnia timoris et luctus.

[42] 1. Curio, ubi perterritis omnibus neque cohortationes suas neque preces audiri intellegit, unam ut in miseris rebus spem reliquam salutis esse arbitratus, proximos colles capere uniuersos atque eo signa inferri iubet. Hos quoque praeoccupat missus a Saburra equitatus. 2. Tum uero ad summam desperationem nostri perueniunt et partim fugientes ab equitatu interficiuntur, partim integri procumbunt. 3. Hortatur Curionem Cn. Domitius, praefectus equitum, cum paucis equitibus circumsistens, ut fuga salutem petat atque in castra contendat, et se ab eo non discessurum pollicetur. 4. At Curio numquam se amisso exercitu, quem a Caesare fidei commissum acceperit, in eius conspectum reuersurum confirmat atqne ita proelians interficitur. 5. Equites ex proelio perpauci se recipiunt; sed ii, quos ad nouissimum agmen equorum reficiendorum causa substitisse demonstratum est, fuga totius exercitus procul animaduersa, sese incolumes in castra conferunt. Milites ad unum omnes interficiuntur.

[43] 1. His rebus cognitis, Marcius Rufus quaestor in castris relictus a Curione cohortatur suos ne animo deficiant. Illi orant atque obsecrant, ut in Siciliam nauibus reportentur. Pollicetur magistrisque imperat nauium ut

aonde quer que arremetessem, obrigavam o inimigo a ceder terreno, mas não tinham condições de perseguir mais longe os fugitivos nem de dar uma arrancada mais forte aos cavalos. 5. Entretanto, a cavalaria inimiga começa a envolver a nossa linha pelas duas alas e a esmagar os nossos pelas costas. 6. Quando nossas coortes saíam de suas fileiras, os númidas, descansados, esquivavam o ataque graças a sua mobilidade e novamente envolviam os que se recolhiam às suas fileiras, tirando-os da linha. Dessa forma, nem ficar no lugar e guardar posição, nem avançar e correr o risco do combate pareciam soluções seguras. 7. As tropas inimigas aumentavam com os reforços enviados repetidamente pelo rei. Com o cansaço, os nossos já não tinham forças e, além do mais, os feridos não podiam deixar as linhas, nem ser levados a lugar seguro porque todo o exército se encontrava envolvido pela cavalaria inimiga. 8. Eles, perdida toda esperança de salvação, como de hábito fazem os homens no extremo limite da vida, lastimavam sua morte ou recomendavam seus pais aos camaradas, se a Fortuna os pudesse ter salvo daquele perigo. Por toda parte era medo e desolação.

[42] 1. Curião, quando se dá conta de que, com o pânico geral, já não se ouvem suas exortações nem seus rogos, pensando que, não obstante a situação deplorável, restava uma esperança, ordena que todos ganhem as colinas mais próximas e que para lá se dirijam as insígnias. A cavalaria, enviada por Saburra, se antecipa aos nossos. 2. Aí então eles se entregam ao total desespero; uma parte, que tentava fugir, é massacrada pela cavalaria, a outra, mesmo não estando ferida, se prostra. 3. Cneu Domício, comandante da cavalaria, à volta de Curião com uns poucos cavaleiros, exorta-o a buscar a salvação na fuga, a se dirigir ao acampamento, prometendo que estaria sempre a seu lado. 4. Mas Curião declara que jamais se apresentaria diante de César depois de ter perdido o exército que por ele lhe tinha sido confiado e, assim, é morto de armas na mão. 5. Dos cavaleiros que lutaram, bem poucos conseguem escapar; mas os que, conforme se mencionou, se detiveram na retaguarda para descanso dos cavalos, tendo percebido de longe a debandada de todo o exército, retiraram-se sãos e salvos para o acampamento. A infantaria é exterminada até o último homem.

[43] 1. Ao tomar conhecimento desses fatos, o questor Márcio Rufo, que Curião havia deixado no acampamento, exorta os seus a não desanimarem. Eles pedem e suplicam que os embarque de volta à

primo uespere omnes scaphas ad litus appulsas habeant. 2. Sed tantus fuit omnium terror, ut alii adesse copias Iubae dicerent, alii cum legionibus instare Varum iamque se puluerem uenientium cernere, quarum rerum nihil omnino acciderat, alii classem hostium celeriter aduolaturam suspicarentur. Itaque perterritis omnibus sibi quisque consulebat. 3. Qui in classe erant, proficisci properabant. Horum fuga nauium onerariarum magistros incitabat; pauci lenunculi ad officium imperiumque conueniebant. 4. Sed tanta erat completis litoribus contentio, qui potissimum ex magno numero conscenderent, ut multitudine atque onere nonnulli deprimerentur, reliqui hoc timore propius adire tardarentur.

[44] 1. Quibus rebus accidit ut pauci milites patresque familiae, qui aut gratia aut misericordia ualerent aut naues adnare possent, recepti in Siciliam incolumes peruenirent. Reliquae copiae missis ad Varum noctu legatorum numero centurionibus sese ei dediderunt. 2. Quorum cohortes militum postero die ante oppidum Iuba conspicatus, suam esse praedicans praedam, magnam partem eorum interfici iussit, paucos electos in regnum remisit, cum Varus suam fidem ab eo laedi quereretur neque resistere auderet. 3. Ipse equo in oppidum uectus prosequentibus compluribus senatoribus, quo in numero erat Ser. Sulpicius et Licinius Damasippus, paucis diebus, quae fieri uellet, Vticae constituit atque imperauit. Diebus aeque post paucis se in regnum cum omnibus copiis recepit.

---

128 Os capítulos 43 e 44 encerram o livro segundo com a descrição comovida do dramático esfacelamento do exército de Curião e com a mal contida revolta de César com a demissão e a renúncia de cidadania dos líderes pompeianos na África, que, sem resistência e como caudatários, assistem às brutalidades a que um rei bárbaro submete cidadãos romanos. Essa defesa do orgulho nacional é porto seguro de rendimento político.

Sicília. Ele lhes dá garantia e ordena aos capitães de navios que desde a noitinha mantenham as canoas nas proximidades da praia. 2. Tal era, porém, o pânico de todos que alguns diziam que as forças de Juba estavam chegando, outros que as legiões de Varo se aproximavam e que já se avistava a poeira dos que estavam vindo (não havia nada de verdade nisso); outros supunham que a esquadra dos inimigos voaria a toda velocidade. Dessa forma, cada um, sob o terror generalizado, cuidava apenas de si. 3. Os que já estavam embarcados se apressavam em partir. A fuga deles estimulava os pilotos dos navios cargueiros; poucos barcos cumpriam seu dever e as ordens dadas. 4. E, na praia lotada, era tal a disputa sobre quem, em meio a tanta gente, conseguiria embarcar, que algumas canoas sobrecarregadas de pessoas iam a pique, e as demais, com receio de tal sorte, tardavam em se aproximar mais.

[44] 1. Disso resultou que poucos soldados e pais de família, por razões de influência ou por compaixão ou porque conseguiram nadar até os navios, foram recolhidos e chegaram sãos e salvos à Sicília. O restante da tropa enviou a Varo, de noite, centuriões como seus representantes e a ele se rendeu. 2. No dia seguinte, Juba, ao avistar coortes desses soldados diante da cidade, proclama que são presas suas; dá ordem de liquidar grande parte deles, envia ao seu reino alguns por ele selecionados e, enquanto isso, Varo se queixava de que se descumpria o compromisso por ele assumido, mas não ousava opor-se. 3. E o rei, montado a cavalo, foi introduzido na cidade, seguido de um cortejo de senadores, entre os quais estavam Sérvio Sulpício e Licínio Damasipo, e por uns poucos dias em Útica fez e desfez o que bem entendeu. Após mais alguns dias, retirou-se para o reino com todas as suas tropas.[128]

Liber Tertivs

Livro Terceiro

[1] 1. Dictatore habente comitia Caesare, consules creantur Iulius Caesar et P. Seruilius; is enim erat annus, quo per leges ei consulem fieri liceret. 2. His rebus confectis, cum fides tota Italia esset angustior neque creditae pecuniae soluerentur, constituit ut arbitri darentur; per eos fierent aestimationes possessionum et rerum, quanti quaeque earum ante bellum fuisset, atque eae creditoribus traderentur. 3. Hoc et ad timorem nouarum tabularum tollendum minuendumue, qui fere bella et ciuiles dissensiones sequi consueuit, et ad debitorum tuendam existimationem esse aptissimum existimauit. 4. Itemque praetoribus tribunisque plebis rogationes ad populum ferentibus nonnullos ambitus Pompeia lege damnatos illis temporibus, quibus in urbe praesidia legionum Pompeius habuerat, quae iudicia aliis audientibus iudicibus, aliis sententiam ferentibus singulis diebus erant perfecta, in integrum restituit, qui se illi initio ciuilis belli obtulerant, si sua opera in bello uti uellet, proinde aestimans ac si usus esset, quoniam sui fecissent potestatem. 5. Statuerat enim prius hos iudicio populi debere restitui quam suo beneficio uideri receptos, ne aut ingratus in referenda gratia aut arrogans in praeripiendo populi beneficio uideretur.

---

129 Na qualidade de ditador, César preside, em fins de 49, às eleições para o ano seguinte; nelas é eleito cônsul, fazendo constar que tudo se processava de acordo com as leis (*leges*), possivelmente querendo dizer com esse plural que não apenas tinha sido respeitado o antigo dispositivo que só permitia a reeleição após dez anos da investidura anterior (o primeiro consulado de César fora em 59), como também que havia sido obedecida a exigência da recente reforma do código eleitoral (*Lex Pompeia de iure magistratuum*), de 52, que prescrevia a presença, em Roma, dos candidatos às magistraturas. No entanto, um dos motivos da conflagração da guerra civil foi justamente a atitude inconformista de César, alegando que estava a coberto dessa exigência em razão de lei plebiscitária que lhe permitia candidatar-se ausente.

130 Por vários motivos, este capítulo e parte do seguinte são de grande importância. Até a nomeação para a ditadura, César tenta legitimar sua rebeldia alegando a defesa

[1] 1. Nos comícios presididos por César na qualidade de ditador, foram eleitos cônsules Júlio César e Públio Servílio; esse era o ano em que, de acordo com as leis, seria permitido a ele ser cônsul.[129] 2. Concluídas essas atividades, como em toda a Itália o crédito estava bastante curto e não se pagavam os empréstimos, determinou César que se nomeassem árbitros para, por intermédio deles, se proceder a avaliações dos bens móveis e imóveis de acordo com seu valor de antes da guerra, e que se dessem esses bens em pagamento aos credores. 3. Essa medida, ele a julgou totalmente adequada, não só para eliminar ou atenuar o temor de uma anistia geral das dívidas, que costuma quase sempre ser sequela de guerras e discórdias civis, mas também para preservar o bom nome dos devedores. 4. Igualmente, por meio de propostas apresentadas ao povo por pretores e tribunos da plebe, reabilitou integralmente algumas pessoas condenadas pela Lei Pompeia de delito eleitoral naquele período em que Pompeu mantinha na cidade guarnições de legionários; nesses processos, que se realizavam em um único dia, uns eram os juízes que presidiam às audiências e outros, os que proferiam as sentenças; no início da guerra civil, essas pessoas tinham-se apresentado a César para o caso de ele desejar servir-se de seus préstimos, e ele os considerava como se tivesse se servido deles, uma vez que se colocaram a sua disposição. 5. César decidira que esses cidadãos deviam ser reabilitados antes por decisão popular do que se verem reintegrados por benefício pessoal seu, pois não queria parecer ingrato em retribuir reconhecimento, nem arrogante, apossando-se de uma prerrogativa que era do povo.[130]

[2] 1. His rebus et feriis Latinis comitiisque omnibus perficiendis XI dies tribuit dictaturaque se abdicat et ab urbe proficiscitur Brundisiumque peruenit. 2. Eo legiones XII, equitatum omnem uenire iusserat. Sed tantum nauium repperit, ut anguste XV milia legionariorum militum, D equites transportari possent. Hoc unum Caesari ad celeritatem conficiendi belli defuit. 3. Atque hae ipsae copiae hoc infrequentiores imponuntur, quod multi Galliae tot bellis defecerant, longumque iter ex Hispania magnum numerum deminuerat, et grauis autumnus in Apulia circumque Brundisium ex saluberrimis Galliae et Hispaniae regionibus omnem exercitum ualetudine temptauerat.

[3] 1. Pompeius annuum spatium ad comparandas copias nactus, quod uacuum a bello atque ab hoste otiosum fuerat, magnam ex Asia Cycladibusque insulis, Corcyra, Athenis, Ponto, Bithynia, Syria, Cilicia, Phoenice, Aegypto classem coegerat, magnam omnibus locis aedificandam curauerat; 2. magnam imperatam Asiae, Syriae regibusque omnibus et dynastis et tetrarchis et liberis Achaiae populis pecuniam exegerat, magnam societates earum prouinciarum quas ipse obtinebat, sibi numerare coegerat.

[4] 1. Legiones effecerat ciuium Romanorum VIIII: V ex Italia, quas traduxerat; unam ex Cilicia ueteranam, quam factam ex duabus gemellam appellabat; unam ex Creta et Macedonia ex ueteranis militibus, qui dimissi a superioribus imperatoribus in his prouinciis consederant; duas ex Asia, quas Lentulus consul conscribendas curauerat. 2. Praeterea magnum numerum ex Thessalia, Boeotia, Achaia Epiroque supplementi nomine in legiones distribuerat: his Antonianos milites admiscuerat. 3. Praeter has exspectabat cum

---

das instituições e insinuando que goza de apoio e consenso da população. Com a eleição, ele é a autoridade constituída pelo povo e age em decorrência dessa legitimidade. A partir daqui o revolucionário se transfigura em reformador prudente e ponderado, respeitador das instituições, que toma iniciativas para as quais o povo é consultado e as aprova, até mesmo quando se trata de premiar com sua gratidão indefectível os que lhe foram fiéis.

131 Nas vésperas da partida para a Grécia, a narrativa se detém, por alguns capítulos, a fazer um balanço sobre os recursos e disponibilidades dos dois exércitos que iriam se defrontar na planície de Farsália. O rigor dos detalhes é praticamente de mão única; o leitor é bombardeado com um levantamento minucioso dos recursos de que dispõe Pompeu em navios, em efetivos, em dinheiro. Sobre as vantagens do exército de César, extremamente bem treinado e exercitado em tantos anos de campanha na Gália, o silêncio é total; dele se aponta o número reduzido dos efetivos, as baixas sofridas e a pouca disponibilidade de navios para seu transporte. Isso tudo não estaria nitidamente direcionado no sentido de fazer crer que merece consideração e glória o general que, nessas condições tão desfavoráveis, vence um inimigo tão poderoso?

[2] 1. Ele dedicou onze dias a esses assuntos, às férias latinas e à realização de todos os comícios; renunciou à ditadura, deixou a Cidade e se dirigiu a Brundísio. 2. Tinha ordenado que para lá fossem doze legiões e toda a cavalaria. Mas encontrou um número de navios que dava para transportar, apertados, quinze mil legionários e quinhentos cavaleiros. Foi essa a única coisa [a penúria de navios] que faltou a César para terminar rapidamente a guerra. 3. Essas mesmas tropas foram embarcadas com efetivos bem reduzidos, porque, em tantas campanhas na Gália, muitas tinham sido as baixas, a longa caminhada da Hispânia diminuíra um grande número e, depois de uma permanência nas regiões tão saudáveis da Gália e da Hispânia, um outono malsão na Apúlia e nas redondezas de Brundísio afetara a saúde de toda a tropa.[131]

[3] 1. Pompeu, tendo logrado, para arregimentar tropas, um ano inteiro sem guerra e sem atividade da parte do inimigo, reunira da Ásia, das ilhas Cíclades, de Corcira, de Atenas, do Ponto, da Bitínia, da Síria, da Cilícia, da Fenícia, do Egito uma grande frota; grande também a que fizera construir por toda parte; 2. grande a quantia de dinheiro imposta e levantada na Ásia, na Síria, junto a todos os reis, dinastas e tetrarcas e às populações livres da Acaia; vultosas somas foram obrigadas a lhe pagar as companhias dos publicanos das províncias que ele ocupava.

[4] 1. Tinha ele formado nove legiões de cidadãos romanos: cinco da Itália, por ele transportadas; uma da Cilícia, composta de veteranos, que, por ser constituída de duas, se chamava gêmea; uma de Creta e da Macedônia, de soldados veteranos que, licenciados por antigos comandantes, tinham-se estabelecido nessas províncias; duas da Ásia, cujo recrutamento estivera aos cuidados do cônsul Lêntulo. 2. Além disso, repartira pelas legiões, como reforço, grande número de tessalianos, beócios, acaianos e epirotas; a essas tropas agregara os soldados de Antônio.[132] 3. Além dessas

---

132 Trata-se de episódio de cujo desenrolar não se dão maiores detalhes. Caio Augusto, legado de César no Ilírico, derrotado na ilha de Curicta, teve parte de sua tropa (quinze coortes) incorporada ao exército de Pompeu.

Scipione ex Syria legiones II. Sagittarios Creta, Lacedaemone, ex Ponto atque Syria reliquisque ciuitatibus III milia numero habebat, funditorum cohortes sescenarias II, equitum VII milia. Ex quibus DC Gallos Deiotarus adduxerat, D Ariobarzanes ex Cappadocia; ad eundem numerum Cotus ex Thracia dederat et Sadalam filium miserat; 4. ex Macedonia CC erant, quibus Rhascypolis praeerat, excellenti uirtute; D ex Gabinianis Alexandria, Gallos Germanosque, quos ibi A. Gabinius praesidii causa apud regem Ptolomaeum reliquerat, Pompeius filius eum classe adduxerat; DCCC ex seruis suis pastorumque suorum numero coegerat; 5. CCC Tarcondarius Castor et Domnilaus ex Gallograecia dederant (horum alter una uenerat, alter filium miserat); CC ex Syria a Commageno Antiocho, cui magna Pompeius praemia tribuit, missi erant, in his plerique hippotoxotae. 6. Huc Dardanos, Bessos partim mercennarios, partim imperio aut gratia comparatos, item Macedones, Thessalos ac reliquarum gentium et ciuitatum adiecerat atque eum quem supra demonstrauimus, numerum expleuerat.

[5] 1. Frumenti uim maximam ex Thessalia, Asia, Aegypto, Creta, Cyrenis reliquisque regionibus comparauerat. 2. Hiemare Dyrrachii, Apolloniae omnibusque oppidis maritimis constituerat, ut mare transire Caesarem prohiberet, eiusque rei causa omni ora maritima classem disposuerat. 3. Praeerat Aegyptiis nauibus Pompeius filius, Asiaticis D. Laelius et C. Triarius, Syriacis C. Cassius, Rhodiis C. Marcellus cum C. Coponio, Liburnicae atque Achaicae classi Scribonius Libo et M. Octauius. 4. Toti tamen officio maritimo M. Bibulus praepositus cuncta administrabat; ad hunc summa imperii respiciebat.

[6] 1. Caesar, ut Brundisium uenit, contionatus apud milites, quoniam prope ad finem laborum ac periculorum esset peruentum, aequo animo mancipia atque impedimenta in Italia relinquerent, ipsi expediti naues conscenderent, quo maior numerus militum posset imponi, omniaque ex

---

133 César, que com frequência transcreve em discurso direto as falas alheias, quer para valorizar as ações e qualidades de seus subordinados, quer para realçar os defeitos, contradições e fanfarronadas dos adversários, quase sempre atenua conscientemente a sua com discurso indireto.

legiões, ele aguardava duas outras vindas da Síria com Cipião. Tinha sob suas ordens arqueiros de Creta, da Lacedemônia, do Ponto e da Síria e de outras cidades, num total de três mil, duas coortes de seiscentos fundibulários cada uma, e sete mil cavaleiros. Destes, Dejótaro trouxera seiscentos gálatas, Ariobárzanes trouxera quinhentos da Capadócia; um contingente mais ou menos igual de trácios dera Coto, tendo enviado junto com eles seu filho Sádala; 4. da Macedônia eram duzentos sob o comando de Rascúpolis, homem de coragem singular; quinhentos vinham de Alexandria: antigos soldados de Aulo Gabínio, gauleses e germanos, que ele lá deixara como guarda junto ao rei Ptolomeu e que o filho de Pompeu trouxera com sua frota. O próprio Pompeu reunira um contingente de oitocentos, formado de seus escravos e de seus pastores; 5. trezentos vinham da Galogrécia, fornecidos por Tarcondário Castor e Donilau (o primeiro comparecia pessoalmente, o outro enviara o filho); Antíoco Comageno, a quem Pompeu concedeu grandes recompensas, tinha enviado da Síria duzentos, em sua maioria arqueiros a cavalo. 6. A esses tinha acrescentado dárdanos, bessos, dos quais uns eram mercenários, outros conscritos ou voluntários, e também macedônios, tessálios e de outros povos e cidades; e dessa forma completara o número que acima mencionamos.

[5] 1. Pompeu havia conseguido enorme quantidade de trigo da Tessália, da Ásia, do Egito, de Creta, de Cirene e de outras regiões. 2. Decidira passar o inverno em Dirráquio, Apolônia e todas as cidades da costa, para impedir que César fizesse a travessia por mar e, em vista disso, distribuíra sua frota por toda a orla marítima. 3. Comandava os navios do Egito Pompeu Filho, os da Ásia, Décimo Lélio e Caio Triário, os da Síria, Caio Cássio, os de Rodes, Caio Marcelo com Caio Copônio, a frota da Libúrnia e da Acaia, Escribônio Libo e Marcos Otávio. 4. Marcos Bíbulo, à frente de todas as operações marítimas, controlava tudo; a ele cabia o comando geral.

[6] 1. César, tão logo chegou a Brundísio, falou aos soldados[133]: já que se tinha quase chegado ao fim das fadigas e dos perigos, deviam eles de bom grado deixar na Itália escravos e bagagens, embarcar sem estorvos, para que o maior número de soldados pudesse estar a bordo, e depositar todas as esperanças na vitória e na generosidade

uictoria et ex sua liberalitate sperarent, conclamantibus omnibus, imperaret quod uellet, quodcumque imperauisset se aequo animo esse facturos, II. Non. Ian. naues soluit. 2. Impositae, ut supra demonstratum est, legiones VII. 3. Postridie terram attigit Germiniorum. Saxa inter et alia loca periculosa quietam nactus stationem et portus omnes timens, quod teneri ab aduersariis arbitrabatur, ad eum locum, qui appellabatur Palaeste, omnibus nauibus ad unam incoluminibus milites exposuit.

[7] 1. Erat Orici Lucretius Vespillo et Minucius Rufus cum Asiaticis nauibus XVIII, quibus iussu D. Laelii praeerant, M. Bibulus cum nauibus CX Corcyrae. 2. Sed neque illi sibi confisi ex portu prodire sunt ausi, cum Caesar omnino XII naues longas praesidio duxisset, in quibus erant constratae IIII, neque Bibulus impeditis nauibus dispersisque remigibus satis mature occurrit, quod prius ad continentem uisus est Caesar quam de eius aduentu fama omnino in eas regiones perferretur.

[8] 1. Expositis militibus, naues eadem nocte Brundisium a Caesare remittuntur, ut reliquae legiones equitatusque transportari possent. 2. Huic officio praepositus erat Fufius Calenus legatus, qui celeritatem in transportandis legionibus adhiberet. Sed serius a terra prouectae naues neque usae nocturna aura in redeundo offenderunt. 3. Bibulus enim Corcyrae certior factus de aduentu Caesaris, sperans alicui se parti onustarum nauium occurrere posse, inanibus occurrit et nactus circiter XXX in eas indiligentiae suae ac doloris iracundiam erupit omnesque incendit eodemque igne nautas dominosque nauium interfecit, magnitudine poenae reliquos terreri sperans. 4. Hoc confecto negotio, a Sasonis ad Curici portum stationes litoraque omnia longe lateque classibus occupauit, custodiisque diligentius dispositis, ipse grauissima hieme in nauibus excubans neque ullum laborem aut munus despiciens neque subsidium exspectans, si in Caesaris complexum uenire posset [...].

---

134 Órico era um porto na parte meridional do Ilírico, em região limítrofe com o Epiro, hoje fazendo parte da Albânia.

135 Os comentadores são de parecer que aqui ocorre uma extensa lacuna no texto. Aventa-se a hipótese de que nesta parte poderia se encontrar o episódio, de que se fez menção acima, da derrota de Caio Antônio e de Dolabela no Ilírico, quando mais de duas dezenas de coortes desse exército cesariano foram capturadas e incorporadas no de Pompeu.

dele. Bradaram todos que César ordenasse o que quisesse, tudo que ordenasse cumpririam sem resistência. César zarpou no dia 4 de janeiro. 2. Embarcaram, como foi dito acima, sete legiões. No dia seguinte, atracou no território dos germínios. Tendo logrado um ancoradouro tranquilo por entre arrecifes e outros sítios perigosos e evitando todos os portos que se sabia estarem em poder dos adversários, desembarcou os soldados num lugar chamado Paleste, sem perder um só navio.

[7] 1. Estavam em Órico[134] Lucrécio Vespilo e Minúcio Rufo com dezoito navios da Ásia, que eles comandavam por ordem de Décimo Lélio; Marco Bíbulo estava em Corcira com 110 navios. 2. E, no entanto, os dois primeiros não tiveram suficiente confiança para ousar sair do porto, apesar de César não ter trazido como escolta mais do que doze navios de guerra, dos quais quatro tinham pontes. E Bíbulo, com os navios desaprestados e os remadores dispersos, não acudiu a tempo de enfrentá-lo, pois César apareceu junto à costa antes que de alguma forma chegasse ao local algum rumor de sua aproximação.

[8] 1. Tão logo desembarcam os soldados, César, na mesma noite, faz retornar a Brundísio os navios, para que se pudesse transportar a outra parte das legiões e da cavalaria. 2. Dessa missão fora incumbido o legado Fúfio Caleno, que devia imprimir rapidez no transporte das legiões. Mas os navios, tendo desatracado com um pouco de atraso e não podendo se beneficiar da brisa noturna, não foram felizes no retorno. 3. Com efeito, Bíbulo, informado em Corcira da chegada de César e esperando deparar ao menos com uma parte de navios carregados, topou com vazios e, conseguindo apanhar uns trinta, sobre eles fez explodir o rancor de sua negligência e de sua frustração; incendiou a todos e sob essas mesmas chamas fez morrer marinheiros e capitães, esperando que, com a enormidade da represália, os demais viessem a se atemorizar. 4. Após essa operação, ocupou com sua frota todos os ancoradouros e o litoral, em toda a sua extensão, do porto de Sasão ao de Cúrico; tendo disposto, com todo o cuidado, postos de guarda, ele próprio, apesar do extremo rigor do inverno, dormia no navio, não recusando fadiga ou mister algum, mas sem contar com reforços, para ver se conseguiria chegar a uma quebra-de-braços com César [...].[135]

[9] 1. Discessu Liburnarum ex Illyrico M. Octauius cum iis quas habebat nauibus Salonas peruenit. Ibi concitatis Dalmatis reliquisque barbaris Issam a Caesaris amicitia auertit; 2. conuenturn Salonis cum neque pollicitationibus neque denuntiatione periculi permouere posset, oppidum oppugnare instituit. Est autem oppidum et loci natura et colle munitum. 3. Sed celeriter ciues Romani, ligneis effectis turribus, his sese munierunt et, cum essent infirmi ad resistendum propter paucitatem hominum crebris confecti uulneribus, ad extremum auxilium descenderunt seruosque omnes puberes liberauerunt et praesectis omnium mulierum crinibus tormenta effecerunt. 4. Quorum cognita sententia Octauius quinis castris oppidum circumdedit atque uno tempore obsidione et oppugnationibus eos premere coepit. 5. Illi omnia perpeti parati maxime a re frumentaria laborabant. Cui rei missis ad Caesarem legatis auxilium ab eo petebant; reliqua, ut poterant, incommoda per se sustinebant. 6. Et longo interposito spatio cum diuturnitas oppugnationis neglegentiores Octauianos effecisset, nacti occasionem meridiani temporis discessu eorum, pueris mulieribusque in muro dispositis, ne quid cotidianae consuetudinis desideraretur, ipsi, manu facta cum eis quos nuper maxime liberauerant, in proxima Octauii castra irruperunt. 7. His expugnatis eodem impetu altera sunt adorti, inde tertia et quarta et deinceps reliqua, omnibusque eos castris expulerunt et, magno numero interfecto, reliquos atque ipsum Octauium in naues confugere coegerunt. Hic fuit oppugnationis exitus. 8. Iamque hiems appropinquabat, et tantis detrimentis acceptis Octauius desperata oppugnatione oppidi Dyrrachium sese ad Pompeium recepit.

[10] 1. Demonstrauimus L. Vibullium Rufum, Pompei praefectum, bis in potestatem peruenisse Caesaris atque ab eo esse dimissum, semel ad Corfinium, iterum in Hispania. 2. Hunc pro suis beneficiis Caesar idoneum iudicauerat, quem cum mandatis ad Cn. Pompeium mitteret, eundemque apud Cn. Pompeium auctoritatem habere intellegebat. 3. Erat autem haec summa mandatorum: debere utrumque pertinaciae finem facere et ab

---

136 No decorrer da obra, mais de uma vez, a mobilização militar da mão de obra escrava praticada pelo adversário é vista com restrição; aqui os cidadãos romanos partidários de César lhes dão alforria e deles se servem para defender a cidade, e tudo se passa sem maiores reparos, constituindo-se o fato, até certo ponto, um desdouro para o inimigo que se vê derrotado por esse tipo de militar improvisado.

[9] 1. Depois que os navios liburnos deixam o litoral do Ilírico, Marcos Otávio dirige-se a Salona com os navios que mantinha à sua disposição. Lá, sublevando os dálmatas e outros bárbaros, afasta Issa da aliança com César; 2. sem conseguir demover a assembleia dos cidadãos romanos com promessas ou ameaças de perigo, se põe a assediar a cidade (protegida pela configuração do terreno e por uma colina). 3. Mas, sem perda de tempo, os cidadãos romanos, tendo construído torres de madeira, com elas se defendem e, como não tinham condições de resistir em razão do pequeno número de defensores, exauridos pelas frequentes lesões, apelaram para o recurso extremo de liberar os escravos adultos[136] e cortar o cabelo das mulheres, para empregá-los na artilharia. 4. Certificado dessa decisão, Otávio faz-lhes um cerco com cinco acampamentos e se põe, a um só tempo, a pressioná-los com o bloqueio e com ataques. 5. Eles, dispostos a tudo suportar, sofriam sobretudo com a penúria de trigo. Para remediar essa situação, enviaram emissários a César, pedindo-lhe socorro; as outras dificuldades eles enfrentavam com seus próprios meios. 6. Passado um bom tempo, quando a longa duração do assédio já tornara os soldados de Otávio pouco vigilantes, os habitantes da cidade, valendo-se do fato de que o inimigo, ao meio-dia, se retirava, distribuem pela muralha crianças e mulheres, para que nada viesse a faltar à rotina de todo dia e, formando uma coluna com aqueles aos quais tinham dado a liberdade, lançam-se sobre o acampamento mais próximo de Otávio. 7. E, tendo-o tomado de assalto, com o mesmo ímpeto atacaram o segundo acampamento, depois o terceiro e o quarto e, por fim, o quinto; expulsam-nos de todos os quartéis e, após fazerem um grande massacre, obrigam os que sobreviveram e o próprio Otávio a se refugiar nos navios. Tal foi o resultado do assédio. 8. Já se aproximava o inverno, e depois de sofrer tão sério revés, Otávio, já sem esperança no cerco da cidade, retira-se para Dirráquio junto a Pompeu.

[10] 1. Já relatamos que Lúcio Vibúlio Rufo, prefeito de Pompeu, por duas vezes caíra em poder de César e por ele fora dispensado, uma vez em Corfínio, outra na Hispânia. 2. César, em razão desses favores, julgava-o a pessoa indicada a quem confiar uma missão junto a Pompeu, sobre o qual, a seu ver, exercia influência. 3. Eram estes os pontos principais da mensagem: deviam ambos pôr um termo à própria obstinação, renunciar às armas e não se expor por mais tempo aos

armis discedere neque amplius Fortunam periclitari. 4. Satis esse magna utrimque incommoda accepta, quae pro disciplina et praeceptis habere possent, ut reliquos casus timerent: 5. illum Italia expulsum amissa Sicilia et Sardinia duabusque Hispaniis et cohortibus in Italia atque Hispania ciuium Romanorum centum atque XXX; se morte Curionis et detrimento Africani exercitus, et Antoni militumque deditione ad Curictam. 6. Proinde sibi ac rei publicae parcerent, cum, quantum in bello Fortuna posset, iam ipsi incommodis suis satis essent documento. 7. Hoc unum esse tempus de pace agendi, dum sibi uterque confideret et pares ambo uiderentur; si uero alteri paulum modo tribuisset Fortuna, non esse usurum condicionibus pacis eum qui superior uideretur, neque fore aequa parte contentum, qui se omnia habiturum confideret. 8. Condiciones pacis, quoniam antea conuenire non potuissent, Romae ab senatu et a populo peti debere. 9. Interesse id rei publicae et ipsis placere oportere. Si uterque in contione statim iurauisset se triduo proximo exercitum dimissurum, 10. depositis armis auxiliisque, quibus nunc confiderent, necessario populi senatusque iudicio fore utrumque contentum. 11. Haec quo facilius Pompeio probari possent, omnes suas terrestres urbiumque copias dimissurum [...].

[11] 1. Vibullius his expositis [Corcyrae] non minus necessarium esse existimauit de repentino aduentu Caesaris Pompeium fieri certiorem, uti ad id consilium capere posset, antequam de mandatis agi inciperetur. Atque ideo continuato nocte ac die itinere atque omnibus oppidis mutatis ad celeritatem iumentis, ad Pompeium contendit, ut adesse Caesarem nuntiaret. 2. Pompeius erat eo tempore in Candauia iterque ex Macedonia in hiberna Apolloniam Dyrrachiumque habebat. Sed re noua perturbatus maioribus itineribus Apolloniam petere coepit, ne Caesar orae maritimae ciuitates occuparet. 3. At ille expositis militibus eodem die Oricum proficiscitur.

---

137 O aparecimento dessa proposta de reconciliação, além de se enquadrar perfeitamente num dos objetivos da obra, o de fazer crer que César sempre preferiu a paz à guerra, encerra uma novidade. Embora se insista na paridade da situação militar dos dois contendores, as condições para o entendimento são desiguais. César já se prevalece de sua legitimidade como cônsul eleito legalmente, indicando, como instância final decisória, o povo e o Senado de Roma sob seu controle, e não a assembleia dos senadores exilados na Grécia.

138 Impossível não ver a habilidade do narrador ao colocar em confronto o posicionamento seu e dos inimigos sobre o problema candente da paz. Vibúlio, em vez de se preocupar prioritariamente com a mensagem precisa e aparentemente isenta de César (a questão da paz seria decidida não por ele, mas pelo Senado e o povo de Roma), se acha no dever de se dirigir em desabalada carreira até Pompeu para adverti-lo da chegada de César e da necessidade de tomar as precauções devidas.

azares da Fortuna; 4. de ambos os lados, tinham sido bastante sérios os prejuízos, que deviam servir de lição e de advertência para temer riscos futuros: 5. Pompeu fora expulso da Itália, tendo já perdido a Sicília, a Sardenha, as duas Hispânias e 130 coortes de cidadãos romanos na Itália e na Hispânia; César tinha sofrido revés com a morte de Curião e o desastre do seu exército na África, com a rendição de Antônio em Curicta; 6. deviam, portanto, poupar a si próprios e a República, uma vez que por seus próprios insucessos possuíam provas suficientes de quanto é grande na guerra o poder da Fortuna. 7. Aquela era uma ocasião única para se tratar da paz, enquanto cada um confiava em si e ambos pareciam estar em pé de igualdade; se a Fortuna pendesse, ainda que pouco, para um deles, quem se visse em situação de vantagem não ia apelar para tratativas de paz e não estaria contente com uma partilha igual, pela esperança de ficar com o todo. 8. As condições da paz, já que não tinham podido chegar anteriormente a um acordo, deviam ser obtidas em Roma, por meio do Senado e do povo romano.[137] 9. Esse era o interesse da República e essa era a decisão que tinham de tomar. Se ambos imediatamente jurassem diante da tropa que num prazo de três dias licenciariam seus exércitos, 10. renunciando às armas e ao apoio em que confiavam, deveriam necessariamente estar satisfeitos com a decisão do Senado e do povo romano. 11. Para que essas propostas fossem bem aceitas por Pompeu, César licenciaria todas as suas tropas e as guarnições da Cidade [...].

[11] 1. Vibúlio, a par dessas instruções, julgou não menos necessário informar Pompeu da chegada repentina de César[138], para que ele pudesse tomar decisão com base nesse fato, antes de se começar a examinar as propostas. Por isso, em marcha que varava dia e noite, com troca de montaria em todas as cidades para chegar depressa, abalou para os lados de Pompeu, de modo a anunciar a presença de César. 2. Nessa ocasião, estava Pompeu em Candávia e se movimentava da Macedônia em direção a Apolônia e Dirráquio para invernar.[139] Mas, alarmado com esse fato novo, se põe a alcançar Apolônia com marchas mais aceleradas, para que César não viesse a ocupar as cidades da orla marítima. 3. Mas César, tendo desembarcado os soldados, parte

---

139 Pompeu se deslocava dos confins do Ilírico com a Macedônia em direção ao Epiro, onde ficava a cidade marítima de Órico.

Bellum Civile – Liber Tertivs

Quo cum uenisset, L. Torquatus, qui iussu Pompei oppido praeerat praesidiumque ibi Parthinorum habebat, conatus portis clausis oppidum defendere, 4. cum Graecos murum ascendere atque arma capere iuberet, illi autem se contra imperium populi Romani pugnaturos esse negarent, oppidani autem etiam sua sponte Caesarem recipere conarentur, desperatis omnibus auxiliis portas aperuit et se atque oppidum Caesari dedidit incolumisque ab eo conseruatus est.

[12] 1. Recepto Caesar Orico nulla interposita mora Apolloniam proficiscitur. Cuius aduentu audito, L. Staberius, qui ibi praeerat, aquam comportare in arcem atque eam munire obsidesque ab Apolloniatibus exigere coepit. 2. Illi uero daturos se negare, neque portas consuli praeclusuros, neque sibi iudicium sumpturos contra atque omnis Italia [p. R] indicauisset. 3. Quorum cognita uoluntate clam profugit Apollonia Staberius. Illi ad Caesarem legatos mittunt oppidoque recipiunt. 4. Hos sequnntur Byllidenses, Amantini et reliquae finitimae ciuitates totaque Epiros et legatis ad Caesarem missis quae imperaret facturos pollicentur.

[13] 1. At Pompeins, cognitis his rebus quae erant Orici atque Apolloniae gestae, Dyrrachio timens diurnis eo nocturnisque itineribus contendit, 2. simul Caesar appropinquare dicebatur, tantusque terror incidit eius exercitu, quod properans noctem die coniunxerat neque iter intermiserat, ut paene omnes ex Epiro finitimisque regionibus signa relinquerent, complures arma proicerent ac fugae simile iter uideretur. 3. Sed cum prope Dyrrachium Pompeius constitisset castraque metari iussisset, perterrito etiam tum exercitu, princeps Labienus procedit iuratque se eum non deserturum eundemque casum subiturum, quemcumque ei Fortuna tribuisset. 4. Hoc idem reliqui iurant legati; hos tribuni militum centurionesque sequuntur, atque idem omnis exercitus iurat. 5. Caesar praeoccupato itinere ad Dyrrachium finem properandi facit castraque ad flumen Apsum ponit in finibus Apolloniatium, ut castellis uigiliisque bene meritae ciuitates tutae essent [praesidio], ibique

---

140 Verifica-se que, com o evolver dos acontecimentos, é cambiante a maneira como a imagem de César se credencia ao reconhecimento e ao apoio da opinião pública das populações envolvidas no conflito: antes da ditadura e da eleição ao consulado, ele era o general que, por muito ter feito pelo país, lograra uma *dignitas* merecedora de respeito; agora, detentor do consulado, ele é a autoridade legitimamente constituída a cujo acatamento não se pode furtar.

no mesmo dia para Órico. Chegando lá, Lúcio Torquato, que estava à testa da cidade a mando de Pompeu e mantinha lá uma guarnição de partinos, tenta defender a cidade, fechando-lhe as portas; 4. tendo dado aos gregos ordem de se postar nas muralhas e pegar em armas, eles, porém, retrucaram que não iam combater contra a autoridade legítima do povo romano[140], e ainda mais, estando os moradores da cidade na disposição de receber César por sua própria iniciativa, Torquato, já sem nenhuma esperança de receber ajuda, abriu as portas e entregou a César a si próprio e a cidade e por ele foi mantido são e salvo.

[12] 1. Já de posse de Órico, César, sem nenhuma demora, parte para Apolônia. Quando ouve falar de sua vinda, Lúcio Estabério, que lá era o comandante, se põe a transportar água para a cidadela, a preparar a resistência, a exigir reféns dos apolinenses. 2. Eles, no entanto, se negam a entregá-los, a fechar as portas ao cônsul e a tomar uma decisão contrária à da Itália toda. 3. Sabendo das disposições do apolinenses, Estabério foge secretamente de Apolônia. Eles enviam emissários a César e o acolhem na cidade. 4. Seguem seu exemplo os bilidenses, os amantinos e as demais cidades vizinhas e todo o Epiro; enviam delegações a César, prometendo-lhe cumprir suas ordens.

[13] 1. Mas Pompeu, ao se inteirar do que ocorrera em Órico e Apolônia e temendo pela sorte de Dirráquio, para lá se dirige em marchas diurnas e noturnas, 2. quando já se dizia que era iminente a chegada de César; devido a essa pressa que fazia emendar a noite ao dia sem interromper a marcha, o exército foi tomado de um tal pânico que quase todos os soldados do Epiro e das regiões vizinhas desertaram, um grande número se desfez das armas e a marcha se assemelhava a uma debandada. 3. Mas, como Pompeu se detivesse nas imediações de Dirráquio, desse ordem para executar o traçado do acampamento e o exército continuasse em pânico, Labieno toma a iniciativa de se apresentar e jurar que não abandonaria Pompeu e se submeteria à mesma sorte que a Fortuna a ele tivesse reservado. 4. Igual juramento fazem os demais legados; seguem-lhes o exemplo os tribunos militares e os centuriões, e jura também todo o exército. 5. César, por lhe terem os inimigos tomado a dianteira na marcha para Dirráquio, põe termo à sua pressa, monta acampamento junto ao rio Apso, no território dos apolinenses, com o objetivo de proteger, com fortificações e postos de observação, as cidades que mereciam seu

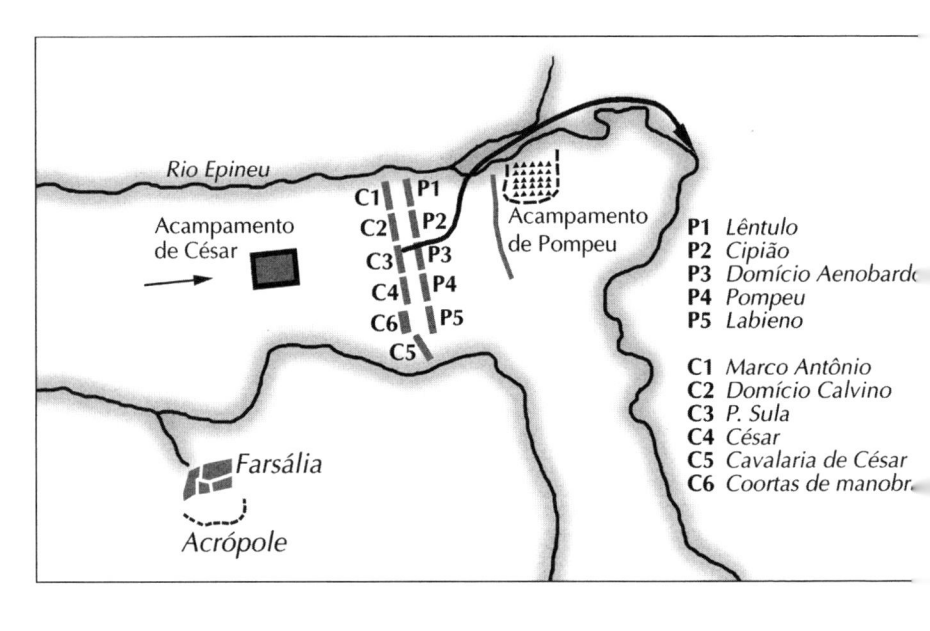

A batalha de Farsália em 59 a.C., na Tessália

Adaptado de: Carcopino, Jerôme. *Histoire Romaine de 133 à 44 avant J.-C.*, vol. II, 4ª ed. Paris: PUF, 1950.

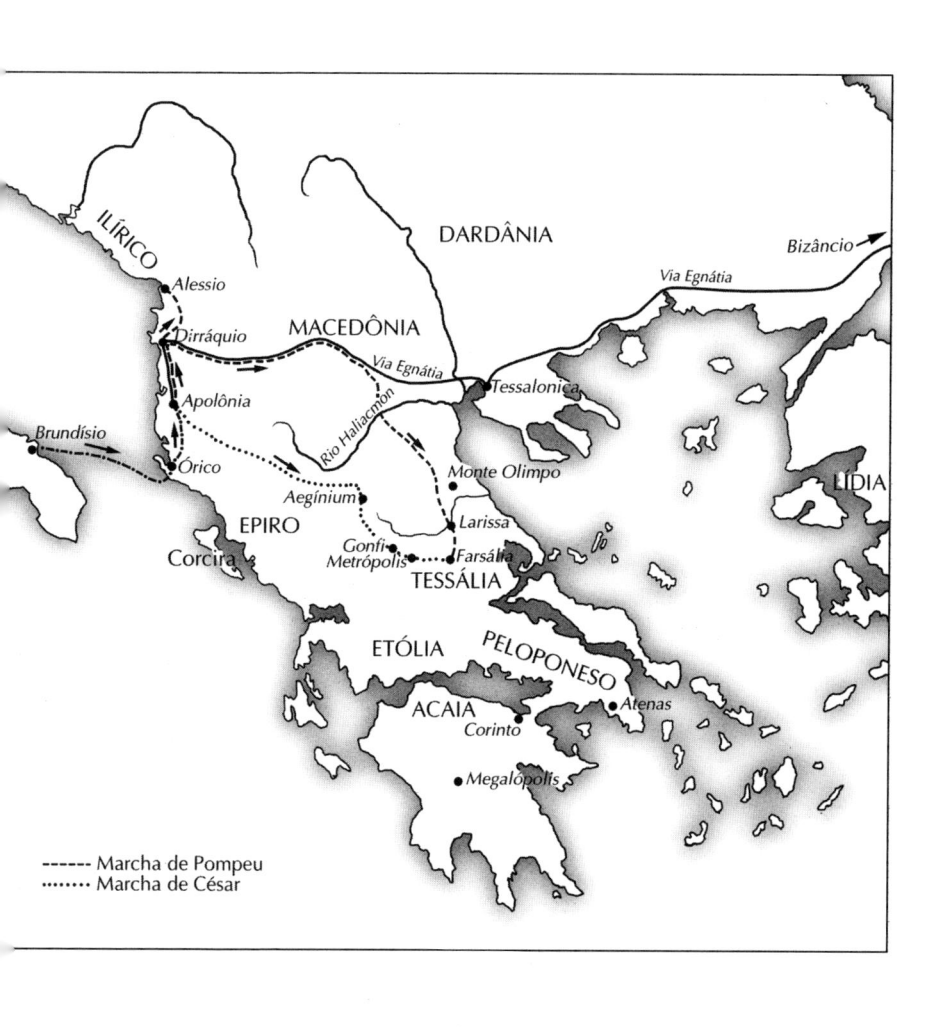

ILÍRICO, MACEDÔNIA E GRÉCIA NA ÉPOCA DA REPÚBLICA

reliquarum ex Italia legionum aduentum exspectare et sub pellibus hiemare constituit. 6. Hoc idem Pompeius fecit et trans flumen Apsum positis castris eo copias omnes auxiliaque conduxit.

[14] 1. Calenus legionibus equitibusque Brundisii in naues impositis, ut erat praeceptum a Caesare, quantum nauium facultatem habebat, naues soluit, paulumque a portu progressus litteras a Caesare accipit, quibus est certior factus portus litoraque omnia classibus aduersariorum teneri. 2. Quo cognito se in portum recipit nauesque omnes reuocat Vna ex his, quae perseuerauit neque imperio Caleni obtemperauit, quod erat sine militibus priuatoque consilio administrabatur, delata Oricum atque a Bibulo expugnata est; 3. qui de seruis liberisque omnibus ad impuberes supplicium sumit et ad unum interficit. Ita exiguo tempore magnoque casu totius exercitus salus constitit.

[15] 1. Bibulus, ut supra demonstratum est, erat in classe ad Oricum et, sicuti mari portibusque Caesarem prohibebat, ita ipse omni terra earurn regionum prohibebatur. 2. Praesidiis enim dispositis omnia litora a Caesare tenebantur, neque lignandi atque aquandi neque naues ad terram religandi potestas fiebat. 3. Erat res in magna difficultate, summisque angustiis rerum necessariarum premebantur, adeo ut cogerentur sicuti reliquum commeatum ita ligna atque aquam Corcyra nauibus onerariis supportare; 4. atque etiam uno tempore accidit ut difficilioribus usi tempestatibus ex pellibus quibus erant tectae naues nocturnum excipere rorem cogerentur. 5. Quas tamen difficultates patienter atque aequo animo ferebant neque sibi nudanda litora et relinquendos portus existimabant. 6. Sed cum essent in quibus demonstraui angustiis, ac se Libo cum Bibulo coniunxisset, loquuntur ambo ex nauibus cum M. Acilio et Statio Murco legatis; quorum alter oppidi muris, alter praesidiis terrestribus praeerat: uelle se de maximis rebus cum Caesare loqui, si sibi eius facultas detur. Huc addunt pauca rei confirmandae causa, ut de compositione

---

141 Não faltarão ocasiões, em todo o decorrer da obra, para se constatar que à invariável clemência e generosidade de César corresponde a crueldade e selvageria dos adversários, principalmente daqueles com quem César tinha contas especiais a acertar, como era o caso de Bíbulo, seu pertinaz inimigo e colega em várias magistraturas, e de Labieno, seu onipresente legado na Gália e agora reles trânsfuga.

reconhecimento; decide aguardar aí a chegada das demais legiões da Itália e invernar sob tendas. 6. O mesmo fez Pompeu e, tendo armado acampamento do outro lado do Apso, para lá conduziu todas suas tropas, inclusive as auxiliares.

[14] 1. Caleno, tendo embarcado em Brundísio as legiões e a cavalaria, de acordo com as ordens dadas por César, fizera-se ao mar com todos os navios de que podia dispor e, tendo-se afastado pouca coisa do porto, recebeu carta de César que lhe informava que os portos e toda a costa estavam ocupados pela frota inimiga. 2. À vista disso, retorna ao porto, chamando de volta todos os navios. Um deles, que continuou viagem e não obedeceu às ordens de Caleno porque não transportava militares e era comandado por conta própria, foi ter a Órico, tendo sido atacado e capturado por Bíbulo; 3. ele a todos torturou, escravos e homens livres, inclusive crianças, liquidando-os do primeiro ao último. Dessa forma, a salvação de todo o exército esteve na dependência de um momento e de um puro acaso.[141]

[15] 1. Bíbulo, como se mencionou acima, estava com a frota diante de Órico e, se impedia a César o acesso ao mar e aos portos, era-lhe impedido o acesso a toda a parte terrestre da região. 2. Com a instalação de guarnições em vários pontos, toda a faixa litorânea estava nas mãos de César e não havia possibilidade de o inimigo se abastecer de lenha e água, nem de prender os navios à terra. 3. A situação era de grande dificuldade e os inimigos eram molestados pela escassez total de bens indispensáveis, a ponto de se verem obrigados a importar de Corcira, por navios cargueiros, toda sorte de provisões, bem como lenha e água; 4. e certa vez chegou até a ocorrer que, premidos pelas condições atmosféricas adversas, tiveram de recolher o orvalho da noite das peles que cobriam os navios. 5. Suportavam, no entanto, essas dificuldades com paciência e serenidade e não pensavam que deviam desguarnecer o litoral e abandonar os portos. 6. Mas, como estavam na situação crítica de que falei acima e como Libão tinha-se reunido com Bíbulo, os dois, dos seus navios, dirigem-se aos legados Marcos Acílio e Estácio Murco, dos quais um comandava a defesa dos muros da cidade e o outro, os postos de guarda em terra: desejavam eles falar com César sobre assuntos da maior importância, se lhes fosse dada a oportunidade. A isso acrescentam mais alguma coisa para corroborar o que diziam, dando a entender que queriam negociar um

acturi uiderentur. 7. Interim postulant ut sint indutiae, atque ab iis impetrant. 8. Magnum enim quod afferebant, uidebatur, et Caesarem id summe sciebant cupere, et profectum aliquid Vibullil mandatis existimabatur.

[16] 1. Caesar eo tempore cum legione una profectus ad recipiendas ulteriores ciuitates et rem frumentariam expediendam, qua anguste utebatur, erat ad Buthrotum, oppidum oppositum Corcyrae. 2. Ibi certior ab Acilio et Murco per litteras factus de postulatis Libonis et Bibuli legionem relinquit; ipse Oricum reuertitur. 3. Eo cum uenisset, euocantur illi ad colloquium. Prodit Libo atque excusat Bibulum, quod is iracundia summa erat inimicitiasque habebat etiam priuatas cum Caesare ex aedilitate et praetura conceptas: ob eam causam colloquium uitasse, ne res maximae spei maximaeque utilitatis eius iracundia impedirentur. 4. Pompei summam esse ac fuisse semper uoluntatem ut componeretur atque ab armis discederetur. Se potestatem eius rei nullam habere, propterea quod de consilii sententia summam belli rerumque omnium Pompeio permiserint. 5. Sed postulatis Caesaris cognitis missuros ad Pompeium, atque illum reliqua per se acturum hortantibus ipsis. Interea manerent indutiae, dum ab illo rediri posset, neue alter alteri noceret. Huc addit pauca de causa et de copiis auxiliisque suis.

[17] 1. Quibus rebus neque tum respondendum Caesar existimauit, neque nunc, ut memoriae prodatur, satis causae putamus. 2. Postulabat Caesar ut legatos sibi ad Pompeium sine periculo mittere liceret idque ipsi fore reciperent aut acceptos per se ad eum perducerent. 3. Quod ad indutias pertineret, sic belli rationem esse diuisam, ut illi classe naues auxiliaque sua impedirent, ipse ut aqua terraque eos prohiberet. 4. Si hoc sibi remitti uellent, remitterent ipsi de maritimis custodiis; si illud tenerent, se quoque id retenturum. Nihilo minus tamen agi posse de compositione, ut haec non

---

142 O texto faz referência às desavenças entre Bíbulo, genro de Catão, e César; os dois compartilharam simultaneamente e às turras as magistraturas da edilidade em 65, a pretura em 62 e, em situação quase explosiva, o consulado em 59, do qual nos restam alguns registros anedóticos e até cômicos. Desse seu constante colega e desafeto, César, embora não lhe poupe a crueldade, reconhece a obstinação e o espírito de luta, qualidades um tanto vasqueiras nos arraiais de Pompeu.

143 Percebe-se que César trata dessa proposta contrariado e irritado, querendo talvez dar a entender que fora vítima de sua constante boa vontade de chegar ao entendimento e que, no fundo, tudo não passava de prática dilatória do inimigo, preocupado em se safar de suas prórpias dificuldades.

acordo. 7. Enquanto isso, pedem-lhes uma trégua e a obtêm. 8. Eles realmente pareciam acenar com algo importante e sabiam que era o que César mais desejava; pensava-se que a missão atribuída a Vibúlio tinha produzido algum resultado.

[16] 1. Nessa ocasião, César, em campanha com apenas uma legião para receber a adesão de cidades do interior e para resolver o problema de trigo, do qual padecia escassez, encontrava-se perto de Butroto, cidade defronte de Corcira. 2. Informado por carta de Acílio e Murco sobre o pedido de Libão e Bíbulo[142], deixa a legião e retorna a Órico. 3. Quando chega lá, convoca-os para uma entrevista. Libão se apresenta e justifica a ausência de Bíbulo, motivada por se tratar de pessoa de grande irascibilidade e que guardava ressentimentos até mesmo pessoais de César, desde os tempos da edilidade e da pretura; por essa razão não comparecia à entrevista, para que seu rancor não viesse a criar embaraços a questões de tão largas esperanças e de tão grande utilidade. 4. O maior desejo de Pompeu era e sempre fora chegar à reconciliação e à deposição das armas. Não tinham eles nenhum poder para tratar desse assunto porque, por decisão do conselho de guerra, tinha sido entregue a Pompeu a direção geral da guerra e de todos os demais assuntos. 5. Mas, desde que viessem a conhecer as condições de César, poderiam fazê-las chegar a Pompeu e o encorajariam a, pessoalmente, levar adiante as negociações. Entretanto, até que não houvesse retorno da parte de Pompeu, era preciso manter a trégua e nenhuma das partes devia hostilizar a outra. A isso acrescentou umas poucas palavras sobre as causas do conflito, sobre suas tropas e forças auxiliares.

[17] 1. A essas propostas César era de parecer que não devia, na ocasião, dar resposta e pensa agora que nem tem motivos suficientes para registrá-las.[143] 2. César exigia deles que lhe fosse permitido enviar a Pompeu emissários sem risco algum; que pessoalmente assumissem a responsabilidade deles ou os acolhessem e os levassem até Pompeu. 3. Com relação à trégua, a situação militar era tal que os inimigos com sua frota barravam os navios e os reforços de César e ele lhes impedia o acesso à água doce e à terra firme. 4. Se quisessem que se renunciasse ao bloqueio, renunciassem eles próprios à vigilância nos mares; se a mantivessem, ele também o manteria. No entanto, poder-se-ia negociar um acordo sem nenhuma dessas concessões,

remitterentur, neque hanc rem illis esse impedimento. 5. Libo neque legatos Caesaris recipere neque periculum praestare eorum, sed totam rem ad Pompelum reicere; unum instare de indutiis uehementissimeque contendere. 6. Quem ubi Caesar intellexit praesentis periculi atque inopiae uitandae causa omnem orationem instituisse neque ullam spem aut condicionem pacis afferre, ad reliquam cogitationem belli sese recepit.

[18] 1. Bibulus multos dies terra prohibitus et grauiore morbo ex frigore et labore implicitus, cum neque curari posset neque susceptum officium deserere uellet, uim morbi sustinere non potuit. 2. Eo mortuo ad neminem unum summa imperii redit, sed separatim suam quisque classem ad arbitrium suum administrabat. 3. Vibullius, sedato tumultu quem repentinus aduentus Caesaris concitauerat, ubi primum e re uisum est, adhibito Libone et L. Lucceio et Theophane, quibuscum communicare de maximis rebus Pompeius consueuerat, de mandatis Caesaris agere instituit. 4. Quem ingressum in sermonem Pompeius interpellauit et loqui plura prohibuit: "Quid mihi", inquit, "aut uita aut ciuitate opus est, quam beneficio Caesaris habere uidebor? cuius rei opinio tolli non poterit, cum in Italiam, ex qua profectus sum, reductus existimabor." 5. Bello perfecto ab iis Caesar haec facta cognouit, qui sermoni interfuerunt; conatus tamen nihilo minus est allis rationibus per colloquia de pace agere.

[19] 1. Inter bina castra Pompei atque Caesaris unum flumen tantum intererat Apsus, crebraque inter se colloquia milites habebant, neque ullum interim telum per pactiones loquentium traiciebatur. 2. Mittit P. Vatinium legatum ad ripam ipsam fluminis, qui ea quae maxime ad pacem pertinere uiderentur ageret et crebro magna uoce pronuntiaret, liceretne ciuibus ad ciues de pace suos legatos mittere, quod etiam fugitiuis ab saltu Pyrenaeo praedonibusque licuisset, praesertim eum id agerent, ne ciues cum ciuibus armis decertarent? 3. Multa suppliciter locutus est, ut de sua atque omnium

e isso não criaria nenhum obstáculo. 5. Libão não se encarregava dos emissários de César nem respondia pelos riscos deles, mas remetia todo o caso a Pompeu; não insistia senão na trégua e porfiava com o maior ardor. 6. Quando César se dá conta de que Libão adotara todo aquele palavreado para se safar da conjuntura difícil e da escassez do momento, e de que não oferecia nenhuma perspectiva ou proposta de paz, retorna à ideia de prosseguir na guerra.

[18] 1. Bíbulo, impedido por muitos dias de descer a terra e vítima de grave enfermidade provocada pelo frio e pelo esgotamento, não tendo condições de se tratar e não querendo abandonar o posto assumido, não pôde resistir à violência do mal. 2. Com a sua morte, o comando supremo não foi mais confiado a uma só pessoa, mas cada almirante isoladamente comandava a seu talante a própria esquadra. 3. Serenado o alvoroço que a chegada inesperada de César provocara, Vibúlio, assim que as circunstâncias o permitiram, reuniu-se com Libão, Lúcio Luceio e Teófanes, aos quais, de ordinário, Pompeu consultava nas decisões mais importantes, e começou a ventilar as propostas de César. 4. Mal começara ele a falar, e Pompeu lhe cortou a palavra, dizendo: "De que me serve a vida e a cidadania que, aos olhos dos outros, eu as terei por um favor de César? A fama dessa outorga jamais será apagada, quando acharem que fui reconduzido do exílio para a Itália, da qual apenas me ausentei." 5. Só quando a guerra terminou ficou César sabendo desses detalhes, por meio de pessoas que presenciaram o diálogo. Nem por isso deixou César de porfiar, por outras vias, para negociar a paz, mediante conversações.

[19] 1. Entre os dois campos, o de César e o de Pompeu, apenas mediava o rio Apso; os soldados mantinham entre si conversas frequentes e, por acordo entre os interlocutores, durante esse tempo não se atirava nenhum projétil. 2. César envia seu legado Públio Vatínio até a própria margem do rio para tratar das questões que lhe pareciam mais apropriadas para favorecer a paz e para, em voz alta, indagar repetidas vezes se não era permitido a cidadãos romanos enviar a seus compatriotas representantes seus para negociar a paz, coisa que não tinha sido negada inclusive a fugitivos das montanhas pirenaicas e a corsários, principalmente se o faziam para que não viessem a pegar em armas cidadãos contra cidadãos. 3. Ele falou longamente num tom emocionado, como alguém que tem de tratar não só da sua, mas da

salute debebat, silentioque ab utrisque militibus auditus. 4. Responsum est ab altera parte Aulum Varronem profiteri se altera die ad colloquium uenturum atque una uisurum quem ad modum tuto legati uenire et quae uellent exponere possent; certumque ei rei tempus constituitur. 5. Quo cum esset postero die uentum, magna utrimque multitudo conuenit, magnaque erat exspectatio eius rei atque omnium animi intenti esse ad pacem uidebantur. 6. Qua ex frequentia Titus Labienus prodit, summissa oratione loqui de pace atque altercari cum Vatinio incipit. 7. Quorum mediam orationem interrumpunt subito undique tela immissa; quae ille obtectus armis militum uitauit; uulnerantur tamen complures, in his Cornelius Balbus, M. Plotius, L. Tiburtius, centuriones militesque nonnulli. 8. Tum Labienus: "Desinite ergo de compositione loqui; nam nobis nisi Caesaris capite relato pax esse nulla potest."

[20] 1. Isdem temporibus M. Caelius Rufus praetor causa debitorum suscepta initio magistratus tribunal suum iuxta C. Treboni, praetoris urbani, sellam collocauit et, si quis appellauisset de aestimatione et de solutionibus quae per arbitrum fierent, ut Caesar praesens constituerat, fore auxilio pollicebatur. 2. Sed fiebat aequitate decreti et humanitate Treboni, qui his temporibus clementer et moderate ius dicendum existimabat, ut reperiri non possent a quibus initium appellandi nasceretur. 3. Nam fortasse inopiam excusare et calamitatem aut propriam suam aut temporum queri et difficultates auctionandi proponere etiam mediocris est animi; integras uero tenere possessiones, qui se debere fateantur, cuius animi aut cuius impudentiae est? 4. Itaque, hoc qui postularet, reperiebatur nemo. Atque ipsis ad quorum commodum pertinebat, durior inuentus est Caelius. 5. Et ab hoc profectus initio, ne frustra ingressus turpem causam uideretur, legem promulgauit, ut sexenni die sine usuris creditae pecuniae soluantur.

[21] 1. Cum resisteret Seruilius consul reliquique magistratus, et minus opinione sua efficeret, ad hominum excitanda studia sublata priore lege

---

144 A apresentação desse episódio – com destaque especial para o emprego do discurso direto a corroborar o realismo da cena – em que Labieno, contrariando, solitário, os anseios unânimes de paz e reconciliação dos soldados dos dois lados, exibe sua perfídia e espírito de vingança, seria a resposta de César aos que exultaram com o rompimento do eficiente legado das campanhas da Gália. E de todo o relato desse caso resultaria que César não teria muitos motivos para lastimar tal perda, nem seus inimigos razões para se orgulhar de tal conquista.

salvação de todos, e foi ouvido em silêncio por soldados dos dois lados. 4. Da outra parte lhe responderam que Aulo Varrão se comprometia a ir conversar no dia seguinte e que os dois, de comum acordo, veriam de que modo os mensageiros poderiam encontrar-se com segurança e expor suas propostas; fixou-se uma hora certa para o encontro. 5. Quando eles se encontraram no dia seguinte, muita gente, de um e outro lado, compareceu; era grande a expectativa do encontro e todos os corações pareciam estar ansiosos pela reconciliação. 6. Do meio da multidão assoma Tito Labieno, que se põe com voz mansa a falar da paz e a conversar com Vatínio. 7. Em meio à discussão, subitamente uma saraivada de projéteis, vindos de todas as direções, a tudo interrompe; Vatínio, protegido pelas armas dos soldados, se esquiva deles; mas numerosos foram os feridos, entre eles Cornélio Balbo, Marcos Plócio, Lúcio Tibúrcio, vários centuriões e soldados. 8. Foi aí que Labieno disse: "Deixai de falar em reconciliação, pois para nós não pode haver paz alguma, se não nos trouxerem a cabeça de César."[144]

[20] 1. Por essa mesma época, o pretor Marcos Célio Rufo, assumindo a causa dos devedores, colocou, já no início de sua magistratura, seu tribunal ao lado do assento do pretor urbano Caio Tribônio e, se alguém apelasse da avaliação ou dos pagamentos feitos por arbitragem, de acordo com o processo estabelecido pessoalmente por César, ele prometia dar assistência. 2. Ora, ocorria que, em virtude da equidade do decreto e complacência de Trebônio, cuja ideia era de que naquelas circunstâncias se devia aplicar a justiça com indulgência e moderação, não se podiam encontrar pessoas que dessem início a recursos. 3. Com efeito, pode ser que alegar falta de recursos, queixar-se das aflições pessoais ou da conjuntura, exibir as dificuldades de vender em hasta pública seja até indício de alma sem muita grandeza; mas quem é devedor confesso e mantém integralmente seus bens, de que caráter não dá mostras, e de que desfaçatez? 4. Por isso, não se encontrou ninguém que reivindicasse tal coisa. E Célio se mostrou mais intransigente do que as pessoas diretamente interessadas. 5. Tendo estreado dessa forma, ele, para não parecer que tinha abraçado em vão uma causa inglória, propôs uma lei segundo a qual os empréstimos seriam pagos sem juros, ao cabo de seis anos.

[21] 1. Como sofresse oposição do cônsul Servílio e dos demais magistrados e colhesse resultados abaixo dos esperados, Célio retirou

duas promulgauit: unam, qua mercedes habitationum annuas conductoribus donauit, 2. aliam tabularum nouarum, impetuque multitudinis in C. Trebonium facto et nonnullis uulneratis eum de tribunali deturbauit. 3. De quibus rebus Seruilius consul ad senatum rettulit, senatusque Caelium ab re publica remouendum censuit. Hoc decreto eum consul senatu prohibuit et contionari conantem de rostris deduxit. 4. Ille ignominia et dolore permotus palam se proficisci ad Caesarem simulauit; clam nuntiis ad Milonem missis, qui Clodio interfecto eo nomine erat damnatus, atque eo in Italiam euocato, quod magnis muneribus datis gladiatoriae familiae reliquias habebat, sibi coniiunxit atque eum in Thurinum ad sollicitandos pastores praemisit. 5. Ipse cum Casilinum uenisset, unoque tempore signa eius militaria atque arma Capuae essent comprensa et familia Neapoli uisa, quae proditionem oppidi appararet, patefactis consiliis exclusus Capua et periculum ueritus, quod conuentus arma ceperat atque eum hostis loco habendum existimabat, consilio destitit atque eo itinere sese auertit.

[22] 1. Interim Milo dimissis circum municipia litteris, se ea quae faceret iussu atque imperio facere Pompei, quae mandata ad se per Vibullium delata essent, quos ex aere alieno laborare arbitrabatur sollicitabat. 2. Apud quos cum proficere nihil posset, quibusdam solutis ergastulis Compsam in agro Hirpino oppugnare coepit. Eo cum a Q. Pedio praetore cum legione [...] lapide ictus ex muro periit. 3. Et Caelius profectus, ut dictitabat, ad Caesarem peruenit Thurios. Vbi cum quosdam eius municipii sollicitaret equitibusque Caesaris Gallis atque Hispanis, qui eo praesidii causa missi erant, pecuniam polliceretur, ab his est interfectus. 4. Ita magnarum initia rerum, quae occupatione magistratuum et temporum sollicitam Italiam habebant, celerem et facilem exitum habuerunt.

[23] 1. Libo profectus ab Orico cum classe cui praeerat nauium L Brundisium uenit insulamque quae contra portum Brundisinum est occupauit,

---

145 O texto faz referência a personagens de um momento particularmente tumultuado da política romana, quando dois bandos em ferrenha oposição provocavam arruaças e punham Roma em sobressalto. Clódio, cujos achegos com a plebe serviam aos interesses de César, fora assassinado na via Ápia num encontro com o bando de Milão, braço extremista da aristocracia senatorial. Pompeu, nomeado cônsul único (52) para pôr a casa em ordem, pressionou por todos os meios e forçou a condenação de Milão, defendido sem muito ardor por Cícero, que posteriormente reformulou seu discurso (*Pro Milone*) e o sublimou para a publicação. Refugiado no exílio de Marselha, Milão, como consolação, agradecia a Cícero a oportunidade de degustar os apreciados frutos do mar dessa cidade, quando a esse representante e defensor radical da aristocracia aliou-se Célio, ex-partidário entusiasta do chefe dos *populare*s. Lá como cá, é sempre arriscado dar fé na constância ideológica de políticos.

a primeira sugestão e, para exacerbar o ânimo das pessoas, apresentou duas propostas de lei; 2. uma isentava os inquilinos de aluguel por um ano, a outra anulava as dívidas; uma multidão investiu contra Caio Trebônio, houve algumas pessoas feridas e Célio o expulsou do tribunal. 3. O cônsul Servílio submeteu esses acontecimentos à deliberação do Senado, e o Senado achou por bem afastar Célio da função pública. Por efeito desse decreto, o cônsul impediu-lhe o acesso ao Senado e fez com que o retirassem dos rostros quando procurava lá discursar. 4. Ele, picado de humilhação e de ressentimento, fingiu publicamente que ia ter com César; enviou, porém, sorrateiramente, mensageiros a Milão[145], que, tendo assassinado Clódio, tinha sido condenado por esse crime; convocou-o a passar para a Itália, porque, tendo proporcionado grandes espetáculos, tinha lá remanescentes de grupos de gladiadores; juntou-se a ele e o enviou ao território dos túrios para sublevar os pastores. 5. Ele próprio veio a Casilino justamente quando suas insígnias militares e suas armas eram apreendidas em Cápua, enquanto em Nápoles eram vistos gladiadores que tramavam a rendição daquela cidade. Revelados os seus planos, foi ele expulso de Cápua e, apreensivo sobre os riscos que corria – pois os cidadãos romanos da cidade estavam de armas na mão e o tinham declarado inimigo público – mudou de plano e arrepiou caminho.

[22] 1. Enquanto isso, Milão despachava correspondência pelos municípios da região, dizendo que o que fazia era por ordem e a mando de Pompeu, cujo encargo lhe tinha sido atribuído por Vibúlio, e agitava os que ele supunha estarem oprimidos de dívida. 2. Não tendo obtido êxito algum entre eles, libertou alguns escravos de suas masmorras e se pôs a atacar Compsa, no território hirpino. Para lá quando o pretor Quinto Pédio com uma legião [...] morreu atingido por uma pedra atirada das muralhas. 3. E Célio, de partida para junto de César, como vivia a dizer, chega a Túrio. Lá, como tentasse sublevar alguns munícipes e prometesse dinheiro a cavaleiros gauleses e espanhóis fiéis a César, para lá enviados em guarnição, por eles foi morto. 4. E foi assim que os prenúncios de graves agitações, que em razão das dificuldades do governo e das circunstâncias despertavam inquietação na Itália, tiveram uma solução rápida e fácil.

[23] 1. Libão, tendo partido de Órico no comando de uma frota de cinquenta navios, veio a Brundísio e ocupou a ilha situada defronte

quod praestare arbitrabatur unum locum, qua necessarius nostris erat egressus, quam omnia litora ac portus custodia clausos tueri. 2. Hic repentino aduentu naues onerarias quasdam nactus incendit et unam frumento onustam abduxit magnumque nostris terrorem iniecit, et noctu militibus ac sagittariis in terra expositis praesidium equitum deiecit et adeo loci opportunitate profecit, uti ad Pompeium litteras mitteret, naues reliquas, si uellet, subduci et refici iuberet: sua classe auxilia sese Caesaris prohibiturum.

[24] 1. Erat eo tempore Antonius Brundisii; is uirtute militum confisus scaphas nauium magnarum circiter LX cratibus pluteisque contexit eoque milites delectos imposuit atque eas in litore pluribus locis separatim disposuit nauesque triremes duas, quas Brundisii faciendas curauerat, per causam exercendorum remigum ad fauces portus prodire iussit. 2. Has cum audacius progressas Libo uidisset, sperans intercipi posse, quadriremes V ad eas misit. Quae cum nauibus nostris appropinquassent, nostri ueterani in portum refugiebant; illi studio incitati incautius sequebantur. 3. Iam ex omnibus partibus subito Antonianae scaphae signo dato se in hostes incitauerunt primoque impetu unam ex his quadriremem cum remigibus defensoribusque suis ceperunt, reliquas turpiter refugere coegerunt. 4. Ad hoc detrimentum accessit, ut equitibus per oram maritimam ab Antonio dispositis aquari prohiberentur. Qua necessitate et ignominia permotus Libo discessit a Brundisio obsessionemque nostrorum omisit.

[25] 1. Multi iam menses transierant et hiems praecipitauerat, neque Brundisio naues legionesque ad Caesarem ueniebant Ac nonnullae eius rei praetermissae occasiones Caesari uidebantur, quod certi saepe flauerant uenti, quibus necessario committendum existimabat. 2. Quantoque eius amplius processerat temporis, tanto erant alacriores ad custodias qui classibus

---

146 A ansiedade e a irritação de César pela demora da chegada do segundo contingente de suas tropas talvez tenham alimentado a imaginação de algumas fontes antigas, em especial Salústio (*César* 58) e Plutarco (*César* 38), que apresentam a versão de que o general, cansado de esperar, tivesse tentado, anônimo, chegar a Brundísio a bordo de uma pequena embarcação de aluguel, tentativa inviabilizada pelo mar revolto.

ao porto, pois, no seu entender, era melhor bloquear com postos de guarda um único ponto, por onde obrigatoriamente teriam de passar os navios de César, do que toda a costa e os portos. 2. Com sua chegada inesperada, capturou alguns navios cargueiros, incendiou-os e se apossou de um carregado de trigo, tendo lançado um grande pânico em nossas hostes. À noite, com o desembarque de soldados e frecheiros, desalojou o posto da cavalaria e, graças às facilidades do terreno, teve tal sucesso que escreveu carta a Pompeu, dizendo-lhe que, se quisesse, podia dar ordem de recolher aos estaleiros e recuperar os navios que tinham ficado; com sua frota bloquearia os reforços de César.

[24] 1. Nessa ocasião, Antônio se encontrava em Brundísio; cheio de confiança na bravura dos seus soldados, mandou cobrir, com esteiras de vime e toldos, perto de sessenta botes de grandes navios, neles embarcou uma tropa de elite e distribuiu-os em grupos por diversos pontos do litoral; ordenou que duas trirremes, que ele mandara construir em Brundísio, rumassem para a entrada do porto, como se os remadores estivessem em treinamento. 2. Vendo-as avançar tão temerariamente, Libão enviou ao seu encontro cinco quadrirremes, na esperança de poder apanhá-las. Quando estavam próximas dos nossos barcos, os nossos veteranos já se punham a retornar ao porto, e os inimigos, tomados de entusiasmo, seguiam-nos com imprudência. 3. Eis que, a um dado sinal, os botes de Antônio, vindos de todas as direções, repentinamente se lançam sobre os inimigos e no primeiro ataque deitam mão em uma das quadrirremes com seus remadores e combatentes, obrigando as demais a uma fuga vergonhosa. 4. A esse fracasso se somou a impossibilidade de se abastecer de água, por ter Antônio distribuído cavaleiros pela orla marítima. Premido pela necessidade e pela humilhação, partiu Libão de Brundísio, desistindo do cerco aos nossos.

[25] 1. Muitos meses haviam passado, o inverno já caminhava para seu fim e de Brundísio não chegavam a César os navios e as legiões.[146] Tinha César a impressão de que algumas oportunidades para a travessia haviam sido desperdiçadas, porque ventos constantes sopraram mais de uma vez, nos quais, a seu ver, se devia ter fiado. 2. Quanto mais se estendia esse tempo, maior era a disposição dos comandantes inimigos para vigiar, maior era a confiança em

praeerant maioremque fiduciam prohibendi habebant, et crebris Pompei litteris castigabantur, quoniam primo uenientem Caesarem non prohibuissent, ut reliquos eius exercitus impedirent, duriusque cotidie tempus ad transportandum lenioribus uentis exspectabant. 3. Quibus rebus permotus Caesar Brundisium ad suos seuerius scripsit, nacti idoneum uentum ne occasionem nauigandi dimitterent, siue ad litora Apolloniatium cursum dirigere atque eo naues eicere possent. 4. Haec a custodiis classium loca maxime uacabant, quod se longius a portibus committere non auderent.

[26] 1. Illi adhibita audacia et uirtute, administrantibus M. Antonio et Fufio Caleno, multum ipsis militibus hortantibus neque ullum periculum pro salute Caesaris recusantibus, nacti Austrum naues soluunt atque altero die Apolloniam Dyrrachiumque praeteruehuntur. 2. Qui cum essent ex continenti uisi, Coponius, qui Dyrrachi classi Rhodiae praeerat, naues ex portu educit, et cum iam nostris remissiore uento appropinquasset, idem Auster increbuit nostrisque praesidio fuit. 3. Neque uero ille ob eam causam conatu desistebat, sed labore et perseuerantia nautarum et uim tempestatis superari posse sperabat praeteruectosque Dyrrachium magna ui uenti nihilo secius sequebatur. 4. Nostri usi Fortunae beneficio tamen impetum classis timebant, si forte uentus remisisset. Nacti portum qui appellatur Nymphaeum, ultra Lissum milia passuum III, eo naues introduxerunt (qui portus ab Africo tegebatur, ab Austro non erat tutus) leuiusque tempestatis quam classis periculum aestimauerunt. 5. Quo simul atque intro est itum, incredibili felicitate Auster, qui per biduum flauerat, in Africum se uertit.

[27] 1. Hic subitam commutationem Fortunae uidere licuit. Qui modo sibi timuerant, hos tutissimus portus recipiebat; qui nostris nauibus periculum intulerant, de suo timere cogebantur. 2. Itaque tempore commutato tempestas et nostros texit et naues Rhodias afflixit, ita ut ad unam omnes, constratae numero XVI, eliderentur et naufragio interirent, et ex magno remigum

---

147 As embarcações de César, em sua maioria pesados navios de transporte, por serem movidas a vela, tinham a seu favor a intensidade do vento, ao contrário dos barcos de guerra do inimigo, impulsionados por remos.

manter o bloqueio; eram eles repreendidos por frequentes cartas de Pompeu: pois que não tinham interceptado César na primeira travessia, que impedissem a outra parte do seu exército; a cada dia eles esperavam que seriam mais difíceis as condições de navegação em razão dos ventos mais fracos. 3. César, preocupado com essa situação, mandou carta a Brundísio em termos bem enérgicos: se deparassem vento favorável, não deviam deixar passar a oportunidade, desde que houvesse possibilidade de rumar para o litoral de Apolônia e lá desembarcar. 4. Esses lados eram bem pouco patrulhados pelos navios inimigos, porque não ousavam aventurar-se muito além dos portos.

[26] 1. Nossos soldados, sob o comando de Marco Antônio e de Fúfio Caleno, dão prova de audácia e coragem; sob a intensa vibração deles, dispostos a enfrentar qualquer risco para salvar César, zarpam nossos navios ao sopro favorável do Austro e, no dia seguinte, passam ao largo de Apolônia e Dirráquio. 2. Ao vê-los do continente, Copônio, que comandava em Dirráquio a frota de Rodes, retira seus navios do porto e esteve próximo de nos alcançar por ter-se amainado o vento, mas novamente soprou forte o Austro e foi nossa salvação.[147] 3. E nem por isso desistia ele do seu intento; ao contrário, esperava, à custa do esforço e da perseverança dos seus marinheiros, poder vencer a violência dos elementos e, embora os nossos tivessem passado ao largo de Dirráquio por causa da grande força do vento, não era menor o ardor deles em perseguir-nos. 4. Os nossos, beneficiados pela Fortuna, temiam, porém, o ataque da frota inimiga, se o vento viesse a amainar. Tendo alcançado o porto de nome Ninfeu, a três milhas além de Lisso, lá fizeram entrar seus navios (esse porto está a coberto do Áfrico, mas não está a salvo do Austro), estimando que corriam menos risco com a tempestade do que com a armada inimiga. 5. Mal adentraram, o Austro, que por dois dias tinha soprado, por uma sorte incrível se fez Áfrico.

[27] 1. Pôde-se então ver a repentina mudança da Fortuna. Os que havia pouco temiam por sua própria sorte, acolhia-os um porto dos mais seguros; os que ameaçavam nossos navios, se viam forçados a temer pelos seus riscos. 2. Assim, com a mudança das condições, a tempestade, de um lado, protegeu nossos navios e, de outro, assolou os de Rodes, a ponto de todas as dezesseis naus de cobertura, sem

propugnatorumque numero pars ad scopulos allisa interficeretur, pars ab nostris detraheretur; quos omnes conseruatos Caesar domum remisit.

[28] 1. Nostrae naues duae tardius cursu confecto in noctem coniectae, cum ignorarent quem locum reliquae cepissent, contra Lissum in ancoris constiterunt. 2. Has scaphis minoribusque nauigiis compluribus summissis Otacilius Crassus, qui Lissi praeerat, expugnare parabat; simul de deditione eorum agebat et incolumitatem deditis pollicebatur. 3. Harum altera nauis CCXX e legione tironum sustulerat, altera ex ueterana paulo minus CC. 4. Hic cognosci licuit quantum esset hominibus praesidii in animi firmitudine. Tirones enim multitudine nauium perterriti et salo nauseaque confecti iureiurando accepto nihil iis nocituros hostes, se Otacilio dediderunt; qui omnes ad eum producti contra religionem iurisiurandi in eius conspectu crudelissime interficiuntur. 5. At ueteranae legionis milites, item conflictati et tempestatis et sentinae uitiis, neque ex pristina uirtute remittendum aliquid putauerunt, et tractandis condicionibus et simulatione deditionis extracto primo noctis tempore gubernatorem in terram nauem eicere cogunt, ipsi idoneum locum nacti reliquam noctis partem ibi confecerunt et luce prima missis ad eos ab Otacilio equitibus, qui eam partem orae maritimae asseruabant, circiter CCCC, quique eos armati ex praesidio secuti sunt, se defenderunt et nonnullis eorum interfectis incolumes se ad nostros receperunt.

[29] 1. Quo facto conuentus ciuium Romanorum qui Lissum obtinebant, quod oppidum iis antea Caesar attribuerat muniendumque curauerat, Antonium recepit omnibusque rebus iuuit. Otacilius sibi timens ex oppido fugit et ad Pompeium peruenit. 2. Expositis omnibus copiis Antonius, quarum erat summa ueteranarum trium legionum uniusque tironum et equitum DCCC, plerasque naues in Italiam remittit ad reliquos milites equitesque

---

148 Impossível deixar de estabelecer confronto entre o tratamento dado por César aos náufragos inimigos neste capítulo e o castigo aplicado, logo a seguir (capítulo 28), aos seus recrutas por Otacílio, em quem se juntam crueldade e sacrilégio.

149 A cidade de Lisso ficava no Ilírico, região que, além das Gálias, fazia parte do território onde César exerceu seu proconsulado.

exceção, se destroçarem e irem a pique; do grande número de remadores e combatentes, uma parte, atirada contra os rochedos, veio a perecer, a outra foi recolhida pelos nossos; a todos esses César poupou a vida e os despediu para suas casas.[148]

[28] 1. Dois dos nossos navios, tendo cumprido a travessia com bastante lentidão, entraram pela noite a dentro e, por não saberem onde as demais tinham fundeado, jogaram âncoras em frente de Lisso. 2. Otacílio Crasso, comandante dessa praça, tendo enviado numerosas chalupas e barcos menores, fazia os preparativos para tomá-los de assalto; ao mesmo tempo, negociava a rendição deles e prometia incolumidade aos que se entregassem. 3. Um dos barcos continha 220 homens de uma legião de recrutas, o outro, um pouco menos de duzentos de uma legião de veteranos. 4. Por estes se pôde saber quantos recursos os homens encontram na firmeza da alma. Os recrutas, apavorados com o grande número de navios e afetados pelo balanço do mar e o enjoo, entregaram-se a Otacílio ante a promessa jurada de que não lhes fariam nenhum mal. Todos eles, levados à presença de Otacílio, são brutalmente assassinados diante dos seus olhos, ao arrepio da santidade do juramento. 5. Os soldados da legião veterana, ao contrário, às voltas com o desconforto da tempestade e dos porões, não pensam em renunciar a nada de sua habitual bravura e, discutindo as condições e dando mostras de se renderem, vão ganhando tempo até as primeiras horas da noite e obrigam o piloto a dar com o navio em terra; encontrando uma posição favorável, decidem passar lá o resto da noite. Ao raiar do dia, Otacílio envia contra eles cerca de trezentos cavaleiros, de atalaia naquela parte da orla marítima, aos quais se seguiram homens armados da guarnição; os nossos soldados se defenderam, mataram um certo número de inimigos e se juntaram aos nossos, sem nenhuma perda.

[29] 1. Diante do ocorrido, a comunidade dos cidadãos romanos estabelecidos em Lisso[149], cidade que César anteriormente lhes confiara e cuidara de fortificar, acolheu Antônio, proporcionando-lhe toda sorte de ajuda. Otacílio, temendo por sua sorte, foge da cidade e vai-se juntar a Pompeu. 2. Antônio desembarca toda a tropa, cujo efetivo era de três legiões de veteranos, uma de recrutas e oitocentos cavaleiros, e manda de volta à Itália a maioria dos navios para transportar o resto

transportandos, 3. pontones, quod est genus nauium Gallicarum, Lissi relinquit, hoc consilio ut, si forte Pompeius uacuam existimans Italiam eo traiecisset exercitum, quae opinio erat edita in uulgus, aliquam Caesar ad insequendum facultatem haberet, nuntiosque ad eum celeriter mittit, quibus regionibus exercitum exposuisset et quid militum transuexisset.

[30] 1. Haec eodem fere tempore Caesar atque Pompeius cognoscunt. Nam praeteruectas Apolloniam Dyrrachiumque naues uiderant ipsi [iter secundum eas terra direxerant], sed quo essent eae delatae, primus diebus ignorabant. 2. Cognitaque re diuersa sibi ambo consilia capiunt: Caesar, ut quam primum se cum Antonio coniungeret; Pompeius, ut uenientibus in itinere se opponeret et si imprudentes ex insidiis adoriri posset; 3. eodemque die uterque eorum ex castris statiuis a flumine Apso exercitum educunt: Pompeius clam et noctu, Caesar palam atque interdiu. 4. Sed Caesari circuitu maiore iter erat longius, aduerso flumine, ut uado transire posset; Pompeius, quia expedito itinere flumen ei transeundum non erat, magnis itineribus ad Antonium contendit 5. atque ubi eum appropinquare cognouit, idoneum locum nactus ibi copias collocauit suosque omnes castris continuit ignesque fieri prohibuit, quo occultior esset eius aduentus. 6. Haec ad Antonium statim per Graecos deferuntur. Ille missis ad Caesarem nuntiis unum diem sese castris tenuit; altero die ad eum peruenit Caesar. 7. Cuius aduentu cognito, Pompeius, ne duobus circumcluderetur exercitibus, ex eo loco discedit omnibusque copiis ad Asparagium Dyrrachinorum peruenit atque ibi idoneo loco castra ponit.

[31] 1. His temporibus Scipio, detrimentis quibusdam circa montem Amanum acceptis, imperatorem se appellauerat. 2. Quo facto, ciuitatibus tyrannisque magnas imperauerat pecunias, item a publicanis suae prouinciae debitam biennii pecuniam exegerat et ab eisdem insequentis anni mutuam praeceperat equitesque toti prouinciae imperauerat. 3. Quibus coactis, finitimis hostibus Parthis post se relictis, qui paulo ante M. Crassum imperatorem

---

150 Com frequência César encara a possibilidade de estar nos planos estratégicos de Pompeu a invasão da Itália.

151 Cipião, a quem no início das hostilidades coubera a administração da província da Síria (*B.C.* 1,6,5), deve ter procedido a algumas incursões contra tribos bárbaras dos montes Amanos, na fronteira com a Cilícia (hoje território da Turquia), procedimento habitual entre os procônsules para receber aclamação dos soldados e, com isso, propiciar homenagens em Roma. Cícero não agiu diferente quando administrou a Cilícia. A ironia de César não poderia ser mais mordaz contra o sogro de Pompeu, a cujos desmandos e arbitrariedades são consagrados este capítulo e os dois seguintes.

da infantaria e da cavalaria; 3. mantém em Lisso os pontões – um tipo de embarcação gaulesa – com o seguinte objetivo: se por acaso Pompeu, pensando que a Itália estivesse desguarnecida de tropas, para lá transportasse seu exército[150] – hipótese bastante difundida entre a população –, César teria meios para seguir-lhe ao encalço. Sem perda de tempo, Antônio envia a César mensageiros, informando-o sobre o lugar do desembarque e o número dos soldados transportados.

[30] 1. César e Pompeu ficam sabendo desses acontecimentos quase ao mesmo tempo. Com efeito, eles tinham visto passar os navios ao largo de Apolônia e de Dirráquio, mas desconheciam nos primeiros dias para onde eles tinham sido levados. 2. Quando vêm a saber, os dois tomam decisões opostas: a de César era juntar-se a Antônio o quanto antes; a de Pompeu, ir ao encontro da tropa que chegava e tentar armar-lhe uma emboscada para um ataque de surpresa. 3. No mesmo dia, ambos retiraram seus exércitos dos acampamentos permanentes junto ao rio Apso; Pompeu, de noite e às ocultas; César, abertamente e de dia. 4. Mas, para César, o percurso era mais longo por causa do desvio que tinha de fazer para vadear o rio a montante. Pompeu, com estrada desimpedida porque não tinha de atravessar o rio, dirige-se em marcha forçada contra Antônio 5. e quando percebe que dele se avizinha, procura um lugar adequado para aí estabelecer a tropa, encerra todos no acampamento e proíbe que se acenda fogo para melhor ocultar sua presença. 6. Os gregos informam imediatamente Antônio sobre esses fatos; ele envia informes a César e não permanece no acampamento mais que um dia; no dia seguinte, César se junta a ele. 7. Ciente disso, Pompeu, para não ser envolvido por dois exércitos, abandona aquela posição, se dirige a Asparágio, no território de Dirráquio, e monta acampamento em lugar estratégico.

[31] 1. Por essa ocasião, após ter sofrido alguns reveses na região do monte Amano, Cipião foi aclamado *imperator*.[151] 2. A seguir, impôs a tiranos e a cidades grandes somas de dinheiro, exigiu igualmente dos publicanos de sua província o pagamento dos atrasados do biênio, recebeu antecipadamente deles, sob forma de empréstimo, a quantia do ano seguinte, e requisitou cavaleiros a toda a província. 3. Tendo reunido a cavalaria e deixado atrás de si o

interfecerant et M. Bibulum in obsidione habuerant, legiones equitesque ex Syria deduxerat. 4. Summamque in sollicitudinem ac timorem Parthici belli prouincia cum uenisset, ac nonnullae militum uoces cum audirentur, sese contra hostem, si ducerentur, ituros, contra ciuem et consulem arma non laturos, deductis Pergamum atque in locupletissimas urbes in hiberna legionibus maximas largitiones fecit et confirmandorum militum causa diripiendas his ciuitates dedit.

[32] 1. Interim acerbissime imperatae pecuniae tota prouincia exigebantur. Multa praeterea generatim ad auaritiam excogitabantur. 2. In capita singula seruorum ac liberorum tributum imponebatur; columnaria, ostiaria, frumentum, milites, arma, remiges, tormenta, uecturae imperabantur; cuius modo rei nomen reperiri poterat, hoc satis esse ad cogendas pecunias uidebatur. 3. Non solum urbibus, sed paene uicis castellisque singulis cum imperio praeficiebantur. Qui horum quid acerbissime crudelissimeque fecerat, is et uir et ciuis optimus habebatur. 4. Erat plena lictorum et imperiorum prouincia, differta praefectis atque exactoribus: qui praeter imperatas pecunias suo etiam priuato compendio seruiebant; dictitabant enim se domo patriaque expulsos omnibus necessariis egere rebus, ut honesta praescriptione rem turpissimam tegerent. 5. Accedebant ad haec grauissimae usurae, quod in bello plerumque accidere consueuit uniuersis imperatis pecuniis; quibus in rebus prolationem diei donationem esse dicebant. Itaque aes alienum prouinciae eo biennio multiplicatum est. 6. Neque minus ob eam causam ciuibus Romanis eius prouinciae, sed in singulos conuentus singulasque ciuitates certae pecuniae imperabantur, mutuasque illas ex senatusconsulto exigi dictitabant; publicanis, ut ii sortem fecerant, insequentis anni uectigal promutuum.

---

152 A província da Síria vivia em permanente sobressalto diante da ameaça dos partos (região da Mesopotâmia), e estavam bem frescos na memória de todos o pesadelo e a humilhação resultante do massacre do exército de Crasso em 53, na cidade de Carras. A narrativa de César faz carga sobre Cipião pela irresponsabilidade de deixar a província entregue à própria sorte diante do inimigo bárbaro para, contrariando seus próprios soldados, marchar contra cidadãos romanos e, o que era pior, contra o próprio cônsul de Roma.

153 Em sua marcha para a Grécia para se juntar ao exército de Pompeu, Cipião atravessa as ricas cidades da Ásia Menor, região cobiçada pelos romanos para fazer pé-de-meia ou rechear as burras exauridas com os gastos da política. Ele passa o inverno em Pérgamo (na Mísia), capital da província da Ásia.

inimigo da fronteira, os partos, que havia pouco tinham massacrado o comandante Marcos Crasso[152] e feito cerco a Marcos Bíbulo, retirara da Síria as legiões e a cavalaria. 4. E como a província se encontrava na maior ansiedade e temerosa em razão da guerra dos partos e já se ouviam manifestações de soldados de que marchariam contra o inimigo, se a isso fossem levados, mas não pegariam em armas contra um cidadão e cônsul, conduziu as legiões a Pérgamo e a cidades de extraordinária riqueza para passar o inverno[153]; dispensou toda sorte de prodigalidades e, para revigorar o moral dos soldados, permitiu-lhes saquear as cidades.

[32] 1. Enquanto isso, por toda a província exigiam-se contribuições, cobradas com o maior rigor. Para satisfazer sua voracidade, imaginava-se ainda toda sorte de medidas. 2. Impunha-se tributo individualmente, por cabeça de escravo ou homem livre; cobravam-se impostos pelas colunas, pelas portas, pelo trigo; dos soldados, pelas armas; dos remadores, pelas máquinas de guerra, pelos meios de transporte. Desde que se encontrasse um nome para alguma coisa, já parecia motivo suficiente para exigir imposto. 3. Nomeavam-se pessoas com comando não apenas para as cidades, mas até para quase toda aldeia e povoado de montanha. E quem usasse do maior rigor e da maior insensibilidade, era tido como a melhor pessoa e o melhor dos cidadãos. 4. A província estava repleta de litores e de autoridades, regurgitava de exatores e prepostos que, além das contribuições impostas, proviam também ao seu ganho pessoal; para cobrir com um pretexto respeitável uma atitude das mais vergonhosas, viviam repetindo que tinham sido banidos do lar e da pátria e estavam passando necessidade de tudo. 5. A isso acresciam os juros escorchantes, como sói acontecer em geral em tempos de guerra, quando se impõem contribuições a todo mundo; diziam que em tais casos prolongar o prazo equivalia a uma doação. Daí ter-se multiplicado no biênio a dívida da província. 6. Isso não impediu que se exigissem determinadas somas não só dos cidadãos romanos dessa província, mas também por comunidades e cidade; e viviam dizendo que esses empréstimos eram exigidos de acordo com decreto do Senado. Dos publicanos, por terem acumulado capitais, exigiu-se o pagamento antecipado das taxas do ano seguinte.

BELLVM CIVILE – LIBER TERTIVS

[33] 1. Praeterea Ephesi a fano Dianae depositas antiquitus pecunias Scipio tolli iubebat. Certaque eius rei die constituta cum in fanum uentum esset, adhibitis compluribus ordinis senatorii quos aduocauerat Scipio, litterae ei redduntur a Pompeio, mare transisse cum legionibus Caesarem: properaret ad se cum exercitu uenire omniaque post haberet. 2. His litteris acceptis, quos aduocauerat dimittit; ipse iter in Macedoniam parare incipit paucisque post diebus est profectus. Haec res Ephesiae pecuniae salutem attulit.

[34] 1. Caesar, Antoni exercitu coniuncto, deducta Orico legione quam tuendae orae maritimae causa posuerat, temptandas sibi prouincias longiusque procedendum existimabat; 2. et, cum ad eum ex Thessalia Aetoliaque legati uenissent, qui praesidio misso pollicerentur earum gentium ciuitates imperata facturas, L. Cassium Longinum cum legione tironum, quae appellabatur XXVII, atque equitibus CC in Thessaliam, C. Caluisium Sabinum cum cohortibus V paucisque equitibus in Aetoliam misit; maxime eos, quod erant propinquae regiones, de re frumentaria ut prouiderent hortatus est. 3. Cn. Domitium Caluinum cum legionibus duabus, XI et XII, et equitibus D in Macedoniam proficisci iussit; 4. cuius prouinciae ab ea parte quae libera appellabatur, Menedemus, princeps earum regionum, missus legatus omnium suorum excellens studium profitebatur.

[35] 1. Ex his Caluisius primo aduentu summa omnium Aetolorum receptus uoluntate, praesidiis aduersariorum Calydone et Naupacto deiectis, omni Aetolia potitus est. 2. Cassius in Thessaliam cum legione peruenit. Hic cum essent factiones duae, uaria uoluntate ciuitatium utebatur: Hegesaretos, ueteris homo potentiae, Pompeianis rebus studebat; Petraeus, summae nobilitatis adulescens, suis ac suorum opibus Caesarem enixe iuuabat.

---

154 Em Efeso, famosa cidade da Jônia (hoje Turquia), ficava o célebre templo de Ártemis, citado por César pelo nome da divindade latina correspondente. O fato narrado parece pouco verossímil; dá a impressão de que a carta de Pompeu reclamava medidas tão urgentes que não sobrou tempo para Cipião se apossar do tesouro. Feito o cotejo com outros relatos da obra que envolvem o tema religioso, bastante sensível à alma popular, o objetivo pode ser propagandístico: César seria o defensor dos templos; seus inimigos, os profanadores.

155 A Tessália se localiza na região norte-oriental da Grécia, vizinha da Macedônia; na sua parte ao sul ficava Farsália. A Etólia limitava-se a oeste com a Acarnânia, ao norte com o Epiro, a leste com a Tessália e ao sul com o golfo de Corinto.

156 As legiões tinham um número e um nome próprio que as individualizava.

157 Como se pode constatar em muitos pontos da obra, há em César, para além das armas, a constante preocupação de que as populações por onde passa estão identificadas com sua causa.

[33] 1. Como se isso não bastasse, estava Cipião em Éfeso[154] dando ordens de se retirar do templo de Diana o tesouro lá guardado desde tempos imemoriais. No dia marcado para essa operação, estando já no templo acompanhado de numerosos membros da ordem senatorial por ele convocados, foi-lhe entregue uma carta de Pompeu comunicando--lhe que César havia feito a travessia com suas legiões; devia Cipião se apressar para juntar-se a ele com seu exército e postergar qualquer outro assunto. 2. Com o recebimento da carta, ele dispensa as pessoas que convocara; põe-se a preparar a viagem para a Macedônia e, poucos dias depois, partiu. Essa circunstância salvou o tesouro de Éfeso.

[34] 1. César, tendo feito a junção do seu exército com o de Antônio e retirado de Órico a legião que lá instalara para proteger a orla marítima, pensava que devia sondar as disposições das províncias e avançar um pouco mais para o interior. 2. Por terem chegado até ele delegações vindas da Tessália e da Etólia[155] lhe assegurando que, se lhes fossem enviadas guarnições, as cidades daquelas populações cumpririam suas ordens, enviou à Tessália Lúcio Cássio Longino com uma legião de recrutas – a vigésima sétima[156] e duzentos cavaleiros, e à Etólia, Caio Calvísio Sabino com cinco coortes e um pequeno número de cavaleiros; insistiu particularmente com eles para que se provessem de trigo, uma vez que essas regiões ficavam próximas. 3. Ordenou a Cneu Domício Calvino que partisse para a Macedônia com duas legiões – a décima primeira e décima segunda – e quinhentos cavaleiros; 4. da parte dessa província que se chamava livre, tinha vindo como deputado Menedemo, chefe da região, manifestando o extraordinário entusiasmo de todos os seus para com César.[157]

[35] 1. Desses enviados, Calvísio, desde sua chegada, foi recebido pela população etólica com as maiores demonstrações de amizade e, tendo varrido de Cálidon e Neupacto[158] as guarnições inimigas, apoderou-se de toda a Etólia. 2. Cássio chegou à Tessália com sua legião. Como ali havia duas facções, tinha ele de lidar com reações opostas das populações: Hegesareto, pessoa de influência havia anos consolidada, era favorável à facção de Pompeu; Petreu, jovem da mais alta nobreza, apoiava decididamente César com todos os recursos seus e dos seus adeptos.

---

158 Cidades da parte meridional da região, próximas do golfo de Corinto.

[36] 1. Eodemque tempore Domitius in Macedoniam uenit; et cum ad eum frequentes ciuitatum legationes conuenire coepissent, nuntiatum est adesse Scipionem cum legionibus, magna opinione et fama omnium; nam plerumque in nouitate rem fama antecedit. 2. Hic nullo in loco Macedoniae moratus magno impetu tetendit ad Domitium et, cum ab eo milia passuum XX afuisset, subito se ad Cassium Longinum in Thessaliam conuertit. 3. Hoc adeo celeriter fecit ut simul adesse et uenire nuntiaretur. Et quo iter expeditius faceret, M. Fauonium ad flumen Aliacmonem, quod Macedoniam a Thessalia diuidit, cum cohortibus VIII praesidio impedimentis legionum reliquit castellumque ibi muniri iussit. 4. Eodem tempore equitatus regis Coti ad castra Cassii aduolauit, qui circum Thessaliam esse consuerat. 5. Tum timore perterritus Cassius, cognito Scipionis aduentu uisisque equitibus quos Scipionis esse arbitrabatur, ad montes se conuertit qui Thessaliam cingunt, atque ex his locis Ambraciam uersus iter facere coepit. 6. At Scipionem properantem sequi litterae sunt consecutae a M. Fauonio, Domitium cum legionibus adesse neque se praesidium ubi constitutus esset sine auxilio Scipionis tenere posse. 7. Quibus litteris acceptis, consilium Scipio iterque commutat; Cassium sequi desistit, Fauonio auxilium ferre contendit. 8. Itaque, die ac nocte continuato itinere, ad eum peruenit, tam opportuno tempore ut simul Domitiani exercitus puluis cerneretur et primi antecursores Scipionis uiderentur. Ita Cassio industria Domitii, Fauonio Scipionis celeritas salutem attulit.

[37] 1. Scipio biduum castris statiuis moratus ad flumen quod inter eum et Domitii castra fluebat, Aliacmonem, tertio die prima luce exercitum uado traducit et castris positis postero die mane copias ante frontem castrorum struit. 2. Domitius tum quoque sibi dubitandum non putauit, quin productis legionibus proelio decertaret. Sed cum esset inter bina castra campus circiter milium passuum III, Domitius castris Scipionis aciem suam subiecit; ille a uallo

[36] 1. Pela mesma época, chega Domício à Macedônia; e estando já a afluir para junto dele numerosas delegações de cidades, eis que se anuncia a iminente chegada de Cipião com suas legiões, em meio a muitas suposições e geral boataria; com efeito, no mais das vezes, nas situações incomuns, o boato ultrapassa a realidade. 2. Cipião, sem se demorar em nenhum lugar da Macedônia, dirige-se contra Domício em rápida movimentação, e quando estava a uma distância de vinte mil passos, bruscamente muda a direção para a Tessália contra Cássio Longino. 3. Essa operação foi tão ligeira que, quando se anunciou sua vinda, ele já estava lá. E para que sua marcha fosse mais desembaraçada, deixara às margens do Haliácmon, que separa a Macedônia da Tessália, Marcos Favônio com oito coortes para guardar a bagagem das legiões e dera ordens de se estabelecer lá um campo fortificado. 4. Ao mesmo tempo, a cavalaria do rei Cótis disparava para os lados do acampamento de Cássio, normalmente estabelecido pelos confins da Tessália. 5. Cássio, ao tomar conhecimento da chegada de Cipião, é tomado de grande medo e, ao ver os cavaleiros que acreditava serem de Cipião, abala para os montes que confinam a Tessália e de lá se põe a marchar rumo à Ambrácia. 6. Mas, estando Cipião nessa apressada perseguição, alcança-o uma carta de Marcos Favônio em que dizia que Domício estava próximo com suas legiões e que sem o auxílio de Cipião não tinha ele condições de manter o posto em que se estabelecera. 7. De posse da carta, Cipião muda o plano e a marcha; susta a perseguição a Cássio e se açoda em socorrer Favônio. Ao cabo de uma marcha que emendava o dia com a noite, veio ele dar com Favônio num momento feliz em que coincidentemente se descortinava a poeira do exército de Domício e se avistavam os primeiros vanguardeiros de Cipião. 8. Dessa forma, a Cássio salvou a iniciativa de Domício, a Favônio, a rapidez de Cipião.

[37] 1. Cipião, tendo-se demorado por dois dias no acampamento permanente, às margens do Haliácmon, rio que corria entre o seu acampamento e o de Domício, no alvorecer do terceiro dia faz o exército vadear o rio e depois de armar acampamento, coloca no dia seguinte a tropa em formação na frente do seu campo. 2. Domício, nessas condições, achou também que não devia hesitar em retirar a tropa e travar combate. Mas, como entre os dois acampamentos havia uma planície de seus três mil passos, Domício levou sua linha de batalha até as proximidades do acampamento de Cipião, mas este fincou pé em

non discedere perseuerauit. 3. Ac tamen aegre retentis Domitianis militibus est factum, ne proelio contenderetur, et maxime, quod riuus difficilibus ripis subiectus castris Scipionis progressus nostrorum impediebat. 4. Quorum studium alacritatemque pugnandi cum cognouisset Scipio, suspicatus fore ut postero die aut inuitus dimicare cogeretur aut magna cum infamia castris se contineret, qui magna exspectatione uenisset, temere progressus turpem habuit exitum et noctu ne conclamatis quidem uasis flumen transit atque in eandem partem ex qua uenerat redit ibique prope flumen edito natura loco castra posuit. 5. Paucis diebus interpositis, noctu insidias equitum collocauit, quo in loco superioribus fere diebus nostri pabulari consueuerant; et cum cotidiana consuetudine Q. Varus, praefectus equitum Domitii, uenisset, subito illi ex insidiis consurrexerunt. 6. Sed nostri fortiter impetum eorum tulerunt, celeriterque ad suos quisque ordines rediit, atque ultro uniuersi in hostes impetum fecerunt. 7. Ex his circiter LXXX interfectis, reliquis in fugam coniectis, duobus amissis in castra se receperunt.

[38] 1. His rebus gestis, Domitius, sperans Scipionem ad pugnam elici posse, simulauit sese angustiis rei frumentariae adductum castra mouere uasisque militari more conclamatis progressus milia passuum III loco idoneo et occulto omnem exercitum equitatumque collocauit. 2. Scipio ad sequendum paratus equitum magnam partem ad explorandum iter Domitii et cognoscendum praemisit. 3. Qui cum essent progressi primaeque turmae insidias intrauissent, ex fremitu equorum illata suspicione ad suos se recipere coeperunt, quique hos sequebantur, celerem eorum receptum conspicati, restiterunt. 4. Nostri, cognitis insidiis, ne frustra reliquos exspectarent, duas nacti turmas exceperunt. Vnus fugit M. Opimius, praefectus equitum. Reliquos omnes earum turmarum aut interfecerunt aut captos ad Domitium deduxerunt.

[39] 1. Deductis orae maritimae praesidiis Caesar, ut supra demonstratum est, III cohortes Orici oppidi tuendi causa reliquit isdemque custodiam

---

159 A cavalaria romana era dividida em alas (*alae*) de cerca de trezentos homens, subdivididas em esquadrões (*turmae*) de trinta cavaleiros. Cada esquadrão era formado por três decúrias, comandadas por um decurião.

não se arredar de sua trincheira. 3. No entanto, a custo se contiveram os soldados de Domício de travar combate, sobretudo porque um riacho de margens íngremes situado justamente abaixo do acampamento de Cipião impedia o avanço dos nossos. 4. Cipião, ao tomar conhecimento do ardor e da disposição dos nossos soldados em combater, suspeitou que no dia seguinte seria, a contragosto, obrigado a se bater ou a se confinar no acampamento para grande vexame justamente dele, cuja vinda tinha suscitado tanta expectativa; seu avanço atrevido resultou numa retirada vergonhosa; na calada da noite, sem nem mesmo dar o sinal de levantar acampamento, transpôs o rio e tornou ao lugar de onde tinha vindo e lá armou acampamento sobre uma elevação próxima ao rio. 5. Poucos dias depois, armou à noite uma emboscada com cavaleiros num lugar aonde, em quase todos os dias anteriores, os nossos costumavam ir em busca de forragem; como Quinto Varo, prefeito da cavalaria de Domício, para lá se dirigisse em sua rotina diária, subitamente saíram eles de suas tocaias. 6. Mas os nossos suportaram bravamente o ataque deles; cada um retomou rapidamente sua fileira e todos chegaram inclusive a contra-atacar o inimigo. 7. Deles, cerca de oitenta foram mortos, os demais, postos em fuga; os nossos voltaram ao acampamento, tendo registrado duas baixas.

[38] 1. Cumprida essa operação, Domício, na esperança de poder atrair Cipião ao combate, fingiu que levantava acampamento premido pela penúria de provisões; dado o sinal de decampar de acordo com a praxe militar, avançou três mil passos e estabeleceu todo o exército, inclusive a cavalaria, em lugar estratégico e velado. 2. Cipião, disposto a persegui-lo, envia, na vanguarda, grande parte da cavalaria, para explorar e conhecer o roteiro de Domício. 3. Estando eles avançados e os primeiros esquadrões[159] já no terreno da emboscada, o relinchar dos nossos cavalos lhes despertou suspeitas; puseram-se a recuar para junto dos seus, e os que vinham atrás, vendo o rápido recuo, se detiveram. 4. Devassada a emboscada, os nossos, para não esperar em vão o resto da tropa inimiga, interceptaram e capturaram dois esquadrões; apenas Marcos Opímio, prefeito da cavalaria, conseguiu fugir. Todos os outros componentes desses esquadrões ou foram mortos ou levados prisioneiros a Domício.

[39] 1. Com a retirada das guarnições da orla marítima, conforme acima ficou registrado, César destacou três coortes para defender a

nauium longarum tradidit quas ex Italia traduxerat. Huic officio oppidoque Acilius Caninus legatus praeerat. 2. Is naues nostras interiorem in portum post oppidum reduxit et ad terram deligauit faucibusque portus nauim onerariam submersam obiecit et huic alteram coniunxit; super qua turrim effectam ad ipsum introitum portus opposuit et militibus compleuit tuendamque ad omnis repentinos casus tradidit.

[40] 1. Quibus cognitis rebus, Cn. Pompeius filius, qui classi Aegyptiae praeerat, ad Oricum uenit submersamque nauim remulco multisque contendens funibus adduxit atque alteram nauem, quae erat ad custodiam ab Acilio posita, pluribus aggressus nauibus, in quibus ad libram fecerat turres, ut ex superiori pugnans loco integrosque semper defatigatis submittens et reliquis partibus simul ex terra scalis et classe moenia oppidi temptans, uti aduersariorum manus diduceret, labore et multitudine telorum nostros uicit, deiectisque defensoribus, qui omnes scaphis excepti refugerant, eam nauim expugnauit. 2. Eodemque tempore ex altera parte molem tenuit naturalem obiectam quae paene insulam oppidum effecerat; et IIII biremes subiectis scutulis impulsas uectibus in interiorem portum traduxit. 3. Ita ex utraque parte naues longas aggressus quae erant deligatae ad terram atque inanes, IIII ex his abduxit, reliquas incendit. 4. Hoc confecto negotio, D. Laelium ab Asiatica classe abductum reliquit, qui commeatus Byllide atque Amantia importari in oppidum prohiberet. 5. Ipse Lissum profectus, naues onerarias XXX a M. Antonio relictas intra portum aggressus, omnes incendit; Lissum expugnare conatus, defendentibus ciuibus Romanis, qui eius conuentus erant, militibusque quos praesidii causa miserat Caesar, triduum moratus, paucis in oppugnatione amissis, re infecta inde discessit.

[41] 1. Caesar, postquam Pompeium ad Asparagium esse cognouit, eodem cum exercitu profectus, expugnato in itinere oppido Parthinorum, in quo Pompeius praesidium habebat, tertio die ad Pompeium peruenit iuxtaque

cidade de Órico e confiou às mesmas a guarda dos navios de guerra trazidos da Itália. O legado Canino era o encarregado dessa missão e da cidade. 2. Canino fez transportar nossos navios para a parte mais interior do porto, atrás da cidade, prendeu-os à terra, bloqueou a barra do porto, afundando um navio de transporte ao qual juntou um outro; sobre o último, levantou uma torre para proteger a entrada do porto, encheu-a de soldados e confiou-lhes a defesa contra todos os ataques de surpresa.

[40] 1. A par desses fatos, Cneu Pompeu Filho, comandante da frota do Egito, veio a Órico e, porfiando com reboque e muita corda, retirou o navio afundado e ao outro, instalado por Acílio como posto de guarda, atacou com grande número de navios nos quais construíra torres da mesma altura; combatendo de uma posição mais elevada, revezando os soldados cansados por tropa fresca, fazendo carga contra as muralhas por terra com escadas e por mar com navios para provocar divisão nas forças adversárias, à custa de muito esforço e uma infinidade de projéteis derrotou os nossos e com a retirada deles todos que, recolhidos por chalupas, conseguiram se safar, Cneu Pompeu Filho expugnou o tal navio. 2. Simultaneamente, ocupa do outro lado o dique natural em frente ao porto que faz de Órico uma quase ilha e, tendo colocado rolos embaixo de quatro trirremes e impulsionando-as com alavancas, leva-as para o porto interior. 3. Dessa forma, atacando de ambos os lados os navios de guerra que se encontravam presos a terra e vazios, capturou quatro deles, e incendiou os demais. 4. Realizada essa operação, deixou lá Décimo Lélio, destacado da frota asiática com o encargo de impedir que entrassem na cidade as provisões vindas de Bílis e Amância. 5. Ele mesmo, tendo partido para Lisso, atacou lá trinta navios de transporte deixados no porto por Marco Antônio e incendiou todos; tentou tomar Lisso, defendida por cidadãos romanos daquela comunidade e pelos soldados que César enviara em guarnição; tendo-se demorado três dias e sofrido algumas baixas durante o assédio, de lá se retirou sem nada conseguir.

· [41] 1. César, ao tomar conhecimento de que Pompeu se encontrava nas imediações de Aspárágio, para lá partiu com seu exército e, a caminho, tomou de assalto a cidade de Partinos, onde Pompeu mantinha uma guarnição; no terceiro dia o alcançou e perto

eum castra posuit et postridie, eductis omnibus copiis, acie instructa, decernendi potestatem Pompeio fecit. 2. Vbi illum suis locis se tenere animaduertit, reducto in castra exercitu, aliud sibi consilium capiendum existimauit. 3. Itaque postero die omnibus copiis magno circuitu difficili angustoque itinere Dyrrachium profectus est sperans Pompeium aut Dyrrachium compelli aut ab eo intercludi posse, quod omnem commeatum totiusque belli apparatum eo contulisset; ut accidit. 4. Pompeis enim primo ignorans eius consilium, quod diuerso ab ea regione itinere profectum uidebat, angustiis rei frumentariae compulsum discessisse existimabat; postea per exploratores certior factus postero die castra mouit, breuiore itinere se occurrere ei posse sperans. 5. Quod fore suspicatus Caesar militesque adhortatus ut aequo animo laborem ferrent, parua parte noctis itinere intermisso mane Dyrrachium uenit, cum primum agmen Pompei procul cerneretur, atque ibi castra posuit.

[42] 1. Pompeius interclusus Dyrrachio, ubi propositum tenere non potuit, secundo usus consilio edito loco, qui appellatur Petra aditumque habet nauibus mediocrem atque eas a quibusdam protegit uentis, castra communit. 2. Eo partem nauium longarum conuenire, frumentum commeatumque ab Asia atque omnibus regionibus quas tenebat comportari imperat. 3. Caesar longius bellum ductum iri existimans et de Italicis commeatibus desperans, quod tanta diligentia omnia litora a Pompeianis tenebantur, classesque ipsius quas hieme in Sicilia, Gallia, Italia fecerat morabantur, in Epirum rei frumentariae causa Q. Tillium et L. Canuleium legatum misit, quodque hae regiones aberant longius, locis certis horrea constituit uecturasque frumenti finitimis ciuitatibus discripsit. 4. Item Lisso Parthinisque et omnibus castellis, quod esset frumenti conquiri iussit. 5. Id erat perexiguum cum ipsius agri natura, quod sunt loca aspera ac montuosa, ac plerumque frumento utuntur importato, tum quod Pompeius haec prouiderat et superioribus diebus praedae loco Parthinos habuerat

dele montou acampamento. No dia seguinte, tendo retirado todas as suas tropas e pondo-as em formação de batalha, ofereceu a Pompeu a possibilidade de se decidir. 2. Ao se dar conta de que ele fincava pé em suas posições, César retornou com a tropa ao acampamento e pensou que tinha de modificar seus planos. 3. Foi por isso que no dia seguinte, fazendo um longo desvio por um caminho difícil e estreito, partiu com todo o exército para Dirráquio na esperança de poder forçar a ida de Pompeu para lá ou poder bloquear-lhe o acesso a essa cidade onde tinha concentrado todas as suas provisões e todo o material bélico. Foi o que aconteceu. 4. Pompeu, ignorando o plano de César, pensava inicialmente que ele tinha partido premido por dificuldade de abastecimento, pois via que caminhava em direção oposta a Dirráquio; posteriormente, informado da situação por suas patrulhas de reconhecimento, levantou acampamento no dia seguinte, contando poder defrontar-se com ele por um caminho mais curto. 5. Era o que César supunha que iria acontecer. Exortou os soldados a que suportassem serenamente as fadigas e, tendo interrompido a marcha por uma pequena parte da noite, chegou de manhã a Dirráquio, quando já se avistava ao longe a vanguarda de Pompeu; e lá montou seu acampamento.

[42] 1. Pompeu, sem meios de atingir seu objetivo por lhe ter sido cortado o acesso a Dirráquio, põe em prática um segundo plano; monta seu acampamento fortificado numa elevação de nome Petra, que permite aos navios pequeno acesso e os protege de certos ventos. 2. Ordena que lá se concentre uma parte de seus navios de guerra e para lá se transportem o trigo e as provisões da Ásia e de todas as regiões sob seu controle. 3. César, convencido de que a guerra se arrastaria por um tempo bastante longo e já sem esperança nos comboios da Itália, visto que toda a costa era mantida pelos partidários de Pompeu em severa vigilância e a frota que mandara construir durante o inverno na Sicília, na Gália e na Itália demorava a chegar, enviou ao Epiro Quinto Tílio e o legado Lúcio Canuleio, para se proverem de trigo. E por ficarem esses territórios bem distantes, estabeleceu armazéns em pontos determinados e encarregou as cidades vizinhas do transporte das mercadorias. 4. Deu igualmente ordem de se requisitar em Lisso, Partinos e em todos os lugarejos o que houvesse de trigo. 5. Era bem pouco, não só porque, pela constituição dos campos, os terrenos são ásperos e montanhosos e a maior parte do trigo vem de fora, mas

frumentumque omne conquisitum spoliatis effossisque eorum domibus per equites in Petram comportarat.

[43] 1. Quibus rebus cognitis, Caesar consilium capit ex loci natura. Erant enim circum castra Pompei permulti editi atque asperi colles. Hos primum praesidiis tenuit castellaque ibi communit. 2. Inde, ut loci cuiusque natura ferebat, ex castello in castellum perducta munitione circumuallare Pompeium instituit, 3. haec spectans, quod angusta re frumentaria utebatur, quodque Pompeius multitudine equitum ualebat, quo minore periculo undique frumentum commeatumque exercitui supportare posset, simul, uti pabulatione Pompeium prohiberet equitatumque eius ad rem gerendam inutilem efficeret, tertio, ut auctoritatem qua ille maxime apud exteras nationes niti uidebatur minueret, cum fama per orbem terrarum percrebuisset illum a Caesare obsideri neque audere proelio dimicare.

[44] 1. Pompeins neque a mari Dyrrachioque discedere uolebat, quod omnem apparatum belli, tela, arma, tormenta ibi collocauerat frumentumque exercitui nauibus supportabat, neque munitiones Caesaris prohibere poterat, nisi proelio decertare uellet; quod eo tempore statuerat non esse faciendum. 2. Relinquebatur ut extremam rationem belli sequens quam plurimos colles occuparet et quam latissimas regiones praesidiis teneret Caesarisque copias quam maxime posset distineret; idque accidit. 3. Castellis enim XXIIII effectis XV milia passuum circuitu amplexus hoc spatio pabulabatur; multaque erant intra eum locum manu sata, quibus interim iumenta pasceret. 4. Atque ut nostri perpetuas munitiones habebant perductas ex castellis in proxima castella, ne quo loco erumperent Pompeiani ac nostros post tergum adorirentur, ita illi interiore spatio perpetuas munitiones efficiebant, ne quem locum nostri intrare atque ipsos a tergo circumuenire possent. 5. Sed illi operibus uincebant, quod

---

160 Para justificar essa ousada estratégia de estabelecer um cerco de tão largas proporções num momento em que o número de sua tropa era inferior ao de Pompeu, César não apresenta apenas razões de ordem militar; o terceiro motivo do cerco impressiona pela aguda percepção de que, tanto quanto as armas, a veiculação das notícias pode, numa guerra, desacreditar e minar o adversário, privando-o do apoio da opinião pública.

também porque Pompeu previra a ocorrência e nos dias anteriores havia submetido os partinos a um verdadeiro saque; tendo espoliado e revirado suas casas, transportara para Petra por meio da cavalaria o trigo requisitado.

[43] 1. A par dessa situação, César elabora um plano de acordo com a configuração do local. Com efeito, havia em volta do acampamento de Pompeu muitas colinas altas e escarpadas. Num primeiro momento, César ocupou-as com guarnições e estabeleceu lá fortins. 2. Depois, de acordo com a configuração de cada terreno, fez avançar, de um fortim ao outro, uma linha fortificada de modo a encerrar Pompeu dentro dela. 3. Os objetivos eram os seguintes: uma vez que ele próprio passava por dificuldades de abastecimento e que Pompeu dispunha de uma cavalaria mais numerosa, ter condições de, com riscos menores, fazer chegar de qualquer lugar ao seu exército trigo e provisões; ao mesmo tempo, impedir Pompeu de se prover de forragem e anular a ação de sua cavalaria; terceiro, abalar o prestígio de que parecia gozar Pompeu particularmente entre as nações estrangeiras, quando pelo mundo afora se espalhasse a notícia de que ele estava cercado por César e não se atrevia a travar combate.[160]

[44] 1. Pompeu não queria afastar-se nem do mar nem de Dirráquio porque lá concentrara todo o seu dispositivo bélico, munição, armas, artilharia, e porque abastecia de trigo seu exército por meio de navios; por outro lado, não tinha condições de impedir as obras de fortificação iniciadas por César, a menos que estivesse disposto a aceitar a batalha, hipótese que no momento decidira excluir. 2. Restava-lhe como última opção de estratégia bélica deitar mão sobre o maior número de colinas, ocupar com seus postos os espaços mais extensos possíveis e dispersar, tanto quanto possível, as tropas de César. Foi o que ocorreu. 3. Ele construiu 24 fortins que compreendiam um perímetro de quinze mil passos, e nessa área se abastecia de forragem; havia aí muito campo cultivado, que por algum tempo podia alimentar os animais. 4. Assim como nós tínhamos uma linha de trincheira ininterrupta que ia de fortim a fortim para que os pompeianos não pudessem penetrar por um ponto qualquer e nos apanhar pelas costas, da mesma forma eles, no interior do terreno onde se encontravam, construíam uma linha contínua de trincheiras para evitar que nós pudéssemos penetrar por um ponto qualquer e envolvê-los pelas costas. 5. Suas obras avançavam mais

et numero militum praestabant et interiore spatio minorem circuitum habebant. 6. Quaecumque erant loca Caesari capienda, etsi prohibere Pompeius totis copiis et dimicare non constituerat, tamen suis locis sagittarios funditoresque mittebat, quorum magnum habebat numerum; 7. multique ex nostris uulnerabantur magnusque incesserat timor sagittarum atque omnes fere milites aut ex coactis aut ex centonibus aut ex coriis tunicas aut tegimenta fecerant quibus tela uitarent.

[45] 1. In occupandis praesidiis magna ui uterque nitebatur: Caesar, ut quam angustissime Pompeium contineret; Pompeius, ut quam plurimos colles quam maximo circuitu occuparet; crebraque ob eam causam proelia fiebant. 2. In his cum legio Caesaris nona praesidium quoddam occupauisset et munire coepisset, huic loco propinquum et contrarium collem Pompeius occupauit nostrosque opere prohibere coepit; 3. et, cum una ex parte prope aequum aditum haberet, primum sagittariis funditoribusque circumiectis, postea leuis armaturae magna multitudine missa tormentisque prolatis munitiones impediebat; neque erat facile nostris uno tempore propugnare et munire. 4. Caesar, cum suos ex omnibus partibus uulnerari uideret, recipere se iussit et loco excedere. Erat per decliue receptus. 5. Illi autem hoc acrius instabant neque regredi nostros patiebantur, quod timore adducti locum relinquere uidebantur. 6. Dicitur eo tempore glorians apud suos Pompeius dixisse: non recusare se, quin nullius usus imperator existimaretur, si sine maximo detrimento legiones Caesaris sese recepissent inde quo temere essent progressae.

[46] 1. Caesar receptui suorum timens crates ad extremum tumulum contra hostem proferri et aduersas locari, intra has mediocri latitudine fossam tectis militibus obduci iussit locumque in omnes partes quam maxime impediri. 2. Ipse idoneis locis funditores instruxit, ut praesidio nostris se recipientibus

---

161 Mais de uma vez aparece no transcorrer da narrativa a figura de um Pompeu bravateador de resultados que os acontecimentos acabam por desmentir. Fazer crer que é discutível a competência militar do vencedor de Mitridates e que César o supera nesse campo parece ser um dos objetivos da obra.

depressa porque seus soldados eram em número superior e porque, ocupando linhas mais internas, tinham um perímetro mais reduzido. 6. Quando César precisava ocupar uma dessas posições, Pompeu, embora estivesse decidido a não se opor com todas as suas tropas e não travar batalha, enviava para lugares escolhidos frecheiros e fundibulários de que dispunha em grande número; 7. e muitos dos nossos eram feridos e grande era o temor das flechas; quase todos os soldados tinham confeccionado túnicas ou abrigos feitos de estofados, de cobertores acolchoados ou de couro, para neutralizar os projéteis.

[45] 1. Nessa operação de ocupar posições, um e outro lado se empenhava com grande dinamismo: César, para encerrar Pompeu no mais reduzido espaço; Pompeu, para ocupar o maior número de elevações no mais amplo dos perímetros; por essa razão, frequentes eram as escaramuças. 2. Uma delas se deu quando a nona legião de César, tendo ocupado uma posição, se punha a fortificá-la; Pompeu, tendo-se apoderado de uma colina vizinha, bem em frente, começou a criar obstáculos aos trabalhos dos nossos; 3. como por um dos lados havia um acesso quase plano, inicialmente ele fez rodear a colina de frecheiros e fundibulários, depois enviou um grande contingente de infantaria ligeira, precedida da artilharia e impediu o trabalho de entrincheiramento. Não era fácil aos nossos, a um só tempo, rechaçar os ataques e fazer trincheiras. 4. César, verificando que os seus soldados eram atingidos de todos os lados, deu ordem de retirada e de abandono da posição. Para tanto era preciso descer a colina. 5. O inimigo, porém, pressionava os nossos mais duramente e não permitia que recuassem porque lhe parecia que, de medo, abandonavam a posição. Dizem que nessa ocasião Pompeu, gabando-se em meio aos seus, teria dito que aceitaria passar por general incompetente, se as legiões de César conseguissem retirar-se, sem grandes perdas, das posições para as quais tinham avançado temerariamente.[161]

[46] 1. César, temendo pela retirada dos seus, ordena que sejam levadas faxinas para o ponto extremo da colina e instaladas à frente do inimigo; que, atrás delas, onde os soldados estariam protegidos, se construa uma trincheira de largura média e se torne o terreno o mais possível impraticável em toda a sua extensão. 2. Dispôs, em lugares estratégicos, fundibulários para darem cobertura aos nossos soldados em retirada. Tomadas essas medidas, dá à legião ordem

essent. His rebus completis, legionem reduci iussit. 3. Pompeiani hoc insolentius atque audacius nostros premere et instare coeperunt cratesque pro munitione obiectas propulerunt ut fossas transcenderent. 4. Quod cum animaduertisset Caesar, ueritus ne non reducti, sed deiecti uiderentur maiusque detrimentum caperetur, a medio fere spatio suos per Antonium, qui ei legioni praeerat, cohortatus tuba signum dari atque in hostes impetum fieri iussit. 5. Milites legionis VIIII subito conspirtati pila coniecerunt et ex inferiore loco aduersus cliuum incitati cursu praecipites Pompeianos egerunt et terga uertere coegerunt; quibus ad recipiendum crates derectae longuriique obiecti et institutae fossae magno impedimento fuerunt. 6. Nostri uero, qui satis habebant sine detrimento discedere, compluribus interfectis, V omnino suorum amissis quietissime se receperunt pauloque citra eum locum allis comprehensis collibus munitiones perfecerunt.

[47] 1. Erat noua et inusitata belli ratio cum tot castellorum numero tantoque spatio et tantis munitionibus et toto obsidionis genere, tum etiam reliquis rebus. 2. Nam quicumque alterum obsidere conati sunt, perculsos atque infirmos hostes adorti aut proelio superatos aut aliqua offensione permotos continuerunt, cum ipsi numero equitum militumque praestarent; causa autem obsidionis haec fere esse consueuit ut frumento hostes prohiberent. 3. At tum integras atque incolumes copias Caesar inferiore militum numero continebat, cum illi omnium rerum copia abundarent; cotidie enim magnus undique nauium numerus conueniebat, quae commeatum supportarent, neque ullus flare uentus poterat quin aliqua ex parte secundum cursum haberent. 4. Ipse autem, consumptis omnibus longe lateque frumentis, summis erat in angustiis. 5. Sed tamen haec singulari patientia milites ferebant. Recordabantur enim eadem se superiore anno in Hispania perpessos labore et patientia maximum bellum confecisse; meminerant ad Alesiam magnam se inopiam perpessos, multo etiam maiorem ad Auaricum, maximarum se gentium uictores discessisse.

de se retirar. 3. Os pompeianos passam a pressionar e a fustigar os nossos com maior ousadia e afoiteza e, para transporem a trincheira, derrubam as faxinas colocadas à frente deles para nossa proteção. 4. Vendo o que se passava, César, temendo que a retirada tivesse a aparência de uma derrota com perdas ainda maiores, transmite aos seus, em meio à descida, palavras de encorajamento através de Antônio, comandante daquela legião, e dá ordem de soar o sinal de assalto e carregar sobre o inimigo. 5. De repente os soldados da nona legião em concerto lançam projéteis e, da baixada, subindo a encosta em passo de corrida, levam de roldão os pompeianos e os obrigam a fugir; para a retirada foram-lhes de grande estorvo as faxinas levantadas, os troncos que cobriam o caminho e as trincheiras construídas. 6. Os nossos, ao contrário, que se davam por bem pagos com uma escapada sem estragos, tendo infligido ao inimigo grandes perdas e sofrido apenas cinco baixas, tiveram uma retirada das mais tranquilas e, tendo-se apoderado de outras colinas abaixo daquela posição, completaram os trabalhos de entrincheiramento.

[47] 1. Esse modo de conduzir a guerra era de um tipo novo e inusitado, tanto em razão do grande número de fortins, da área tão extensa, do porte das fortificações, de toda a natureza do assédio, como também por vários outros aspectos. 2. Com efeito, quando um exército se põe a assediar um outro, ataca inimigos destroçados e enfraquecidos, envolve quem foi derrotado em combate ou desmoralizado por um revés e dispõe de uma infantaria e cavalaria superior em número; o objetivo do cerco costuma ser quase sempre o de cortar ao inimigo o suprimento de víveres. 3. Ao contrário, nesse caso, César, com um contingente numericamente inferior de soldados, cercava tropas intactas e indenes, dotadas dos mais amplos recursos; com efeito, diariamente, vindos de todas as partes, chegavam, em grande número, navios de abastecimento, e qualquer que fosse o vento a soprar, uma parte deles, pelo menos, tinha uma travessia favorável. 4. Mas César, tendo-se já consumido o trigo de toda a redondeza, padecia de extrema penúria. 5. No entanto, os soldados a suportavam com extraordinária resignação, pois se lembravam de que no ano anterior tinham passado na Hispânia por iguais sofrimentos e, à custa de esforço e paciência, haviam levado a bom termo uma guerra importantíssima; recordavam que em Alésia tinham sofrido uma grande escassez, maior ainda em Avárico, e saíram vencedores

6. Non illi hordeum cum daretur, non legumina recusabant; pecus uero, cuius rei summa erat ex Epiro copia, magno in honore habebant.

[48] 1. Est etiam genus radicis inuentum ab iis qui fuerant in alacribus, quod appellatur chara, quod admixtum lacte multum inopiam leuabat. Id ad similitudinem panis efficiebant. 2. Eius erat magna copia. Ex hoc effectos panes, cum in colloquiis Pompeiani famem nostris obiectarent, uulgo in eos iaciebant ut spem eorum minuerent.

[49] 1. Iamque frumenta maturescere incipiebant, atque ipsa spes inopiam sustentabat, quod celeriter se habituros copiam confidebant; crebraeque uoces militum in uigiliis colloquiisque audiebantur prius se cortice ex arboribus uicturos quam Pompeium e manibus dimissuros. 2. Libenter etiam ex perfugis cognoscebant equos eorum tolerari, reliqua uero iumenta interisse; uti autem ipsos ualetudine non bona, cum angustiis loci et odore taetro ex multitudine cadauerum et cotidianis laboribus, insuetos operum, tum aquae summa inopia affectos. 3. Omnia enim flumina atque omnes riuos qui ad mare pertinebant Caesar aut auerterat aut magnis operibus obstruxerat, atque ut erant loca montuosa et asperae angustiae uallium has sublicis in terram demissis praesaepserat terramque aggesserat ut aquam contineret. 4. Ita illi necessario loca sequi demissa ac palustria et puteos fodere cogebantur atque hunc laborem ad cotidiana opera addebant; qui tamen fontes a quibusdam praesidiis aberant longius et celeriter aestibus exarescebant. 5. At Caesaris exercitus optima ualetudine summaque aquae copia utebatur, tum commeatus omni genere praeter frumentum abundabat; quibus rebus cotidie melius subteri tempus maioremque spem maturitate frumentorum proponi uidebant.

[50] 1. In nouo genere belli nouae ab utrisque bellandi rationes reperiebantur. Illi, cum animaduertissent ex ignibus noctu cohortes nostras ad munitiones excubare, silentio aggressi uniuersas inter multitudinem sagittas

---

162 A campanha militar exigiu mudança de hábitos alimentares arraigados da tropa, com a introdução do consumo da cevada, de favas e da carne de carneiro. Encontrou-se até um sucedâneo do trigo para a fabricação do pão, o *chara*, possivelmente um tubérculo parecido com a batata. O fato de os soldados de César se servirem desse tipo de pão para o atirarem nos adversários é sinal evidente que o apreciavam mais como instrumento de combate do que como fonte de alimentação.

de povos poderosíssimos. 6. Quando se lhes dava cevada, quando se lhes davam favas, não rejeitavam; apreciavam particularmente carneiro, que no Epiro havia em grande abundância.

[48] 1. Existe um tipo de raiz, de nome *chara*[162], encontrada por integrantes das tropas auxiliares, que, misturada ao leite, era de grande ajuda para minorar a carestia. Com ela se fazia uma espécie de pão; 2. dela havia uma grande fartura. Quando os pompeianos, em conversa com os nossos, lhes reprochavam as privações, estes lhes atiravam, de toda parte, os pães feitos dessa raiz, para lhes abater as esperanças.

[49] 1. Já os trigais começavam a madurar e a própria esperança fazia suportar a escassez, pois a tropa nutria a confiança de bem logo ter a abundância; era frequente ouvir, nos turnos de guarda e nas conversas, dizerem os soldados que preferiam comer a casca das árvores a deixar Pompeu escapar-lhes das mãos. 2. Com satisfação, ficavam sabendo por desertores que os cavalos dos inimigos ainda se aguentavam, mas que todos os animais de carga tinham sucumbido; que os próprios soldados não passavam bem de saúde, não só em razão da estreiteza de espaço, do mau cheiro do grande número de cadáveres, dos trabalhos diários a que não estavam afeitos, como também por estarem em grande falta d'água. 3. Com efeito, todos os rios, todos os riachos a caminho do mar, César ou os desviara ou os represara à custa de grandes barragens; como a região era montanhosa e os vales eram escarpados e estreitos, ele os cercara fincando estacas e fizera aterro para reter a água. 4. É por isso que eles, sem escapatória, eram forçados a ir à cata de lugares baixos e pantanosos e a cavar poços, e esse trabalho se juntava à faina de todos os dias; mesmo essa aguada ficava bem distante de certos postos e secava rapidamente no estio. 5. O exército de César, ao contrário, gozava de excelentes condições de saúde, dispunha de grande quantidade de água e tinha em profusão todo tipo de víveres, com exceção do trigo; graças a esses fatores, os soldados sentiam que a situação melhorava a cada dia e que, com o amadurecimento do trigo, a esperança se afigurava mais lisonjeira.

[50] 1. Nessa guerra de tipo novo, ambos os lados descobriam métodos novos de guerrear. Como os inimigos tivessem percebido pelas fogueiras que nossas coortes, à noite, montavam guarda junto às

coniciebant et se confestim ad suos recipiebant. 2. Quibus rebus nostri usu docti haec reperiebant remedia, ut alio loco ignes facerent [...].

[51] 1. Interim certior factus P. Sylla, quem discedens castris praefecerat Caesar, auxilio cohorti uenit cum legionibus duabus; cuius aduentu facile sunt repulsi Pompeiani. 2. Neque uero conspectum aut impetum nostrorum tulerunt, primisque deiectis reliqui se uerterunt et loco cesserunt. 3. Sed insequentes nostros, ne longius prosequerentur, Sylla reuocauit. At plerique existimant, si acrius insequi uoluisset, bellum eo die potuisse finiri. Cuius consilium reprehendendum non uidetur. 4. Aliae enim sunt legati partes atque imperatoris: alter omnia agere ad praescriptum, alter libere ad summam rerum consulere debet. 5. Sylla a Caesare castris relictus, liberatis suis, hoc fuit contentus neque proelio decertare uoluit, quae res tamen fortasse aliquem reciperet casum, ne imperatorias sibi partes sumpsisse uideretur. 6. Pompeianis magnam res ad receptum difficultatem afferebat. Nam ex iniquo progressi loco in summo constiterant; si per decliue sese reciperent, nostros ex superiore insequentes loco uerebantur; neque multum ad solis occasum temporis supererat; spe enim conficiendi negotii prope in noctem rem deduxerant. 7. Ita, necessario atque ex tempore capto consilio Pompeius tumulum quendam occupauit qui tantum aberat a nostro castello, ut telum tormento missum adigi non posset. Hoc consedit loco atque eum communiuit omnesque ibi copias continuit.

[52] 1. Eodem tempore duobus praeterea locis pugnatum est. Nam plura castella Pompeius pariter distinendae manus causa temptauerat, ne ex proximis praesidiis succurri posset. 2. Vno loco Volcatius Tullus impetum legionis sustinuit cohortibus tribus atque eam loco depulit; altero

---

163 Os estudiosos reconhecem que aqui se abre uma longa lacuna no texto, cujo conteúdo geral é reconstruído através de fontes paralelas e alusões da própria narrativa cesariana. Tratar-se-ia da tentativa de Pompeu de forçar o bloqueio com forças equestres transportadas por mar e, em contrapartida, teria ocorrido o avanço de César até os muros de Dirráquio para frustrar o desembarque; aproveitando a ausência de César, Pompeu ataca com quatro legiões os fortins dele, defendidos intrepidamente por uma coorte da sexta legião, até a chegada de novos reforços.

trincheiras, aproximavam-se em silêncio e atiravam nas aglomerações de soldados uma saraivada de flechas e as carreiras se recolhiam às suas linhas. 2. Nossos soldados, instruídos pela experiência, encontravam para tais ataques os seguintes remédios: faziam fogueiras em outros pontos [...].[163]

[51] 1. Nesse ínterim, informado do que se passava, Públio Sila, a quem César, ao partir, transmitira o comando, chega, com duas legiões, em socorro da coorte; com sua vinda os pompeianos são facilmente rechaçados. 2. Não chegaram a enfrentar a vista e o choque de nossas tropas, e assim que os primeiros foram destroçados, todos os demais viraram as costas e abandonaram a posição. 3. Aos nossos, que os perseguiam, Sila chama de volta para que não se deixassem ir longe demais. A maioria, no entanto, é de parecer que, se ele quisesse persegui-los com maior ousadia, a guerra, naquele dia, poderia ter chegado ao fim. Sua decisão não parece que se deva criticar. 4. Uma coisa é o papel do lugar-tenente, outra, a do comandante em chefe; um tem de agir em tudo conforme as instruções, o outro deve com autonomia decidir em função da situação geral. 5. Sila, a quem César deixara no acampamento, deu-se por satisfeito com a liberação dos seus e não quis travar combate, ainda que essa medida lhe pudesse acarretar algum sucesso, para não dar a impressão de ter assumido a função de comandante. 6. A situação tornara muito difícil a retirada aos pompeianos. Realmente, como eles tinham avançado morro acima, haviam-se estabelecido no alto da colina; se tentassem recuar, descendo a ladeira, temiam que os nossos, em posição mais elevada, os perseguissem; e não faltava muito para o pôr do sol; na esperança de levar a bom termo a operação, prolongaram a luta até quase noite adentro. 7. Dessa forma, Pompeu, decidindo de acordo com a necessidade e as circunstâncias, ocupou uma colina distante de nossa fortificação o suficiente para não ser atingido por projétil de nossa artilharia. Nesse lugar, ele se estabeleceu, reforçou-o e aí concentrou todas as tropas.

[52] 1. Coincidentemente, em outros dois pontos houve luta também. Realmente, Pompeu tentara atacar ao mesmo tempo numerosos fortins com o propósito de isolar nossas forças, impedindo que viessem reforços dos postos mais próximos. 2. Em um desses postos, Volcácio Tulo sustentou com três coortes o ataque de uma legião e a

Germani munitiones nostras egressi compluribus interfectis sese ad suos incolumes receperunt.

[53] 1. Ita, uno die VI proeliis factis, tribus ad Dyrrachium, tribus ad munitiones, cum horum omnium ratio haberetur, ad duo milia numero ex Pompeianis cecidisse reperiebamus, euocatos centurionesque complures (in eo fuit numero Valerius Flaccus, L. filius, eius qui praetor Asiam obtinuerat); signaque sunt militaria sex relata. 2. Nostri non amplius XX omnibus sunt proeliis desiderati. 3. Sed in castello nemo fuit omnino militum quin uulneraretur, quattuorque ex una cohorte centuriones oculos amiserunt. 4. Et cum laboris sui periculique testimonium afferre uellent, milia sagittarum circiter XXX in castellum coniecta Caesari renumerauerunt, scutoque ad eum relato Scaeuae centurionis inuenta sunt in eo foramina CXX. 5. Quem Caesar, ut erat de se meritus et de re publica, donatum milibus CC [...] ab octauis ordinibus ad primipilum se traducere pronuntiauit (eius enim ope castellum magna ex parte conseruatum esse constabat) cohortemque postea duplici stipendio, frumento, ueste, cibariis militaribusque donis amplissime donauit.

[54] 1. Pompeius, noctu magnis additis munitionibus, reliquis diebus turres exstruxit et in altitudinem pedum XV effectis operipus, uineis eam partem castrorum obtexit, 2. et quinque intermissis diebus alteram noctem subnubilam nactus, obstructis omnibus castrorum portis et ad impediendum obiectis, tertia inita uigilia silentio exercitum eduxit et se in antiquas munitiones recepit.

[55] 1. Omnibus deinceps diebus Caesar exercitum in aciem aequum in locum produxit, si Pompeius proelio decertare uellet, ut paene castris Pompei legiones subiceret; tantumque a uallo eius prima acies aberat uti ne telo tormentoue adigi posset. 2. Pompeius autem, ut famam opinionemque hominum teneret, sic pro castris exercitum constituebat ut tertia acies uallum

---

164 O magistrado que em Roma houvesse exercido a pretura estava capacitado legalmente (como os cônsules) a administrar províncias do império com o nome de propretor. Lúcio Flaco, acusado de peculato no seu governo da província da Ásia, foi defendido por Cícero no *Pro Flacco*.

desalojou; em outro, os germanos saíram de nossas linhas, mataram um grande número e retornaram às suas posições sem nenhuma perda.

[53] 1. Assim, em um único dia, ocorreram seis combates, três em Dirráquio, três ao longo das fortificações; feito um cálculo de todos eles, chegamos à conclusão de que morreram cerca de dois mil pompeianos, inclusive um grande número de veteranos reconvocados e centuriões (entre os quais Valério Flaco, filho daquele Lúcio[164] que, como pretor, administrara a província da Ásia); foram recolhidas ao nosso campo seis insígnias. 2. As nossas perdas em todos os combates não foram além de vinte. No entanto, no fortim não houve um que não ficasse ferido, e quatro centuriões da oitava coorte perderam a vista. 4. Querendo dar uma prova dos sofrimentos e transes por que tinham passado, os soldados refizeram diante de César a conta de perto de trinta mil flechas atiradas contra o fortim; trouxeram-lhe o escudo do centurião Ceva, onde se encontravam 120 perfurações. 5. César, pelos serviços prestados à sua pessoa e à República, recompensou o centurião com duzentos mil sestércios e anunciou sua promoção da oitava para a primeira classe (pois não havia dúvida de que o fortim se salvara em grande parte por obra sua); posteriormente, concedeu à coorte soldo dobrado, fazendo-lhe generosas doações de trigo, roupa, alimentos e condecorações.

[54] 1. Pompeu, depois de ter-se reforçado durante a noite com obras de grande vulto, ergueu torres nos dias seguintes e, tendo-as elevado a uma altura de quinze pés, protegeu essa parte do acampamento com manteletes; 2. ao cabo de cinco dias, tirando partido de uma outra noite de pouca visibilidade, em que bloqueou e obstruiu todas as portas do acampamento para estorvar o inimigo, ao romper da terceira vigília retirou em silêncio o exército e se recolheu às antigas posições.

[55] 1. Todos os dias que se seguiram, César fez sair seu exército, alinhando-o numa planície, para o caso de Pompeu querer ferir batalha, e colocou suas legiões quase ao pé do acampamento de Pompeu; sua primeira linha distava da trincheira o suficiente para não ser atingido por projéteis da infantaria ou da artilharia. 2. Pompeu, no entanto, para manter sua reputação e seu prestígio perante as pessoas, dispunha seu exército à frente do próprio acampamento,

contingeret, omnis quidem instructus exercitus telis ex uallo coniectis protegi posset.

[56] 1. Aetolia, Acarnania, Amphilochis per Cassium Longinum et Caluisium Sabinum, ut demonstrauimus, receptis temptandam sibi Achaiam ac paulo longius progrediendum existimabat Caesar. 2. Itaque eo Q. Calenum misit eique Sabinum et Cassium cum cohortibus adiungit. 3. Quorum cognito aduentu, Rutilius Lupus, qui Achaiam missus a Pompeio obtinebat, Isthmum praemunire instituit ut Achaia Fufium prohiberet. 4. Calenus Delphos, Thebas, Orchomenum uoluntate ipsarum ciuitatium recepit, nonnullas urbes per uim expugnauit, reliquas ciuitates circummissis legationibus amicitiae Caesari conciliare studebat. In his rebus fere erat Fufius occupatus.

[57] 1. Haec cum in Achaia atque apud Dyrrachium gererentur, Scipionemque in Macedoniam uenisse constaret, non oblitus pristini instituti Caesar mittit ad eum A. Clodium, suum atque illius familiarem, quem ab illo traditum initio et commendatum in suorum necessariorum numero habere instituerat. 2. Huic dat litteras mandataque ad eum; quorum haec erat summa: sese omnia de pace expertum, nihil adhuc arbitrari uitio factum eorum quos esse auctores eius rei uoluisset, quod sua mandata perferre non opportuno tempore ad Pompeium uererentur. 3. Scipionem ea esse auctoritate ut non solum libere quae probasset exponere, sed etiam ex magna parte compellare atque errantem regere posset; praeesse autem suo nomine exercitui ut praeter auctoritatem uires quoque ad coercendum haberet. 4. Quod si fecisset, quietem Italiae, pacem prouinciarum, salutem imperii uni omnes acceptam relaturos. 5. Haec ad eum mandata Clodius refert ac primis diebus, ut uidebatur, libenter auditus, reliquis ad colloquium non admittitur, castigato Scipione a Fauonio, ut postea confecto bello reperiebamus, infectaque re sese ad Caeaarem recepit.

---

165 A palavra Acaia, aqui empregada em seu sentido próprio, indica a região do Peloponeso junto ao golfo de Corinto, a partir do Istmo.

166 Delfos era cidade da Fócida, célebre pelo templo de Apolo junto ao monte Parnaso. Orcômeno e Tebas ficavam na Beócia.

167 Acaia tem aqui sentido mais amplo e parece indicar a província romana desse nome.

168 Referindo-se ao seu desejo de paz, César o chama de *pristinum institutum*, locução que não indica apenas *antigo propósito*, mas *antigo princípio de conduta*. A expressão é justificável, pois, da leitura do *Bellum Ciuile* se poderia ver que por seis vezes tomara a iniciativa de fazer propostas de reconciliação, enquanto da parte dos seus adversários se registrava uma única, que tinha para ele a finalidade de permitir ao proponente ganhar tempo para se refazer de suas dificuldades.

de modo que a terceira fileira ficasse rente à trincheira e todo o exército em linha pudesse ser protegido pelos projéteis lançados de sua trincheira.

[56] 1. Depois da adesão da Etólia, da Acarnânia e dos anfílocos, obtida graças à ação de Cássio Longino e de Calvísio Sabino, como acima ficou registrado, César pensava que era preciso sondar as disposições da Acaia e estender um pouco seu raio de ação. 2. Em vista disso, para lá enviou Quinto Caleno e associou a ele Sabino e Cássio com algumas coortes. 3. Ao saber da vinda deles, Rutílio Lupo, que governava a Acaia[165] por designação de Pompeu, se pôs a fortificar o Istmo para barrar a Fúfio aquela província. 4. Delfos, Tebas e Orcômeno[166] se entregaram espontaneamente a Caleno, de algumas cidades ele se apoderou à força e as demais populações ele se esforçava por ganhá-las à amizade de César, enviando delegações para todas as partes. Quase só disso estava ele ocupado.

[57] 1. Enquanto sucediam esses fatos na Acaia[167] e em Dirráquio e se dava como certa a vinda de Cipião à Macedônia, César, que não se esquecia de seu velho propósito[168], envia-lhe Aulo Clódio, amigo comum, que, apresentado havia tempo e recomendado por Cipião, César decidira incluir na relação dos seus estreitos colaboradores. 2. A ele confia carta e instruções endereçadas a Cipião, cujos pontos principais eram os seguintes: ele havia tentado tudo pela paz, até então nada se decidira por falha dos que ele quisera que fossem os mediadores dessa ideia, pois receavam transmitir a Pompeu suas propostas em momento inoportuno. 3. Tal era autoridade de Cipião que estava em condições não apenas de manifestar livremente seu ponto de vista, mas até mesmo de pressionar Pompeu numa larga medida e reconduzi-lo ao bom caminho em caso de desvio; além do mais, comandava seu próprio exército, dispondo, além da autoridade, de forças para reprimir. 4. Se agisse em conformidade, todos atribuiriam só a ele a conquista da tranquilidade da Itália, a paz das províncias, a salvação do império. 5. Clódio transmite essa mensagem, e nos primeiros dias tinha-se a impressão de que era ouvido com boa vontade, mas depois não foi recebido para conversações por Cipião, asperamente criticado por Favônio, conforme viemos a saber mais tarde, ao término da guerra. Com o fracasso da missão, ele retornou a César.

[58] 1. Caesar, quo facilius equitatum Pompeianum ad Dyrrachium contineret et pabulatione prohiberet, aditus duos, quos esse angustos demonstrauimus, magnis operibus praemuniuit castellaque his locis posuit. 2. Pompeius, ubi nihil profici equitatu cognouit, paucis intermissis diebus, rursus eum nauibus ad se intra munitiones recipit. 3. Erat summa inopia pabuli, adeo ut foliis ex arboribus strictis et teneris harundinum radicibus contusis equos alerent; frumenta enim quae fuerant intra munitiones sata, consumpserant. 4. Cogebantur Corcyra atque Acarnania longo interiecto nauigationis spatio pabulum supportare, quodque erat eius rei minor copia, hordeo adaugere atque his rationibus equitatum tolerare. 5. Sed postquam non modo hordeum pabulumque omnibus locis herbaeque desectae, sed etiam frons ex arboribus deficiebat, corruptis equis macie, conandum sibi aliquid Pompeius de eruptione existimauit.

[59] 1. Erant apud Caesarem in equitum numero Allobroges duo fratres, Raucillus et Aecus, Adbucilli filius, qui principatum in ciuitate multis annis obtinuerat, singulari uirtute homines, quorum opera Caesar omnibus Gallicis bellis optima fortissimaque erat usus. 2. His domi ob has causas amplissimos magistratus mandauerat atque eos extra ordinem in senatum legendos curauerat agrosque in Gallia ex hostibus captos praemiaque rei pecuniariae magna tribuerat locupletesque ex egentibus fecerat. 3. Hi propter uirtutem non solum apud Caesarem in honore erant, sed etiam apud exercitum cari habebantur; sed freti amicitia Caesaris et stulta ac barbara arrogantia elati despiciebant suos stipendiumque equitum fraudabant et praedam omnem domum auertebant. 4. Quibus illi rebus permoti uniuersi Caesarem adierunt palamque de eorum iniuriis sunt questi et ad cetera addiderunt falsum ab his equitum numerum deferri, quorum stipendium auerterent.

[60] 1. Caesar neque tempus illud animaduersionis esse existimans et multa uirtuti eorum concedens rem totam distulit; illos secreto castigauit quod

---

169 César provavelmente se refere a assunto que deveria estar contido no trecho lacunoso de que acima se fez menção, entre os capítulos 50 e 51 deste livro.

170 A instituição política do estrangeiro, no caso, sua assembleia, é nomeada de acordo com o esquema cultural de um romano.

[58] 1. César, para conter mais facilmente a cavalaria de Pompeu nos arredores de Dirráquio e impedir-lhe a forragem, reforçou com grandes obras os dois acessos a cuja estreiteza já aludimos[169] e os dotou de fortins. 2. Pompeu, quando verificou que nada conseguia com a cavalaria, após alguns dias recolheu-a com navios dentro do campo fortificado. 3. Era crítica a escassez de forragem, a tal ponto que alimentavam os cavalos com folhas arrancadas das árvores e com raízes tenras trituradas de junco. Tinham consumido o trigo que fora semeado no interior da linha fortificada. 4. Eram forçados a transportar a forragem de Corcira e Acarnânia por um longo percurso marítimo e, como o suprimento era insuficiente, tinham de completá-lo com cevada e entreter os cavalos com esses recursos. 5. Mas, depois que por toda parte começaram a faltar não apenas a cevada, a forragem e a relva cortada, mas até a folhagem das árvores, estando os cavalos consumidos pela magreza, Pompeu chegou à conclusão de que era o caso de tentar uma surtida.

[59] 1. Entre os efetivos de sua cavalaria, contava César com dois irmãos alóbrogos, Roucilo e Eco, filhos de Abducilo, que por muitos anos esteve à testa de sua nação; eram homens de coragem excepcional, de cujos préstimos valiosíssimos e de grande bravura César se servira em todas as campanhas da Gália. 2. Por esse motivo, César lhes havia conferido os mais altos cargos em seus países, tinha-se empenhado para que fossem eleitos ao Senado[170] local em caráter excepcional; concedera-lhes na Gália territórios tomados aos inimigos, grandes recompensas em dinheiro, e de pobres os fizera ricos. 3. Eles, por força do próprio valor, não só eram distinguidos por César, como tinham a simpatia da tropa; apoiados na amizade de César e túrgidos de uma arrogância tola, típica de bárbaros, menosprezavam seus camaradas, defraudavam o soldo dos cavaleiros e desviavam todo butim para seu país. 4. Os cavaleiros, revoltados com esse comportamento, foram todos ter com César e publicamente se queixaram das injustiças, e a essas acusações acrescentaram que eles adulteravam o número dos efetivos apresentados para desviar o soldo deles.

[60] 1. César, pensando que não era o momento de puni-los e relevando muita coisa em razão de sua bravura, foi adiando todo o caso; repreendeu-os em particular por lucrarem às custas dos cavaleiros,

quaestui equites haberent, monuitque ut ex sua amicitia omnia exspectarent et ex praeteritis suis officiis reliqua sperarent. 2. Magnam tamen haec res illis offensionem et contemptionem ad omnes attulit, idque ita esse cum ex aliorum obiectationibus tum etiam ex domestico iudicio atque animi conscientia intellegebant. 3. Quo pudore adducti et fortasse non se liberari, sed in aliud tempus reseruari arbitrati, discedere a nobis et nouam temptare fortunam nouasque amicitias experiri constituerunt. 4. Et cum paucis collocuti clientibus suis, quibus tantum facinus committere audebant, primum conati sunt praefectum equitum C. Volusenum interficere, ut postea bello confecto cognitum est, ut cum munere aliquo perfugisse ad Pompelum uiderentur; 5. postquam id difficilius uisum est neque facultas perficiendi dabatur, quam maximas potuerunt pecunias mutuati, proinde ac si suis satisfacere et fraudata restituere uellent, multis coemptis equis ad Pompeium transierunt cum iis quos sui consilii participes habebant.

[61] 1. Quos Pompeius, quod erant honesto loco nati et instructi liberaliter magnoque comitatu et multis iumentis uenerant uirique fortes habebantur et in honore apud Caesarem fuerant, quodque nouum id et praeter consuetudinem acciderat, omnia sua praesidia circumduxit atque ostentauit. 2. Nam ante id tempus nemo aut miles aut eques a Caesare ad Pompeium transierat, cum paene cotidie a Pompeio ad Caesarem perfugerent, uulgo uero uniuersi in Epiro atque Aetolia conscripti milites earumque regionum omnium, quae a Caesare tenebantur. 3. Sed hi, cognitis omnibus rebus, seu quid in munitionibus perfectum non erat, seu quid a peritioribus rei militaris desiderari uidebatur, temporibusque rerum et spatiis locorum et custodiarum uaria diligentia animaduersa, prout cuiusque eorum qui negotiis praeerant, aut natura aut studium ferebat, haec ad Pompeium omnia detulerunt.

[62] 1. Quibus ille cognitis eruptionisque iam ante capto consilio, ut demonstratum est, tegimenta galeis milites ex uiminibus facere atque aggerem

---

171 O largo espaço reservado ao caso dos desertores e a riqueza de pormenores da exposição não parecem ter por motivação precípua insistir sobre a infidelidade e a traição dos trânsfugas, para desqualificar a importância de sua atitude. Nem mesmo estaria em jogo o desejo de ressaltar a excepcionalidade de uma ocorrência desse tipo nas fileiras de César. É preciso levar em conta que, no início das hostilidades, Labieno tinha passado para o lado de Pompeu, e César guardou silêncio sobre o caso. A narrativa desse episódio, a nosso ver, se arrasta em apontar detalhes para insinuar que os reveses imediatos sofridos por César não foram devidos às qualidades militares de Pompeu, mas às informações trazidas pelos ingratos traidores.

estimulou-os a contar sempre com sua amizade e a esperar mais favores do que os recebidos no passado. 2. O caso, no entanto, acarretou aos dois antipatia e desprezo por parte de todos e eles estavam bem conscientes disso tanto em razão das críticas alheias como pela avaliação pessoal e pelo remorso de suas consciências. 3. Cobertos de vergonha e pensando talvez que não estavam isentos de castigo, mas que podiam sofrê-lo em ocasião futura, decidiram romper conosco, tentar uma nova fortuna e experimentar novas amizades. 4. Depois de confabularem com um pequeno número de seus clientes, aos quais ousaram confiar um ato tão criminoso, num primeiro momento, para não aparecerem de mãos vazias na fuga a Pompeu, procuraram assassinar Caio Voluseno, prefeito da cavalaria, como se ficou sabendo posteriormente quando a guerra terminou; 5. depois, como a tarefa lhes parecesse bem difícil e não se apresentasse a ocasião de executá-la, tomaram emprestado o quanto puderam de dinheiro, como se fosse seu desejo pagar seus camaradas e restituir o que tinham roubado; depois de comprarem muitos cavalos, passaram para o lado de Pompeu na companhia dos que eram cúmplices do seu plano.

[61] 1. Por serem eles de origem nobre, estarem ricamente equipados, terem vindo com grande séquito e muitos animais, serem considerados homens corajosos a quem César cumulara de distinção e por se tratar de um fato excepcional e fora do costumeiro, Pompeu os conduziu em parada por todos os postos e os exibiu. 2. Realmente, até essa data ninguém da infantaria ou da cavalaria tinha passado de César para o lado de Pompeu, enquanto que quase diariamente em todos os lugares passava de Pompeu para César grande massa de soldados recrutados no Epiro e na Etólia e em todas as regiões ocupadas por César. 3. Os dois alóbrogos, porém, estavam a par de tudo: das partes inacabadas do sistema defensivo, dos lugares que na opinião dos peritos militares deixavam a desejar; estavam informados do horário das atividades, da distância entre os postos, do grau de vigilância do pessoal de guarda, de acordo com a índole e o empenho de cada um que comandava ações. Eles entregaram tudo isso a Pompeu.[171]

[62] 1. Pompeu, de posse dessas informações e, como foi dito acima, tendo já anteriormente tomado a decisão de forçar o bloqueio, ordena que os soldados preparem cobertura de vime para os elmos

iubet comportare. 2. His paratis rebus, magnum numerum leuis armaturae et sagittariorum aggeremque omnem noctu in scaphas et naues actuarias imponit et de media nocte cohortes LX ex maximis castris praesidiisque deductas ad eam partem munitionum ducit quae pertinebant ad mare longissimeque a maximis castris Caesaris aberant. 3. Eodem naues quas demonstrauimus, aggere et leuis armaturae militibus completas, quasque ad Dyrrachium naues longas habebat, mittit et, quid a quoque fieri uelit praecipit. 4. Ad eas munitiones Caesar Lentulum Marcellinum quaestorem cum legione VIIII positum habebat. Huic, quod ualetudine minus commoda utebatur, Fuluium Postumum adiutorem submiserat.

[63] 1. Erat eo loco fossa pedum XV et uallum contra hostem in altitudinem pedum X, tantundemque eius ualli agger in latitudinem patebat: ab eo intermisso spatio pedum DC alter conuersus in contrariam partem erat uallus humiliore paulo munitione. 2. Hoc enim superioribus diebus timens Caesar ne nauibus nostri circumuenirentur, duplicem eo loco fecerat uallum ut, si ancipiti proelio dimicaretur, posset resisti. 3. Sed operum magnitudo et continens omnium dierum labor, quod milia passuum in circuitu XVII munitione erat complexus, perficiendi spatium non dabat. 4. Itaque contra mare transuersum uallum, qui has duas munitiones contingeret, nondum perfecerat. 5. Quae res nota erat Pompeio, delata per Allobrogas perfugas, magnumque nostris attulerat incommodum. 6. Nam ut ad mare nostrae cohortes nonae legionis excubuerant, accessere subito prima luce Pompeiani; simul nauibus circumuecti milites in exteriorem uallum tela iaciebant, fossaeque aggere complebantur, et legionarii interioris munitionis defensores scalis admotis tormentis cuiusque generis telisque terrebant, magnaque multitudo sagittariorum ab utraque parte circumfundebatur. 7. Multum autem ab ictu lapidum, quod unum nostris erat telum, uiminea tegimenta galeis imposita defendebant. 8. Itaque cum omnibus rebus nostri premerentur atque aegre resisterent, animaduersum est uitium munitionis, quod supra demonstratum

e reúnam material de aterro. 2. Feitos esses preparativos, embarca durante a noite, em chalupas e navios rápidos, um grande número de soldados da infantaria ligeira, flecheiros e todo o material de aterro; pela meia-noite, retira de seu acampamento principal e dos fortins sessenta coortes, conduzindo-as para o setor fortificado que se estendia até o mar e que se encontrava bem distante do acampamento principal de César. 3. Para o mesmo setor envia, como acabamos de ver, os navios carregados de material de aterro e tropa ligeira, bem como os navios de guerra sediados em Dirráquio, e a cada um dá instruções sobre o que deseja ser feito. 4. Nesse setor das fortificações, tinha César colocado o questor Lêntulo Marcelino com a nona legião; por não estar ele bem de saúde, associara-lhe, como auxiliar, Fúlvio Póstumo.

[63] 1. Havia naquele ponto, em frente ao inimigo, um fosso de quinze pés, uma paliçada de uma altura de dez pés e um terrapleno de igual largura; a uma distância de seiscentos pés daí, voltada para direção oposta, havia uma segunda paliçada de construção um pouco mais modesta. 2. Nos dias precedentes, César, temendo que a frota inimiga atacasse pelas costas, construíra lá uma paliçada dupla para ter condições de resistir, no caso de ter de lutar em duas frentes. 3. Mas as dimensões da obra e o trabalho ininterrupto de todos os dias – pois uma extensão de dezessete mil passos de perímetro englobava a linha fortificada – não permitiram terminá-la a tempo. 4. Em vista disso, não estava acabada a trincheira transversal em frente ao mar que devia unir as duas linhas fortificadas. 5. O fato era do conhecimento de Pompeu, informado que fora pelos desertores alóbrogos, e nos acarretou graves problemas. 6. Pois, tendo as nossas coortes se postado junto ao mar, repentinamente, ao romper do dia, surgiram os pompeianos, e os soldados que haviam feito um desvio pelo mar atiravam simultaneamente contra a paliçada externa e aterravam o fosso; legionários, com escadas de aproximação, semeavam o pânico entre os defensores da paliçada com todo tipo de projéteis de artilharia e infantaria, e uma multidão de flecheiros nos envolvia dos dois lados. 7. Por outro lado, a cobertura de vime colocada nos elmos dos inimigos era-lhes de grande proteção contra o arremesso das pedras, único tipo de projétil de que dispúnhamos. 8. Dessa forma, estando os nossos sujeitos a toda sorte de pressão e a custo resistindo, o inimigo descobriu o ponto fraco de nossa defesa, como

est, atque inter duos uallos qua perfectum opus non erat, per mare nauibus expositi in auersos nostros impetum fecerunt atque ex utraque munitione deiectos terga uertere coegerunt.

[64] 1. Hoc tumultu nuntiato, Marcellinus cohortes subsidio nostris laborantibus submittit ex castris; quae fugientes conspicatae neque illos suo aduentu confirmare potuerunt neque ipsae hostium impetum tulerunt. 2. Itaque quodcumque addebatur subsidio, id corruptum timore fugientium terrorem et periculum augebat; hominum enim multitudine receptus impediebatur. 3. In eo proelio cum graui uulnere esset affectus aquilifer et a uiribus deficeretur, conspicatus equites nostros: "Hanc ego", inquit, "et uiuus multos per annos magna diligentia defendi et nunc moriens eadem fide Caesari restituo. Nolite, obsecro, committere, quod ante in exercitu Caesaris non accidit, ut rei militaris dedecus admittatur, incolumemque ad eum deferte." 4. Hoc casu aquila conseruatur, omnibus primae cohortis centurionibus interfectis praeter principem priorem.

[65] 1. Iamque Pompeiani magna caede nostrorum castris Marcellini appropinquabant, non mediocri terrore illato reliquis cohortibus, et M. Antonius, qui proximum locum praesidiorum tenebat, ea re nuntiata cum cohortibus XII descendens ex loco superiore cernebatur. Cuius aduentus Pompeianos compressit nostrosque firmauit, ut se ex maximo timore colligerent. 2. Neque multo post Caesar significatione per castella fumo facta, ut erat superioris temporis consuetudo, deductis quibusdam cohortibus ex praesidiis eodem uenit. 3. Qui, cognito detrimento, cum animaduertisset Pompeium extra munitiones egressum, castra secundum mare munire, ut libere pabulari posset nec minus aditum nauibus haberet, commutata ratione belli, quoniam propositum non tenuerat, iuxta Pompeium muniri iussit.

[66] 1. Qua perfecta munitione, animaduersum est a speculatoribus Caesaris cohortes quasdam, quod instar legionis uideretur, esse post siluam

---

172 É possível que tenha desaparecido no texto latino o registro do número dessas coortes.

173 Como já se pôde ver, a reprodução da fala em discurso direto é de ocorrência restrita e fica reservada para situações solenes e de certa dramaticidade. No texto de César, sua função é dupla e diferenciada: ele dá brilho e realce aos atos dos seus partidários em quem palavras e atos vivem em perfeita sintonia, mas serve também para registrar com fidelidade literal as bazófias dos inimigos, cujas promessas os fatos desmentem.

acima se aludiu: desembarcou soldados entre as duas paliçadas ainda inacabadas, atacou os nossos pelas costas, desalojou-os das duas linhas de defesa e os obrigou a bater em retirada.

[64] 1. Informado dessa situação de desordem, Marcelino envia do acampamento [...] coortes[172] para reforço dos nossos em apuros, mas, vendo-os em debandada, não foram capazes, com sua chegada, de reanimá-los, nem elas próprias lograram resistir ao ataque inimigo. 2. Assim, cada nova unidade de reforço malograva devido ao medo da tropa e fazia aumentar o pânico e o perigo; é que o grande número de pessoas impedia a retirada. 3. Nessa refrega, um porta-estandarte, gravemente ferido e com as forças a se esvaírem, de olhos postos nos nossos cavaleiros, disse: "A esta águia, enquanto vivi, por anos a defendi com o maior empenho e agora, à morte, eu a restituo a César com a mesma fidelidade. Não permitais, eu vos conjuro, que nossa honra militar seja desacreditada, o que jamais ocorreu no exército de César, e devolvei a ele a águia intacta."[173] 4. Foi assim que se salvou a águia, embora tivessem morrido todos os centuriões da primeira coorte, com exceção do comandante da primeira centúria do segundo manípulo.

[65] 1. E já os pompeianos, após grande massacre dos nossos, se aproximavam do acampamento de Marcelino, para grande pânico das coortes que lá tinham permanecido, quando Marco Antônio, comandante do setor mais próximo, posto a par da situação, era visto descer com doze coortes do alto de uma elevação. A sua vinda conteve os pompeianos e animou os nossos a se refazerem do grande medo. 2. Pouco tempo depois, César, notificado por sinalização de fumaça de fortim a fortim – já praticada em ocasiões anteriores –, retirou coortes de algumas guarnições e lá chegou. 3. Tendo constatado o revés e verificado que Pompeu havia rompido as linhas defensivas e construía acampamento ao longo do mar para poder livremente se abastecer de forragem e ter também acesso aos navios, mudou de tática por não ter realizado seu objetivo e ordenou a construção de um campo fortificado próximo de Pompeu.

[66] 1. Terminado esse trabalho, patrulhas de César notaram que algumas coortes, que davam a impressão de ser mais ou menos uma legião, se encontravam atrás de um bosque e se encaminhavam a um

et in uetera castra duci. 2. Castrorum hic situs erat. Superioribus diebus nona Caesaris legio, cum se obiecisset Pompeianis copiis atque opere, ut demonstrauimus, circummuniret, castra eo loco posuit. 3. Haec siluam quandam contingebant neque longius a mari passibus CCC aberant. 4. Post, mutato consilio quibusdam de causis, Caesar paulo ultra eum locum castra transtulit, paucisque intermissis diebus eadem haec Pompeius occupauerat et, quod eo loco plures erat legiones habiturus, relicto interiore uallo maiorem adiecerat munitionem. 5. Ita minora castra inclusa maioribus castelli atque arcis locum obtinebant. 6. Item ab angulo catrorum sinistro munitionem ad flumen perduxerat circiter passus CCCC, quo liberius ac sine periculo milites aquarentur. 7. Sed is quoque, mutato consilio quibusdam de causis, quas commemorari necesse non est, eo loco excesserat. Ita complures dies manserant castra; munitiones quidem omnes integrae erant.

[67] 1. Eo signa legionis illata speculatores Caesari renuntiarunt. Hoc idem uisum ex superioribus quibusdam castellis confirmauerunt. Is locus aberat a nouis Pompei castris circiter passus quingentos. 2. Hanc legionem sperans Caesar se opprimere posse et cupiens eius diei detrimentum sarcire, reliquit in opere cohortes duas, quae speciem munitionis praeberent; 3. Ipse, diuerso itinere, quam potuit occultissime, reliquas cohortes, numero XXXIII, in quibus erat legio nona multis amissis centurionibus deminutoque militum numero, ad legionem Pompei castraque minora duplici acie eduxit. 4. Neque eum prima opinio fefellit. Nam et peruenit prius, quam Pompeius sentire posset, et tametsi erant munitiones castrorum magnae, tamen sinistro cornu, ubi erat ipse, celeriter aggressus Pompeianos ex uallo deturbauit. 5. Erat obiectus portis ericius. Hic paulisper est pugnatum, cum irrumpere nostri conarentur, illi castra defenderent, fortissime Tito Puleione, cuius opera proditum exercitum C. Antoni demonstrauimus, eo loco propugnante. 6. Sed tamen nostri uirtute uicerunt excisoque ericio primo in maiora castra, post etiam in castellum, quod erat

---

174 O ouriço (em latim, *ericius*) era uma trave dotada de pontas de ferro, colocada nas portas dos acampamentos para dificultar a entrada ao inimigo.

175 O episódio estaria registado numa das lacunas ocorridas no texto.

antigo acampamento. 2. A situação do acampamento era a seguinte: em dias anteriores, a nona legião de César, que, conforme relatamos, se opusera às tropas de Pompeu e trabalhava para cercá-las, montara acampamento nesse lugar. 3. Ficava ele rente a uma mata e não distava do mar mais que trezentos passos. 4. Posteriormente, César, tendo mudado de ideia por certos motivos, transferiu o acampamento um pouco além daquele lugar, e, passados uns poucos dias, Pompeu ocupara-o; como era sua intenção manter lá numerosas legiões, acrescentara uma trincheira mais extensa, sem tocar na linha fortificada interior. 5. Assim, o acampamento menor, dentro de um mais extenso, funcionava como fortim e cidadela. 6. Igualmente, do canto esquerdo do acampamento ele estendera a linha de defesa até o rio, por aproximadamente quatrocentos passos, para que seus soldados pudessem abastecer-se de água com mais liberdade e sem risco. 7. No entanto, ele também, por razões que não vêm ao caso lembrar, se afastara de lá. Assim permaneceu o acampamento por vários dias, mas todo seu sistema de defesa estava intacto.

[67] 1. As patrulhas informam César de que estandartes de uma legião tinham sido levados para lá. De alguns fortins situados em posições elevadas houve confirmação sobre esse mesmo movimento. Esse lugar distava do novo acampamento de Pompeu aproximadamente quinhentos passos. 2. César, contando com a possibilidade de liquidar essa legião e ansiando por se desforrar do revés daquele dia, deixa trabalhando duas coortes, para dar a impressão de que as obras prosseguiam; 3. ele, pessoalmente, por um desvio e no maior segredo possível, retira as demais coortes, em número de 33, entre as quais estava a nona legião, que havia perdido muitos de seus centuriões e estava com os efetivos reduzidos, e marcha em duas linhas contra a legião e o acampamento menor de Pompeu. 4. E sua ideia inicial não o decepcionou. Realmente, chegou antes que Pompeu pudesse perceber e, embora o sistema de defesa do acampamento fosse poderoso, ainda assim, forçando pela ala esquerda, onde ele próprio se encontrava, desalojou os pompeianos da trincheira. 5. Em frente às portas tinha sido colocado um ouriço.[174] Por algum tempo aí se combateu, tentando os nossos irromper pelo acampamento e os adversários a defendê-lo, portando-se aí com singular bravura Tito Puleião, por cuja traição, como vimos, foi entregue o exército de Caio Antônio.[175] 6. Mas os nossos venceram graças a seu valor e,

inclusum maioribus castris, irruperunt, quod eo pulsa legio sese receperat, et nonnullos ibi repugnantes interfecerunt.

[68] 1. Sed fortuna, quae plurimum potest cum in reliquis rebus tum praecipue in bello, paruis momentis magnas rerum commutationes efficit; ut tum accidit. 2. Munitionem, quam pertinere a castris ad flumen supra demonstrauimus, dextri Caesaris cornu cohortes ignorantia loci sunt secutae, cum portam quaererent castrorumque eam munitionem esse arbitrarentur. 3. Quod cum esset animaduersum coniunctam esse flumini, prorutis munitionibus defendente nullo transcenderunt, omnisque noster equitatus eas cohortes est secutus.

[69] 1. Interim Pompeius hac satis longa interiecta mora et re nuntiata V legiones ab opere deductas subsidio suis duxit; eodemque tempore equitatus eius nostris equitibus appropinquabat, et acies instructa a nostris, qui castra occupauerant, cernebatur, omniaque sunt subito mutata. 2. Pompeiana legio celeris spe subsidii confirmata ab decumana porta resistere conabatur atque ultro in nostros impetum faciebat. Equitatus Caesaris, quod angusto itinere per aggeres ascendebat, receptui suo timens initium fugae faciebat. 3. Dextrum cornu, quod erat a sinistro seclusum, terrore equitum animaduerso, ne intra munitionem opprimeretur, ea parte, quam proruerat, sese recipiebat, ac plerique ex his, ne in angustias inciderent, de X pedum munitione se in fossas praecipitabant, primisque oppressis reliqui per horum corpora salutem sibi atque exitum pariebant. 4. Sinistro cornu milites, cum ex uallo Pompeium adesse et suos fugere cernerent, ueriti ne angustiis intercluderentur, cum extra et intus hostem haberent, eodem quo uenerant receptu sibi consulebant, omniaque erant tumultus, timoris, fugae plena, adeo ut, cum Caesar signa fugientium manu prenderet et consistere iuberet, alii admissis equis eundem

---

176 Os acampamentos romanos, em forma de quadrado ou retângulo, eram geralmente dotados de quatro passagens (*portae*); além das duas laterais, a porta decumana, por onde o exército devia marchar contra o inimigo, era a mais importante; no lado oposto ficava a porta pretória.

177 Essa atitude de general que, em plena derrocada do seu exército, se põe corajosamente em meio aos próprios soldados, chamando-os à ordem e à resistência, dá bem a medida do que César entende por comandar um exército. Quando, daqui a alguns capítulos, o leitor se inteirar da conduta de Pompeu, que em Farsália abandona prematuramente o campo de batalha, refugia-se hipocritamente no acampamento e foge depois em desabalada carreira, a comparação e o contraste definirão inevitavelmente a quem se reservar a admiração e o respeito.

abatido o ouriço, irromperam primeiramente no acampamento maior, depois também no fortim, engastado no acampamento maior, pois lá se refugiara a legião posta em fuga; eles mataram alguns inimigos que aí tentavam resistir.

[68] 1. Mas a Fortuna, que tanto pode em todos os setores, mas particularmente na guerra, provoca em poucos instantes grandes alterações nas coisas; exatamente como aconteceu então. 2. As coortes do lado direito de César, que desconheciam o terreno, seguiram ao longo da linha fortificada que, como vimos, se estendia do acampamento até o rio, à procura de uma porta, pensando que a fortificação fizesse parte do acampamento. 3. Quando se deram conta de que ela fazia junção com o rio, puseram-na abaixo e, não encontrando resistência, foram em frente, seguidos por toda a cavalaria.

[69] 1. Enquanto isso, Pompeu, informado da situação após um espaço de tempo bastante longo, retira cinco legiões empenhadas nas obras e as conduz em reforço aos seus; simultaneamente a cavalaria dele se acercava dos nossos cavaleiros, e os nossos soldados que haviam ocupado o acampamento já podiam avistar o exército em formação de combate. De uma hora para outra a mudança foi total. 2. A legião de Pompeu, reanimada com a esperança de pronta ajuda, porfiava em resistir pelos lados da porta decumana[176] e até já investia contra os nossos. A cavalaria de César, que escalava a trincheira por uma passagem estreita, temendo pela sua retirada, se pôs a fugir. 3. O flanco direito, sem contato com o flanco esquerdo, percebeu o pânico da cavalaria è, para não ser esmagado no interior do campo fortificado, batia em retirada pela parte derrubada da fortificação; a maioria deles, para evitar queda na passagem estreita, atirava-se da muralha nos fossos, de uma altura de dez pés: os primeiros eram esmagados e os outros logravam a vida e a passagem passando por cima dos corpos dos companheiros. 4. Os soldados do flanco esquerdo, vendo do alto da trincheira a aproximação de Pompeu e a fuga dos companheiros, com receio de se enredarem na passagem estreita, tendo os inimigos por dentro e por fora, optaram fugir por onde tinham vindo. E tudo nada mais era que confusão, pânico, debandada, a tal ponto que, embora César apanhasse com sua mão os estandartes dos fugitivos e lhes desse ordem de parar[177], uns abandonavam seus cavalos e continuavam a fugir; outros, de medo,

cursum confugerent, alii metu etiam signa dimitterent, neque quisquam omnino consisteret.

[70] 1. His tantis malis haec subsidia succurrebant, quo minus omnis deleretur exercitus, quod Pompeius insidias timens, credo, quod haec praeter spem acciderant eius qui paulo ante ex castris fugientes suos conspexerat, munitionibus appropinquare aliquamdiu non audebat, equitesque eius angustiis atque his ab Caesaris militibus occupatis, ad insequendum tardabantur. 2. Ita paruae res magnum in utramque partem momentum habuerunt. Munitiones enim a castris ad flumen perductae, expugnatis iam castris Pompei, prope iam expeditam Caesaris uictoriam interpellauerunt, eadem res celeritate insequentium tardata nostris salutem attulit.

[71] 1. Duobus his unius diei proeliis Caesar desiderauit milites DCCCCLX et notos equites Romanos Tuticanum Gallum, senatoris filium, C. Fleginatem Placentia, A. Granium Puteolis, M. Sacratiuirum Capua, tribunos militum V et centuriones XXXII; 2. sed horum omnium pars magna in fossis munitionibusque et fluminis ripis oppressa suorum in terrore ac fuga sine ullo uulnere interiit; signaque sunt militaria amissa XXXII. 3. Pompeius eo proelio imperator est appellatus. Hoc nomen obtinuit atque ita se postea salutari passus, sed neque in litteris praescribere est solitus, neque in fascibus insignia laureae praetulit. 4. At Labienus, cum ab eo impetrauisset ut sibi captiuos tradi iuberet, omnis productos ostentationis, ut uidebatur, causa, quo maior perfugae fides haberetur, commilitones appellans et magna uerborum contumelia interrogans solerentne ueterani milites fugere, in omnium conspectu interfecit.

[72] 1. His rebus tantum fiduciae ac spiritus Pompeianis accessit, ut non de ratione belli cogitarent, sed uicisse iam sibi uiderentur. 2. Non illi paucitatem nostrorum militum, non iniquitatem loci atque angustias praeoccupatis castris et ancipitem terrorem intra extraque munitiones, non abscisum in duas partes

---

178 Essa aclamação dos soldados (*Imperator!*), embora infeliz e descabida, por se tratar, no caso, de vitória sobre concidadãos, merece de César menos reparos do que a dubiedade do general que se compraz com o título na caserna, mas (seria por fraqueza ou covardia?) não se serve dele nos seus documentos.

179 À figura de Labieno, militar competente, legado infatigável e onipresente na campanha da Gália, se sobrepõe agora a imagem execrável do desertor falastrão e cruel na triste obrigação de demonstrar serviços aos novos patrões.

chegavam até a se desfazer de seus estandartes. Não houve um ao menos que guardasse posição.

[70] 1. Em meio a tão grande desgraça, algumas circunstâncias nos vieram em socorro para que o exército não fosse totalmente aniquilado; é que Pompeu, a meu ver, temeu por alguma cilada, pois os acontecimentos iam além das expectativas de quem havia pouco vira seus soldados fugindo do próprio acampamento; ele não teve coragem de se aproximar das fortificações e a perseguição da cavalaria sofreu atraso em razão da passagem estreita, de resto ocupada pelos soldados de César. 2. Dessa forma, coisas miúdas foram de importância considerável para ambas as partes. Com efeito, o fato de as fortificações se estenderem do acampamento ao rio interrompeu uma vitória quase certa de César, quando o acampamento de Pompeu estava praticamente tomado; essas mesmas fortificações, retardando a perseguição dos pompeianos, salvaram nosso exército.

[71] 1. Nessas duas batalhas de um mesmo dia, César perdeu 960 soldados, os renomados cavaleiros Tuticano Galo, filho de senador, Caio Fleginate, de Placência, Antônio Grânio, de Putéolo, Marcos Sacratíviro, de Cápua, cinco tribunos militares e 32 centuriões; 2. mas a maioria veio a falecer nos fossos e fortificações e nas margens dos rios, sem ferimento algum, esmagados pelos próprios camaradas, em meio ao pânico e à fuga; perderam-se 32 estandartes militares. 3. Nessa batalha Pompeu foi aclamado *imperator*[178] e a partir de então permitiu que assim o saudassem, mas de ordinário não se serviu desse título em carta nem ostentou nos feixes a coroa de louro. 4. Labieno, porém, tendo conseguido de Pompeu que lhe fossem entregues os prisioneiros, fê-los desfilar perante a tropa, no intuito, ao que parece, de dar demonstração de si e granjear maior credibilidade para sua deserção; chamando-os camaradas e perguntando-lhes, com ultrajes de toda ordem, se era costume dos soldados veteranos fugir, matou-os à vista de todos.[179]

[72] 1. Esses acontecimentos infundiram nos pompeianos tamanha confiança e empáfia que já não pensavam em planos de guerra, mas já se consideravam vencedores. 2. O pequeno número dos nossos soldados, a posição desfavorável, a dificuldade de acesso ao acampamento ocupado pelo inimigo, o temor duplo, fora e

exercitum, cum altera alteri auxilium ferre non posset, causae fuisse cogitabant. 3. Non ad haec addebant non ex concursu acri facto, non proelio dimicatum, sibique ipsos multitudine atque angustiis maius attulisse detrimentum, quam ab hoste accepissent. 4. Non denique communis belli casus recordabantur, quam paruulae saepe causae uel falsae suspicionis uel terroris repentini uel obiectae religionis magna detrimenta intulissent, quotiens uel ducis uitio uel culpa tribuni in exercitu esset offensum; sed, proinde ac si uirtute uicissent, neque ulla commutatio rerum posset accidere, per orbem terrarum fama ac litteris uictoriam eius diei concelebrabant.

[73] 1. Caesar a superioribus consiliis depulsus omnem sibi commutandam belli rationem existimauit. 2. Itaque, uno tempore praesidiis omnibus deductis et oppugnatione dimissa coactoque in unum locum exercitu, contionem apud milites habuit hortatusque est ne ea quae accidissent grauiter ferrent neue his rebus terrerentur multisque secundis proeliis unum aduersum et id mediocre opponerent. 3. Habendam Fortunae gratiam, quod Italiam sine aliquo uulnere cepissent, quod duas Hispanias bellicosissimorum hominum peritissimis atque exercitatissimis ducibus pacauissent, quod finitimas frumentariasque prouincias in potestatem redegissent; denique recordari debere, qua felicitate inter medias hostium classes oppletis non solum portibus, sed etiam litoribus omnes incolumes essent transportati. 4. Si non omnia caderent secunda, Fortunam esse industria subleuandam. Quod esset acceptum detrimenti, cuiusuis potius quam suae culpae debere tribui. 5. Locum se aequum ad dimicandum dedisse, potitum se esse hostium castris, expulisse ac superasse pugnantes. Sed siue ipsorum perturbatio siue error aliquis siue etiam Fortuna partam iam praesentemque uictoriam interpellauisset, dandam omnibus operam ut acceptum incommodum uirtute sarciretur. 6. Quod si esset factum, futurum

---

180 César rende homenagem às qualidades militares de dois legados de Pompeu na Hispânia, Afrânio e Petreio, este último, experiente cabo de guerra, um quase militar de carreira, que já em 62 pusera fim, nos campos da Toscana, aos ideais de Catilina, revolucionário que durante o consulado de Cícero tentou tomar o poder.

dentro das fortificações, a cisão do exército em duas partes, não tendo uma condições de socorrer a outra – não lhes passava pela cabeça que essas tinham sido as causas. 3. Nem, inclusive, lhes ocorria o fato de que não tinha havido enfrentamento sério nem confronto direto e que os nossos, em razão do seu número e do afunilamento da passagem, tinham causado a si próprios mais perdas do que as proporcionadas pelo inimigo. 4. Enfim, esqueciam-se dos imprevistos corriqueiros nas guerras: como amiúde motivos insignificantes – uma suspeita equivocada, um pânico repentino, um óbice religioso – acarretaram grandes desastres; quantas vezes, por falha do comandante ou de um tribuno, o exército passou por dificuldades. Eles, no entanto, como se a vitória tivesse sido fruto de seu próprio valor e como se fosse impossível ocorrer qualquer reviravolta na situação, proclamavam aos quatro ventos, de viva voz ou em carta, a vitória daquele dia.

[73] 1. César, forçado a renunciar a seus planos anteriores, chegou à conclusão de que devia mudar toda sua estratégia. 2. Em vista disso, procedeu à retirada, a um só tempo, de todas as guarnições, desistindo do bloqueio, e tendo concentrado o exército em um único lugar, dirigiu-se aos soldados. Exortou-os a não se afligirem com o acontecido, a não se alarmarem com aqueles fatos e a confrontarem as inúmeras batalhas bem-sucedidas com um único revés, aliás de pequena monta. 3. Deviam render graças à Fortuna, porque tinham conquistado a Itália sem baixas, porque haviam pacificado as duas Hispânias, cuja população belicosíssima era comandada por generais de grande capacidade e experiência[180], e porque possuíam sob seu controle as províncias vizinhas, ricas em trigo. Por fim, deviam recordar-se do grande êxito de terem todos feito, incólumes, a travessia, por entre as frotas inimigas que atulhavam não só os portos como a costa. 4. Se nem tudo ocorria favoravelmente, deviam com o esforço pessoal prestar ajuda à Fortuna. Quanto ao revés sofrido, podiam atribuir a culpa a qualquer outro, menos a ele. 5. Havia proporcionado uma posição vantajosa para o combate, tinha-se apoderado do acampamento inimigo, expulsado e vencido o adversário. No entanto, se o descontrole deles próprios, ou algum mal-entendido ou mesmo a Fortuna interrompera uma vitória já ganha e certa, todos tinham de empenhar-se em reparar o insucesso, dando prova de valor. 6. Se assim o fizessem, o prejuízo resultaria em lucro, como

ut detrimentum in bonum uerteret, uti ad Gergouiam accidisset, atque ei, qui ante dimicare timuissent, ultro se proelio offerrent.

[74] 1. Hac habita contione, nonnullos signiferos ignominia notauit ac loco mouit. 2. Exercitui quidem omni tantus incessit ex incommodo dolor tantumque studium infamiae sarciendae, ut nemo aut tribuni aut centurionis imperium desideraret, et sibi quisque etiam poenae loco grauiores imponeret labores, simulque omnes arderent cupiditate pugnandi, cum superioris etiam ordinis nonnulli ratione permoti manendum eo loco et rem proelio committendam existimarent. 3. Contra ea Caesar neque satis militibus perterritis confidebat spatiumque interponendum ad recreandos animos putabat, et relictis munitionibus magnopere rei frumentariae timebat.

[75] 1. Itaque, nulla interposita mora, sauciorum modo et aegrorum habita ratione, impedimenta omnia silentio prima nocte ex castris Apolloniam praemisit, ac conquiescere ante iter confectum uetuit. His una legio missa praesidio est. 2. His explicitis rebus, duas in castris legiones retinuit, reliquas de quarta uigilia compluribus portis eductas eodem itinere praemisit paruoque spatio intermisso, ut et militare institutum seruaretur et quam suetissima eius profectio cognosceretur, conclamari iussit statimque egressus et nouissimum agmen consecutus celeriter ex conspectu castrorum discessit. 3. Neque uero Pompeius, cognito consilio eius, moram ullam ad insequendum intulit; sed eodem spectans, si itinere impeditos perterritos deprehendere posset, exercitum e castris eduxit equitatumque praemisit ad nouissimum agmen demorandum, neque consequi potuit, quod multum expedito itinere antecesserat Caesar. 4. Sed cum uentum esset ad flumen Genusum, quod ripis erat impeditis, consecutus equitatus nouissimos proelio detinebat. 5. Huic suos Caesar equites opposuit expeditosque antesignanos admiscuit CCCC; qui tantum profecerunt, ut equestri proelio commisso pellerent omnes compluresque interficerent ipsique incolumes se ad agmen reciperent.

---

181 Cidade da Gália, na Arvérnia, não distante da atual Clermont-Ferrand, que César assediou sem resultado em 52, pouco antes da vitória final em Alésia (*B.G.* 7,36-53).

182 A quarta vigília era a última parte da noite: a partida se processa, portanto, de madrugada.

ocorrera em Gergóvia[181], e os que antes temiam, espontaneamente se apresentariam para a luta.

[74] 1. Após esse discurso, estigmatizou de infâmia alguns porta-estandartes e os destituiu do cargo. 2. Foi tanto o pesar que se apossou da tropa por causa do revés e tão intenso o desejo de reparar a desonra, que ninguém esperava por ordem de tribuno ou centurião, alguns chegavam a se impor, como castigo, trabalhos muito pesados e ao mesmo tempo ardiam do desejo de lutar; alguns oficiais superiores, levados por razões táticas, pensavam até que se devia manter posição e enfrentar a situação com luta. 3. César, ao contrário, não fazia muita fé em soldados aterrados e julgava que devia dar um tempo para refazer-lhes o moral e, com o abandono das linhas fortificadas, temia muito pelo abastecimento.

[75] 1. Por isso, sem tardança alguma, a não ser para atender a feridos e doentes, ao cair da noite, despachou em silêncio do acampamento para Apolônia todo o equipamento e proibiu qualquer parada antes da conclusão do percurso. Para a escolta destacou uma legião. 2. Resolvidos esses assuntos, manteve duas legiões no acampamento e pela quarta vigília[182] pôs à frente pelo mesmo caminho as demais, tendo-as retirado de muitas portas e a pequenos intervalos; para respeitar a praxe militar e suscitar a sensação de que a partida era das mais costumeiras, fez soar o toque de reunir e, saindo incontinenti, alcançou a retaguarda e rapidamente perdeu de vista o acampamento. 3. Mas Pompeu, tendo percebido a manobra de César, de pronto pôs-se-lhe no encalço e com vistas a poder, pelo mesmo caminho, surpreender o inimigo embaraçado pela marcha e amedrontado, retirou do acampamento o exército e pôs à frente a cavalaria para retardar a retaguarda inimiga. Não conseguiu, porém, atingi-la porque César, em marcha livre de bagagens, tinha levado grande vantagem. 4. Mas, quando se chegou ao rio Genuso, cujas ribanceiras são de difícil acesso, a nossa retaguarda foi alcançada pela cavalaria inimiga, que a detinha com suas investidas. 5. César enfrentou-a com seus cavaleiros aos quais associou quatrocentos soldados de elite, levemente armados; tiveram os nossos tanto êxito que, ferida a batalha equestre, a todos rechaçaram, massacraram um bom número e retornaram a suas fileiras sem baixas.

[76] 1. Confecto iusto itinere eius diei, quod proposuerat Caesar, traductoque exercitu flumen Genusum, ueteribus suis in castris contra Asparagium consedit militesque omnes intra uallum castrorum continuit equitatumque per causam pabulandi emissum confestim decumana porta in castra se recipere iussit. 2. Simili ratione Pompeius, confecto eius diei itinere, in suis ueteribus castris ad Asparagium consedit. 3. Eius milites, quod ab opere integris munitionibus uacabant, alii lignandi pabulandique causa longius progrediebantur, alii, quod subito consilium profectionis ceperant magna parte impedimentorum et sarcinarum relicta, ad haec repetenda inuitati propinquitate superiorum castrorum, depositis in contubernio armis, uallum relinquebant. 4. Quibus ad sequendum impeditis, Caesar quod fore prouiderat, meridiano fere tempore signo profectionis dato exercitum educit duplicatoque eius diei itinere VIII milia passuum ex eo loco procedit; quod facere Pompeius discessu militum non potuit.

[77] 1. Postero die Caesar similiter praemissis prima nocte impedimentis de quarta uigilia ipse egreditur, ut, si qua esset imposita dimicandi necessitas, subitum casum expedito exercitu subiret. Hoc idem reliquis fecit diebus. 2. Quibus rebus perfectum est ut altissimis fluminibus atque impeditissimis itineribus nullum acciperet incommodum. 3. Pompeius enim, primi diei mora illata et reliquorum dierum frustra labore suscepto, cum se magnis itineribus extenderet et praegressos consequi cuperet, quarto die finem sequendi fecit atque aliud sibi consilium capiendum existimauit.

[78] 1. Caesari ad saucios deponendos, stipendium exercitui dandum, socios confirmandos, praesidium urbibus relinquendum necesse erat adire Apolloniam. 2. Sed his rebus tantum temporis tribuit quantum erat properanti necesse; timens Domitio, ne aduentu Pompei praeoccuparetur, ad eum omni celeritate et studio incitatus ferebatur. 3. Totius autem rei consilium his

---

183 O equivalente a doze quilômetros.

[76] 1. Terminada a marcha regular daquele dia de acordo com as previsões de César e tendo o exército passado o rio Genuso, ele se estabelece em seu antigo acampamento, defronte de Asparágio, mantém toda a infantaria no interior do acampamento, e à cavalaria, que tinha saído em busca de forragem, dá ordem para se recolher imediatamente ao acampamento pela porta decumana. 2. Pompeu, por sua vez, ao término da marcha daquele dia, se estabelece em seu antigo acampamento nas imediações de Asparágio. 3. Alguns de seus soldados, por estarem dispensados de executar obras, já que as fortificações estavam intactas, se distanciavam um pouco mais longe para se abastecer de lenha ou forragem; outros, em razão da decisão inesperada de partir, haviam abandonado grande parte das bagagens e das mochilas e, tentados a recuperá-las pela proximidade com o acampamento anterior, deixavam o acampamento, largando as armas no alojamento. 4. Como os pompeianos estavam impossibilitados de perseguir César, conforme ele próprio previra, dá, pelo meio-dia, o sinal de partida, tira o exército do acampamento e, duplicando a marcha ordinária, avança oito mil passos[183] daquela posição; o mesmo não pôde fazer Pompeu pela dispersão dos seus soldados.

[77] 1. No dia seguinte, César, tendo, ao cair da noite, despachado à frente as bagagens como da vez anterior, parte ele próprio pela quarta vigília, para, no caso de ser forçado a combater, ter condições de suportar com tropa ligeira um ataque inesperado. Adotou o mesmo critério nos dias seguintes. 2. Com isso conseguiu, apesar da grande profundidade dos rios e dos caminhos extremamente difíceis, evitar qualquer insucesso. 3. Com efeito, Pompeu, depois do atraso forçado do primeiro dia e dos esforços baldados dos dias seguintes, quando se desdobrou em marchas forçadas e ansiou por alcançar os que lhe tomavam a dianteira, pôs termo à perseguição no quarto dia e concluiu que devia formular um outro plano.

[78] 1. Para pôr a salvo os feridos, pagar o soldo aos soldados, encorajar os aliados, deixar guarnições nas cidades, César tinha de ir à Apolônia. 2. Mas a esses assuntos dedicou o tempo necessário de quem tem de se apressar; apreensivo com relação a Domício, temia que Pompeu pudesse chegar antes e, estimulado por essa preocupação, abalava para junto dele a toda velocidade. 3. O plano de toda a campanha se desenvolvia na base do seguinte raciocínio: se Pompeu

rationibus explicabat, ut, si Pompeius eodem contenderet, abductum illum a mari atque ab iis copiis quas Dyrrachii comparauerat, frumento ac commeatu abstractum, pari condicione belli secum decertare cogeret; si in Italiam transiret, coniuncto exercitu cum Domitio per Illyricum Italiae subsidio proficisceretur; si Apolloniam Oricumque oppugnare et se omni marituma ora excludere conaretur, obsesso Scipione necessario illum suis auxilium ferre cogeret. 4. Itaque praemissis nuntiis ad Cn. Domitium Caesar scripsit et quid fieri uellet ostendit, praesidioque Apolloniae cohortium IIII, Lissi I, III Orici relictis, quique erant ex uulneribus aegri depositis, per Epirum atque Athamaniam iter facere coepit. 5. Pompeius quoque de Caesaris consilio coniectura iudicans ad Scipionem properandum sibi existimabat; si Caesar iter illo haberet, ut subsidium Scipioni ferret; si ab ora marituma Oricoque discedere nollet, quod legiones equitatumque ex Italia exspectaret, ipse ut omnibus copiis Domitium aggrederetur.

[79] 1. His de causis uterque eorum celeritati studebat, et suis ut esset auxilio, et ad opprimendos aduersarios ne occasioni temporis deesset. 2. Sed Caesarem Apollonia a directo itinere auerterat; Pompeius per Candauiam iter in Macedoniam expeditum habebat. 3. Accessit etiam ex improuiso aliud incommodum, quod Domitius, cum dies complures castris Scipionis castra collata habuisset, rei frumentariae causa ab eo discesserat et Heracliam iter fecerat, ut ipsa Fortuna illum obicere Pompeio uideretur. 4. Haec ad id tempus Caesar ignorabat. Simul a Pompeio litteris per omnes prouincias ciuitatesque dimissis proelio ad Dyrrachium facto, latius inflatiusque multo quam res erat gesta, fama percrebuerat pulsum fugere Caesarem paene omnibus copiis amissis. Haec itinera infesta reddiderat, haec ciuitates nonnullas ab eius amicitia auertebat. 5. Quibus accidit rebus, ut pluribus dimissi itineribus a Caesare ad Domitium et a Domitio ad Caesarem nulla ratione iter conficere possent. 6. Sed Allobroges, Raucilli atque Aeci familiares, quos perfugisse ad Pompeium demonstrauimus, conspicati in itinere exploratores Domiti, seu pristina sua consuetudine, quod una in Gallia bella gesserant, seu gloria

---

184 A *Via Egnatia*, que passava pela cidade de Candávia, no Ilírico, e atravessava grande parte da Macedônia, foi o caminho escolhido por Pompeu para fazer sua junção com Cipião.

185 Trata-se de Heracleia Lincéstis, cidade da Macedônia.

186 Mais uma vez César demonstra ter clara percepção da importância da divulgação dos boatos e das notícias no desenrolar de uma guerra.

tomasse a mesma direção, teria de se afastar do mar e das provisões que armazenara em Dirráquio, privar-se de trigo e suprimentos e seria obrigado a se bater com ele com armas iguais; se passasse à Itália, César, reunindo seu exército ao de Domício, partiria pelo Ilírico para socorrer a Itália; se procurasse assediar Apolônia e Órico e barrar-lhe o acesso à costa, César faria um cerco a Cipião, obrigando-o a socorrer os companheiros. 4. Por isso, César enviou antes emissários com carta a Cneu Domício explicando o que pretendia fazer e, tendo deixado em Apolônia uma guarnição de quatro coortes, em Lisso uma, em Órico três e os feridos ainda não recuperados, pôs-se em marcha pelo Epiro e pela Atamânia. 5. Pompeu também, fazendo suposições sobre o plano de César, pensava que devia apressar para juntar-se a Cipião; se César caminhasse nesse sentido, ele iria socorrer Cipião; se não pretendesse afastar-se da orla marítima e de Órico porque aguardava legiões e cavalaria da Itália, ele próprio atacaria Domício com todas as suas forças.

[79] 1. Por essas razões, ambos estavam atentos à rapidez das manobras, seja para socorrer os seus, seja para não deixar passar a ocasião de esmagar o adversário. 2. Mas a passagem por Apolônia desviara César do caminho mais curto; Pompeu por Candávia[184] tinha um trajeto mais rápido para a Macedônia. 3. A esse se juntou inesperadamente um outro contratempo, pois, tendo Domício, por um bom número de dias, montado acampamento em frente ao de Cipião, dele se afastara para se abastecer de trigo e dirigir-se a Heracleia[185], de modo que a própria Fortuna parecia colocá-lo no caminho de Pompeu. 4. César até então ignorava essa situação. Paralelamente, Pompeu despachava para todas as províncias e cidades cartas sobre a batalha de Dirráquio, nas quais aumentava e exagerava a realidade dos fatos, e espalharam-se boatos de que César, batido, estava em fuga com perda quase total de seu exército. Foram esses boatos que tornaram inseguras as marchas, que afastaram algumas cidades da amizade de César. 5. Disso resultou que agentes enviados em diversas direções de César a Domício e de Domício a César de modo algum puderam completar sua viagem.[186] 6. No entanto, alguns alóbrogos, amigos de Rouncilo e Eco que, como vimos, haviam bandeado para o lado de Pompeu, ao depararem na estrada com as patrulhas de Domício, ou em razão da antiga camaradagem – pois tinham feito juntos a campanha da Gália – ou inflados de vaidade, contaram como tudo se

elati, cuncta, ut erant acta, exposuerunt et Caesaris profectionem, aduentum Pompei docuerunt. 7. A quibus Domitius certior factus uix IIII horarum spatio antecedens hostium beneficio periculum uitauit et ad Aeginium, quod est oppidum obiectum oppositumque Thessaliae, Caesari uenienti occurrit.

[80] 1. Coniuncto exercitu, Caesar Gomphos peruenit, quod est oppidum primum Thessaliae uenientibus ab Epiro; quae gens paucis ante mensibus ultro ad Caesarem legatos miserat, ut suis omnibus facultatibus uteretur, praesidiumque ab eo militum petierat. 2. Sed eo fama iam praecurrerat, quam supra docuimus, de proelio Dyrrachino, quod multis auxerat partibus. 3. Itaque Androsthenes, praetor Thessaliae, cum se uictoriae Pompei comitem esse mallet quam socium Caesaris in rebus aduersis, omnem ex agris multitudinem seruorum ac liberorum in oppidum cogit portasque praecludit et ad Scipionem Pompeiumque nuntios mittit, ut sibi subsidio ueniant: se confidere munitionibus oppidi, si celeriter succurratur; longinquam oppugnationem sustinere non posse. 4. Scipio, discessu exercituum ab Dyrrachio cognito, Larisam legiones adduxerat; Pompeius nondum Thessaliae appropinquabat. 5. Caesar, castris munitis, scalas musculosque ad repentinam oppugnationem fieri et crates parari iussit. 6. Quibus rebus effectis, cohortatus milites docuit quantum usum haberet ad subleuandam omnium rerum inopiam potiri oppido pleno atque opulento, simul reliquis ciuitatibus huius urbis exemplo inferre terrorem et id fieri celeriter, priusquam auxilia concurrerent. 7. Itaque usus singulari militum studio eodem quo uenerat die post horam nonam oppidum altissimis moenibus oppugnare aggressus ante solis oocasum expugnauit et ad diripiendum militibus concessit statimque ab oppido castra mouit et Metropolim uenit, sic ut nuntios expugnati oppidi famamque antecederet.

[81] 1. Metropolitae, primum eodem usi consilio, isdem permoti rumoribus, portas clauserunt murosque armatis compleuerunt; sed postea casu ciuitatis Gomphensis cognito ex captiuis quos Caesar ad murum producendos

---

187 Egínio era cidade do Epiro.

188 Larissa era a principal cidade da Tessália, onde também estava situada Gonfos.

189 Em Gonfos, a propalada clemência de César cede lugar à repressão e à pilhagem, para servirem de escarmento às cidades recalcitrantes ou tardas em lhe abrir as portas.

passara e deram informações sobre a partida de César e a chegada de Pompeu. 7. Notificado por eles, Domício, que estava à frente de Pompeu apenas quatro horas, safou-se do perigo por favor dos inimigos e foi ao encontro de César prestes a chegar a Egínio[187], cidade em frente da Tessália.

[80] 1. Após a junção dos dois exércitos, César vem a Gonfos, a primeira cidade da Tessália para quem vem do Epiro; seus habitantes, poucos meses antes, tinham tido a iniciativa de enviar emissários a César, pondo-lhe à disposição todos os seus recursos e pedindo-lhe uma guarnição. 2. Mas lá já haviam chegado antes os rumores – de que acima demos conta – sobre a batalha de Dirráquio, com toda sorte de exageros. 3. Então, Andróstenes, pretor da Tessália, preferindo ser parceiro da vitória de Pompeu a compartilhar com César a adversidade, concentrou na cidade uma multidão de escravos e homens livres que estavam no campo, fechou as portas e enviou emissários a Cipião e a Pompeu para que viessem em sua ajuda: confiava nas fortificações da cidade, se o socorro fosse rápido; não podia sustentar um assédio diuturno. 4. Cipião, tendo tido conhecimento de que os exércitos haviam deixado Dirráquio, conduzira suas legiões a Larissa[188]; Pompeu ainda não estava próximo da Tessália. 5. César, depois de fortificar seu acampamento, dá ordens para construir escadas e manteletes em vista de um assalto imediato, e preparar grades de vime. 6. Concluídos esses trabalhos, dirigiu palavras de estímulo aos soldados, esclarecendo que seria de grande utilidade para aliviar a penúria geral deitar mão numa cidade rica e bem abastecida e ao mesmo tempo, mediante o exemplo dessa cidade, incutir pânico nas demais populações e agir rápido, antes que chegassem os socorros. 7. Dessa forma, aproveitando o entusiasmo extraordinário dos soldados, no mesmo dia de sua chegada pôs-se a atacar a cidade de muralhas altíssimas depois da hora nona e antes do pôr do sol a tinha tomado de assalto; entregou-a à pilhagem dos soldados[189], incontinenti levantou acampamento e veio a Metrópolis, a ponto de se antecipar às notícias e o diz que diz que sobre a tomada de Gonfos.

[81] 1. Os habitantes de Metrópolis, que inicialmente haviam tomado decisão idêntica, influenciados pelos mesmos rumores, fecharam as portas e encheram as muralhas de homens armados; mas, depois, informados da sorte da população de Gonfos pelos prisioneiros que

curauerat, portas aperuerunt. 2. Quibus diligentissime conseruatis, collata fortuna Metropolitum cum casu Gomphensium nulla Thessaliae fuit ciuitas praeter Larisaeos, qui magnis exercitibus Scipionis tenebantur, quin Caesari parerent atque imperata facerent. 3. Ille idoneum locum in agris nactus ad frumentorum commeatus, quae prope iam matura frumenta erant, ibi aduentum exspectare Pompei eoque omnem belli rationem conferre constituit.

[82] 1. Pompeius paucis post diebus in Thessaliam peruenit contionatusque apud cunctum exercitum suis agit gratias, Scipionis milites cohortatur, ut parta iam uictoria praedae ac praemiorum uelint esse participes, receptisque omnibus in una castra legionibus suum cum Scipione honorem partitur classicumque apud eum cani et alterum illi iubet praetorium tendi. 2. Auctis copiis Pompei duobusque magnis exercitibus coniunctis, pristina omnium confirmatur opinio, et spes uictoriae augetur, adeo ut quicquid intercederet temporis id morari reditum in Italiam uideretur, et si quando quid Pompeius tardius aut consideratius faceret, unius esse negotium diei, sed illum delectari imperio et consulares praetoriosque seruorum habere numero dicerent. 3. Iamque inter se palam de praemiis ac de sacerdotiis contendebant in annosque consulatum definiebant, alii domos bonaque eorum qui in castris erant Caesaris, petebant; 4. magnaque inter eos in consilio fuit controuersia, oporteretne Lucili Hirri, quod is a Pompeio ad Parthos missus esset, proximis comitiis praetoriis absentis rationem haberi, cum eius necessarii fidem implorarent Pompei, praestaret, quod proficiscenti recepisset, ne per eius auctoritatem deceptus uideretur, reliqui in labore pari ac periculo ne unus omnes antecederet recusarent.

[83] 1. Iam de sacerdotio Caesaris Domitius, Scipio Spintherque Lentulus cotidianis contentionibus ad grauissimas uerborum contumelias palam descenderunt, cum Lentulus aetatis honorem ostentaret, Domitius urbanam

---

190 Trata-se da planície de Farsália onde se daria a grande batalha.
191 Não deixa de ser irônico esse detalhe da candidatura de Lucílio Hirro. A exigência de César, que se dizia protegido por decisão plebiscitária, de se candidatar ausente de Roma sofrera severa oposição do Senado e se constituíra num dos motivos do conflito; agora, parte desse mesmo Senado abria a possibilidade de conceder um privilégio a Hirro que ia contra dispositivo expresso da reforma eleitoral de Pompeu de 52.

César cuidara de apresentar-lhes junto às muralhas, abriram as portas. 2. Foram poupados com o maior desvelo, e a comparação da sorte dos metropolitanos com a desventura dos gonfenses fez com que nenhuma cidade da Tessália deixasse de obedecer a César e cumprir suas ordens, a não ser Larissa, ocupada pelas numerosas forças de Cipião. 3. Tendo escolhido na planície[190] um lugar adequado para o abastecimento de trigo já prestes a madurar, César decidiu aguardar nesse local a chegada de Pompeu e concentrar aí o plano de ação de todas as operações bélicas.

[82] 1. Poucos dias depois, chega Pompeu à Tessália e, tendo feito discurso a todo o exército, agradece aos seus comandados e convida os soldados de Cipião a que se preparem para participar dos despojos e das recompensas, uma vez que a vitória já estava ganha; 2. reúne todas as tropas em um único acampamento, reparte com Cipião as honras do comando, baixa instruções de que junto dele se toque a trombeta e se lhe arme também um segundo pretório. Com o aumento do contingente de Pompeu e a fusão de dois poderosos exércitos, consolida-se a confiança geral e antiga e cresce a esperança de vitória, a tal ponto que qualquer óbice que se interpusesse era visto como atraso na volta à Itália; e se Pompeu às vezes tratava de algum assunto com mais vagar e ponderação, diziam que era caso de se resolver num dia apenas, mas que ele se comprazia com o comando e tinha consulares e pretorianos na conta de seus escravos. 3. E já abertamente entravam em choque por recompensas e sacerdócios e fixavam os cônsules por anos a fio; outros reclamavam as casas e os bens dos que estavam nos acampamentos de César. 4. Grande querela surgiu no conselho de guerra se deveriam levar em consideração nos próximos comícios pretorianos a candidatura de Lucílio Hirro, embora ausente[191], em missão junto aos partos por designação de Pompeu. Enquanto seus amigos apelavam para a lealdade de Pompeu para que cumprisse o compromisso assumido com ele no momento da partida, para que não se visse enganado pela própria autoridade do general, outros eram contra a que, numa situação de sofrimentos e riscos iguais, um passasse à frente de todos.

[83] 1. A respeito do sacerdócio de César, logo Domício, Cipião e Lêntulo Espínter, em discussões diárias, chegaram abertamente a insultos dos mais pesados, alegando Lêntulo a consideração devida à

gratiam dignitatemque iactaret, Scipio affinitate Pompei confideret. 2. Postulauit etiam L. Afranium proditionis exercitus Acutius Rufus apud Pompeium, quod gestum in Hispania diceret. 3. Et L. Domitius in consilio dixit placere sibi bello confecto ternas tabellas dari ad iudicandum iis qui ordinis essent senatorii belloque una cum ipsis interfuissent, sententiasque de singulis ferrent, qui Romae remansissent quique intra praesidia Pompei fuissent neque operam in re militari praestitissent: unam fore tabellam, qui liberandos omni periculo censerent; alteram, qui capitis damnarent; tertiam, qui pecunia multarent. 4. Postremo omnes aut de honoribus suis aut de praemiis pecuniae aut de persequendis inimicitiis agebant, nec quibus rationibus superare possent, sed, quemadmodum uti uictoria deberent, cogitabant.

[84] 1. Re frumentaria praeparata confirmatisque militibus et satis longo spatio temporis a Dyrrachinis proeliis intermisso, quo satis perspectum habere militum animum uideretur, temptandum Caesar existimauit quidnam Pompeius propositi aut uoluntatis ad dimicandum haberet. 2. Itaque exercitum ex castris eduxit aciemque instruxit, primum suis locis pauloque a castris Pompei longius, continentibus uero diebus, ut progrederetur a castris suis collibusque Pompeianis aciem subiceret. Quae res in dies confirmatiorem eius exercitum efficiebat. 3. Superius tamen institutum in equitibus, quod demonstrauimus, seruabat, ut, quoniam numero multis partibus esset inferior, adulescentes atque expeditos ex antesignanis electis ad pernicitatem armis inter equites proeliari iuberet, qui cotidiana consuetudine usum quoque eius generis proeliorum perciperent. 4. His erat rebus effectum ut equitum mille etiam apertioribus locis VII milium Pompeianorum impetum, cum adesset usus, sustinere auderent neque magnopere eorum multitudine terrerentur. 5. Namque etiam per eos dies proelium secundum equestre fecit atque Aecum Allobrogem, ex duobus quos perfugisse ad Pornpeium supra docuimus, cum quibusdam interfecit.

---

192 Os capítulos 82 e 83 apresentam, às vésperas da grande decisão, um quadro trágico sobre a aristocracia governamental do fim da República: corrupta, alienada, autoritária, arrogante. A descrição poderia parecer obra de panfletário obcecado, não houvesse outras fontes contemporâneas, como a Correspondência de Cícero, a confirmar o diagnóstico.

193 A morte de Eco, um dos dois alóbrogos cuja deserção recebeu do narrador um destaque especial, é inserida acidentalmente num encontro banal e narrada casualmente com a aparente indiferença de quem, na verdade, curte uma secreta vingança.

sua idade, alardeando Domício sua influência e prestígio na Cidade, fiando Cipião no parentesco com Pompeu. 2. Lúcio Afrânio foi diante de Pompeu acusado por Acúcio Rufo de ter traído o exército: era o que, segundo suas palavras, tinha sido feito na Hispânia. 3. E Lúcio Domício propôs no conselho que, ao término da guerra, três tabelas de julgamento fossem distribuídas aos membros da ordem senatorial que tivessem com eles participado do conflito, para proferir sentença sobre cada um dos que haviam permanecido em Roma ou ficado nos arraiais de Pompeu sem se engajar nas operações militares: uma seria para inocentar, a segunda para condenar à morte e a terceira para aplicar multas. 4. Em suma, todos estavam ocupados em obter cargos ou compensações financeiras, ou em dar livre curso aos seus ressentimentos pessoais, e não lhes passava pela cabeça com que meios poderiam vencer, mas de que modo teriam de tirar proveito da vitória.[192]

[84] 1. Assegurado o suprimento de trigo, restabelecido o moral da tropa e decorrido dos combates de Dirráquio espaço de tempo suficientemente longo para conhecer a fundo o estado dos soldados, julgou César que devia testar as intenções e as disposições de Pompeu para o combate. 2. Retirou então do acampamento a tropa e a pôs em formação, inicialmente em suas próprias posições e a uma boa distância do acampamento de Pompeu, para nos dias seguintes avançar do seu acampamento e aproximar sua linha de combate das colinas ocupadas por Pompeu. Com essa manobra, ia-se elevando dia a dia o moral da tropa. 3. Mantinha, no entanto, César a tática adotada com relação à cavalaria, como acima indicamos. Como ela era muito inferior em número, dera instruções que soldados jovens e levemente armados, recrutados nos corpos de elite, se exercitassem em meio aos cavaleiros com armamento adequado a operações rápidas, para que com a prática diária adquirissem também experiência nesse tipo de combate. 4. Disso resultou que, em caso de necessidade, mil cavaleiros, mesmo em campo aberto, se atreviam a sustentar o ataque de sete mil pompeianos e não se deixavam sobremaneira amedrontar com o número deles. 5. Com efeito, foi por esses mesmos dias que César registrou um combate vitorioso no qual, entre outros, foi morto Eco[193], um daqueles dois alóbrogos que, como acima registramos, tinham passado para o lado de Pompeu.

BELLUM CIVILE – LIBER TERTIVS

[85] 1. Pompeius, qui castra in colle habebat, ad infimas radices montis aciem instruebat, semper, ut uidebatur, exspectans, si iniquis locis Caesar se subiceret. 2. Caesar nulla ratione ad pugnam elici posse Pompeium existimans hanc sibi commodissimam belli rationem iudicauit, uti castra ex eo loco moueret semperque esset in itineribus, haec spectans, ut mouendis castris pluribusque adeundis locis commodiore re frumentaria uteretur, simulque in itinere ut aliquam occasionem dimicandi nancisceretur et insolitum ad laborem Pompei exercitum cotidianis itineribus defatigaret. 3. His constitutis rebus, signo iam profectionis dato tabernaculisque detensis, animaduersum est paulo ante extra cotidianam consuetudinem longius a uallo esse aciem Pompei progressam, ut non iniquo loco posse dimicari uideretur. 4. Tum Caesar apud suos, cum iam esset agmen in portis: "differendum est" inquit, "iter in praesentia nobis et de proelio cogitandum, sicut semper depoposcimus; animo simus ad dimicandum parati: non facile occasionem postea reperiemus." Confestimque expeditas copias educit.

[86] 1. Pompeius quoque, ut postea cognitum est, suorum omnium hortatu statuerat proelio decertare. Namque etiam in consilio superioribus diebus dixerat, priusquam concurrerent acies, fore uti exercitus Caesaris pelleretur. 2. Id cum essent plerique admirati: "Scio me", inquit, "paene incredibilem rem polliceri; sed rationem consilii mei accipite, quo firmiore animo in proelium prodeatis. 3. Persuasi equitibus nostris (idque mihi facturos confirmauerunt), ut, cum propius sit accessum, dextrum Caesaris cornu ab latere aperto aggrederentur et circumuenta ab tergo acie prius perturbatum exercitum pellerent quam a nobis telum in hostem iaceretur. 4. Ita sine periculo legionum et paene sine uulnere bellum conficiemus. Id autem difficile non est, cum tantum equitatu ualeamus." 5. Simul denuntiauit ut essent animo parati in posterum et, quoniam fieret dimicandi potestas, ut saepe rogitauissent, ne suam neu reliquorum opinionem fallerent.

---

194 Essa é a única vez no *Bellum Ciuile* que César, reportando suas próprias palavras, as cita em discurso direto; pronunciadas num contexto de situação de inevitável emoção, quando se cumpriam seus desejos de enfim enfrentar Pompeu, parece pouco verossímil que elas tenham sido ditas nos termos registrados pelo narrador. O texto é de estudada frieza e contenção, em que o *ego* (= eu), normal num momento de expressão de comando e ordem, é atenuado ou neutralizado por um *nobis* (= nós, complemento), solidário com os soldados; era de se esperar o emprego de formas verbais volitivas e imperativas próprias para mover os ânimos e, no entanto, o que se encontra é um gerundivo (*differendum*) que não implica mais que obrigação. A nosso ver, a função desse discurso é servir de contraposição à fala de Pompeu do capítulo seguinte, da qual ele pretende ser a antítese perfeita, verbal e comportamental.

[85] 1. Pompeu, que estava acampado numa colina, dispunha sua linha de combate bem no sopé da elevação, aguardando sempre, evidentemente, que César ocupasse posição desfavorável. 2. César, pensando que em hipótese alguma conseguiria atrair Pompeu ao combate, julgou que a tática mais indicada era decampar dali e manter-se sempre em marcha, no intuito de, com as mudanças de acampamento e o acesso a muitos lugares, ter maior facilidade para se abastecer de trigo e, ao mesmo tempo, com a longa caminhada lograr alguma oportunidade de travar combate e cansar com marchas diárias o exército de Pompeu, pouco afeito à labuta. 3. Estabelecidos esses objetivos, o sinal de partida já tinha sido dado e as tendas já estavam desmontadas quando se notou que, ao contrário da rotina diária, as linhas de Pompeu tinham avançado um pouco além da trincheira, de maneira que parecia possível travar combate em lugar não desfavorável. 4. Foi então que César, quando as colunas já se postavam às portas, disse aos seus homens: "Temos no momento que adiar a marcha e cuidar da batalha que sempre reclamamos. Estejamos preparados para a luta; no futuro não encontraremos facilmente ocasião."[194] E às pressas retirou do acampamento as tropas, livres das bagagens.

[86] 1. Pompeu, da mesma forma, como posteriormente se ficou sabendo, à instância de todos os seus decidira combater. Com efeito, em dias anteriores chegara a dizer no conselho que o exército de César seria desbaratado antes mesmo que se ensarilhassem as armas. 2. E como essa afirmação tinha causado surpresa em muita gente, disse: "Sei que estou prometendo algo quase inacreditável, mas atentai para o meu plano, para que possais caminhar para a luta com maior confiança. 3. Convenci nossos cavaleiros – e eles me asseguraram que o farão – a atacarem a ala direita de César pelo flanco aberto, tão logo se aproxime e, envolvendo pela retaguarda a linha inimiga, a repelirem o exército, preso de pânico, antes mesmo de lançarmos um projétil sobre o inimigo. 4. Dessa forma, sem risco para as legiões e quase sem baixas, acabaremos com a guerra. Difícil isso não é, dada a tão grande superioridade da nossa cavalaria." 5. Ao mesmo tempo, exortou-os a que estivessem preparados para o dia seguinte e, uma vez que lhes era dada a oportunidade de lutar, tantas vezes reclamada, não viessem a decepcionar a expectativa deles próprios e dos outros.

[87] 1. Hunc Labienus excepit et, cum Caesaris copias despiceret, Pompei consilium summis laudibus efferret: "Noli", inquit, "existimare, Pompei, hunc esse exercitum qui Galliam Germaniamque deuicerit. 2. Omnibus interfui proeliis neque temere incognitam rem pronuntio. Perexigua pars illius exercitus superest; magna pars deperiit, quod accidere tot proeliis fuit necesse, multos autumni pestilentia in Italia consumpsit, multi domum discesserunt, multi sunt relicti in continenti. 3. An non audistis ex iis qui per causam ualetudinis remanserunt cohortes esse Brundisi factas? 4. Hae copiae, quas uidetis, ex dilectibus horum annorum in citeriore Gallia sunt refectae, et plerique sunt ex coloniis Transpadanis. Ac tamen, quod fuit roboris, duobus proeliis Dyrrachinis interiit." 5. Haec cum dixisset, iurauit se nisi uictorem in castra non reuersurum reliquosque ut idem facerent hortatus est. 6. Hoc laudans Pompeius idem iurauit; nec uero ex reliquis fuit quisqua qui iurare dubitaret. 7. Haec cum facta sunt in consilio, magna spe et laetitia omnium discessum est; ac iam animo uictoriam praecipiebant, quod de re tanta et a tam perito imperatore nihil frustra confirmari uidebatur.

[88] 1. Caesar, cum Pompei castris appropinquasset, ad hunc modum aciem eius instructam animaduertit. 2. Erant in sinistro cornu legiones duae traditae a Caesare initio dissensionis ex senatusconsulto; quarum una prima, altera tertia appellabatur; in eo loco ipse erat Pompeius. 3. Mediam aciem Scipio cum legionibus Syriacis tenebat. Ciliciensis legio coniuncta cum cohortibus Hispanis, quas traductas ab Afranio docuimus, in dextro cornu erant collocatae. 4. Has firmissimas se habere Pompeius existimabat. Reliquas inter aciem mediam cornuaque interiecerat numeroque cohortes CX expleuerat. 5. Haec erant milia XLV, euocatorum circiter duo, quae ex beneficiariis superiorum exercituum ad eum conuenerant; quae tot acie dispserat. Reliquas cohortes VII castris propinquisque castellis praesidio disposuerat. 6. Dextrum cornu eius

[87] 1. Depois dele foi a vez de Labieno e, fazendo pouco das tropas de César, elevou às nuvens a estratégia de Pompeu. "Não penses, Pompeu – disse ele – que esse é o exército que submeteu a Gália e a Gernânia. 2. Participei de todos os combates e não estou fazendo afirmação leviana sobre coisa que desconheço. Minúscula é a parte que resta daquele exército; uma grande parte morreu – o que era inevitável com tantas lutas –, a muitos as epidemias do outono exterminaram na Itália, muitos retornaram a suas casas, muitos foram deixados na Itália e na Gália. 3. Não ouvistes dizer que se formaram coortes em Brundísio dos que ficaram na Itália por motivo de saúde? 4. Estas tropas sob as vossas vistas foram remanejadas com os recrutamentos dos últimos anos, feitos na Gália citerior, e a maior parte provém das colônias transpadanas. Ademais, o que havia de vigor nelas, finou-se nos dois combates de Dirráquio." 5. Tendo assim falado, jurou que não tornaria ao acampamento senão vitorioso e exortou os demais a que fizessem o mesmo. 6. Pompeu, aprovando essa iniciativa, fez igual juramento; e, na realidade, de todos os outros não houve um que hesitou em jurar. 7. Essas coisas se passaram no conselho, e de lá partiram todos em meio a grande esperança e alegria e já internamente prelibavam a vitória, porque lhes parecia que um general de tão larga experiência não podia dar garantias sem fundamento em questão de tal importância.

[88] 1. César, depois de se aproximar do acampamento de Pompeu, notou que a formação do exército dele se estruturava da seguinte maneira: 2. no flanco esquerdo estavam as duas legiões entregues por César, no início do desentendimento, atendendo a um decreto do Senado; uma delas se chamava primeira e a outra, terceira; aí se encontrava o próprio Pompeu. 3. Cipião ocupava o centro com as legiões sírias. A legião da Cilícia, juntamente com as coortes hispânicas, trazidas, como dissemos, por Afrânio, tinham sido dispostas no flanco direito. 4. Pompeu acreditava que essas unidades eram as mais fortes sob seu comando. As restantes, ele as intercalara entre o centro e as alas e com isso completara um efetivo de 110 coortes. 5. No total eram 45 mil homens, mais cerca de dois mil reincorporados, beneficiários de antigos exércitos que se tinham juntado a ele e distribuídos por todas as fileiras. As demais coortes, em número de sete, ele as havia disposto como guardas do acampamento e das fortificações vizinhas. 6. Um ribeirão com

riuus quidam impeditis ripis muniebat; quam ob causam cunctum equitatum, sagittarios funditoresque omnes sinistro cornu obiecerat.

[89] 1. Caesar superius institutum seruans decimam legionem in dextro cornu, nonam in sinistro collocauerat, tametsi erat Dyrrachinis proeliis uehementer attenuata, et huic sic adiunxit octauam ut paene unam ex duabus efficeret, atque alteram alteri praesidio esse iusserat. 2. Cohortes in acie LXXX constitutas habebat, quae summa erat milium XXII; cohortes VII castris praesidlo reliquerat. 3. Sinistro cornu Antonium, dextro P. Sullam, mediae aciei Cn. Domitium praeposuerat. Ipse contra Pompeium constitit. 4. Simul his rebus animaduersis, quas demonstrauimus, timens ne a multitudine equitum dextrum cornu circumueniretur, celeriter ex tertia acie singulas cohortes detraxit atque ex his quartam instituit equitatuique opposuit et quid fieri uellet ostendit monuitque eius diei uictoriam in earum cohortium uirtute constare. 5. Simul tertiae aciei totique exercitui imperauit ne iniussu suo concurreret; se, cum id fieri uellet, uexillo signum daturum.

[90] 1. Exercitum cum militari more ad pugnam cohortaretur suaque in eum perpetui temporis officia praedicaret, in primis commemorauit testibus se militibus uti posse quanto studio pacem petisset, quae per Vatinium in colloquiis, quae per Aulum Clodium eum Scipione egisset, quibus modis ad Oricum cum Libone de mittendis legatis contendisset. 2. Neque se umquam abuti militum sanguine neque rem publicam alterutro exercitu priuare uoluisse. 3. Hac habita oratione, exposcentibus militibus et studio pugnae ardentibus, tuba signum dedit.

[91] 1. Erat C. Crastinus euocatus in exercitu Caesaris, qui superiore anno apud eum primum pilum in legione X duxerat, uir singulari uirtute. 2. Hic signo dato: "Sequimini me", inquit, "manipulares mei qui fuistis, et uestro

---

195 O flanco esquerdo de César, por ter a protegê-lo as margens do rio Eripeu, não necessitava de tropa muito numerosa.

196 Teria sido mesmo essa a súmula do discurso? Ou foi ela arranjada na redação da obra, depois dos acontecimentos, para servir aos seus objetivos de propaganda? Seria plausível que num momento decisivo em que o fundamental era despertar para a luta o ânimo e a coragem dos soldados, um general, profundo conhecedor dos segredos da retórica, viesse a falar do seu acendrado amor à paz, das inúmeras tentativas para chegar a ela, do seu desejo de jamais derramar o sangue de soldado? Não menos estranho é que, diante desse discurso pacifista, os soldados exigissem a batalha e estivessem impacientes por feri-la.

margens de difícil acesso protegia o flanco direito; em razão disso, ele deslocara para o flanco esquerdo toda a cavalaria, todos os arqueiros e fundibulários.

[89] 1. César, mantendo sua prática anterior, tinha colocado no flanco direito a décima legião e no esquerdo a nona[195], se bem que duramente reduzida em razão dos combates em Dirráquio, juntando a esta a oitava, a ponto de, das duas, quase se formar uma só, e lhes dera instruções de se socorrerem mutuamente. 2. Tinha postado nas linhas de batalha noventa coortes, cujo efetivo total era de 22 mil homens; deixara para guarda do acampamento sete coortes. 3. A Antônio confiara o comando do flanco esquerdo, a Públio Sila, o do direito, a Cneu Domício, o do centro. Ele próprio tomou posição frente a frente com Pompeu. 4. Assim que reconheceu os dispositivos do inimigo acima mencionados, César, receando que o flanco direito fosse envolvido pela numerosa cavalaria adversária, rapidamente tirou da terceira fileira uma coorte por legião e delas formou uma quarta fileira, contrapondo-a à cavalaria; explicou-lhes suas pretensões e preveniu que a vitória daquele dia dependia da bravura daquelas coortes. 5. Simultaneamente deu ordens à terceira fileira de não investir senão sob seu expresso comando; quando ele o desejasse, daria o sinal com sua bandeira.

[90] 1. Ao dirigir aos soldados palavras de estímulo à luta, de acordo com a prática militar, e ao proclamar o que diuturnamente por eles fizera, lembrou antes de tudo que podia apelar ao testemunho deles sobre seu apaixonado empenho em procurar a paz, sobre as tentativas de negociação entabulada por intermédio de Vatínio, por meio de Aulo Cláudio com Cipião, de que modo insistira com Libão em Órico na necessidade de enviar negociadores. 2. Em nenhum momento tinha querido derramar inutilmente o sangue dos soldados, nem havia pretendido privar a República de um ou de outro dos seus exércitos.[196] 3. Terminado o discurso, diante da exigência e do ardor dos soldados, sôfregos por lutar, fez dar o sinal com a trombeta.

[91] 1. Havia no exército de César um reservista de nome Crástino, que no ano anterior servira como primeiro centurião na décima legião, homem de extraordinária bravura. 2. Dado o sinal, disse ele: "Segui-me, vós que fizestes parte do meu manípulo e

imperatori, quam constituistis, operam date. Vnum hoc proelium superest; quo confecto et ille suam dignitatem et nos nostram libertatem recuperabimus." 3. Simul respiciens Caesarem: "Faciam", inquit, "hodie, imperator, ut aut uiuo mihi aut mortuo gratias agas." 4. Haec cum dixisset, primus ex dextro cornu procucurrit atque eum electi milites circiter CXX uoluntarii [eiusdem centuriae] sunt prosecuti.

[92] 1. Inter duas acies tantum erat relictum spatii, ut satis esset ad concursum utriusque exercitus. 2. Sed Pompeius suis praedixerat ut Caesaris impetum exciperent neue se loco mouerent aciemque eius distrahi paterentur; idque admonitu C. Triarii fecisse dicebatur, ut primus excursus uisque militum infringeretur aciesque distenderetur, atque in suis ordinibus dispositi dispersos adorirentur; 3. leuiusque casura pila sperabat in loco retentis militibus, quam si ipsi immissis telis occurrissent, simul fore ut duplicato cursu Caesaris milites exanimarentur et lassitudine conficerentur. 4. Quod nobis quidem nulla ratione factum a Pompeio uidetur, propterea quod est quaedam animi incitatio atque alacritas naturaliter innata omnibus, quae studio pugnae incenditur. 5. Hanc non reprimere, sed augere imperatores debent; neque frustra antiquitus institutum est ut signa undique concinerent clamoremque uniuersi tollerent; quibus rebus et hostes terreri et suos incitari existimauerunt.

[93] 1. Sed nostri milites dato signo cum infestis pilis procucurrissent atque animum aduertissent non concurri a Pompeianis, usu periti ac superioribus pugnis exercitati sua sponte cursum represserunt et ad medium fere spatium constiterunt, ne consumptis uiribus appropinquarent, paruoque intermisso temporis spatio ac rursus renouato cursu pila miserunt celeriterque, ut erat praeceptum a Caesare, gladios strinxerunt. 2. Neque uero Pompeiani huic rei defuerunt. Nam et tela missa exceperunt et impetum legionum tulerunt et ordines suos conseruarunt pilisque missis ad gladios redierunt.

---

197 O discurso do centurião é bem mais consentâneo com a situação do que a do seu general em chefe; sua fala sustenta a bandeira desfraldada por César, a de resgatar sua dignidade e a liberdade do povo romano.

prestai ao vosso general o serviço que lhe prometestes. Resta apenas esta batalha; quando a tivermos concluído, César terá resgatado sua dignidade e nós, nossa liberdade." 3. E voltando-se para César, disse: "Hoje, general, farei com que, vivo ou morto, mereça vosso reconhecimento."[197] 4. Tendo dito essas palavras, lançou-se na dianteira da ala direita e o seguiram cerca de 120 voluntários, todos soldados de elite.

[92] 1. Entre os dois exércitos alinhados tinha sido deixado apenas espaço suficiente para um se lançar ao ataque do outro. 2. Mas Pompeu instruíra seus homens a que aguardassem a investida de César, mantendo suas próprias posições, e permitissem que nossas linhas se espaçassem. Dizem que adotou essa tática a conselho de Caio Triário para quebrar a arrancada e o ímpeto iniciais dos nossos soldados, provocar vazios em nossa linha e para que os seus, bem distribuídos em suas fileiras, pudessem atacar os nossos soldados dispersos. 3. Ele achava que, mantendo os soldados em suas posições, os dardos cairiam sobre eles com menos força do que se avançassem ao encontro dos projéteis atirados contra eles e que, após percorrerem o dobro da distância, nossos soldados estariam sem fôlego e exauridos de cansaço. 4. A nosso ver, Pompeu não tinha nenhuma razão para agir assim, uma vez que em todo homem há um impulso e um entusiasmo natural e inato que se inflamam com o ardor da luta. 5. Esse sentimento os generais não devem reprimir, mas estimular. E não é sem motivo que desde tempos remotos se estabeleceu a prática de fazer soar de todas as partes os sinais de ataque e de todos os soldados elevarem seus gritos; com essas manifestações contava-se aterrorizar os inimigos e estimular a própria tropa.

[93] 1. Mas quando, dado o sinal, nossos soldados com dardos em riste se lançaram ao ataque e se deram conta de que os pompeianos não arremetiam, instruídos pela experiência e adestrados nas lutas anteriores, naturalmente sofrearam o passo e se detiveram mais ou menos a meio do caminho, para não se aproximar com as forças exauridas. Pouco tempo após, retomando a corrida, despediram seus dardos e rapidamente, segundo as instruções de César, sacaram de suas espadas. 2. Por sua vez, os pompeianos não desapontaram, pois suportaram a saraivada de projéteis, resistiram às investidas dos legionários, mantiveram a formação e, tendo arremessado os dardos,

3. Eodem tempore equites ab sinistro Pompei cornu, ut erat imperatum, uniuersi procucurrerunt, omnisque multitudo sagittariorum se profudit. 4. Quorum impetum noster equitatus non tulit, sed paulatim loco motus cessit, equitesque Pompei hoc acrius instare et se turmatim explicare aciemque nostram a latere aperto circumire coeperunt. 5. Quod ubi Caesar animaduertit, quartae aciei quam instituerat sex cohortium numero dedit signum. 6. Illae celeriter procucurrerunt infestisque signis tanta ui in Pompei equites impetum fecerunt, ut eorum nemo consisteret, omnesque conuersi non solum loco excederent, sed protinus incitati fuga montes altissimos peterent. 7. Quibus submotis, omnes sagittarii funditoresque destituti inermes sine praesidio interfecti sunt. 8. Eodem impetu cohortes sinistrum cornu, pugnantibus etiam tum ac resistentibus in acie Pompeianis, circumierunt, eosque a tergo sunt adorti.

[94] 1. Eodem tempore tertiam aciem Caesar, quae quieta fuerat et se ad id tempus loco tenuerat, procurrere iussit. 2. Ita cum recentes atque integri defessis successissent, alii autem a tergo adorirentur, sustinere Pompeiani non potuerunt, atque uniuersi terga uerterunt. 3. Neque uero Caesarem fefellit quin ab iis cohortibus quae contra equitatum in quarta acie collocatae essent, initium uictoriae oriretur, ut ipse in cohortandis militibus pronuntiauerat. 4. Ab his enim primum equitatus est pulsus, ab isdem factae caedes sagittariorum ac funditorum, ab isdem acies Pornpeiana a sinistra parte circumita atque initium fugae factum. 5. Sed Pompeius, ut equitatum suum pulsum uidit atque eam partem, cui maxime confidebat, perterritam animumaduertit, aliis quoque diffisus acie excessit protinusque se in castra equo contulit et iis centurionibus, quos in statione ad praetoriam portam posuerat, clare, ut milites exaudirent: "Tuemini", inquit, "castra et defendite diligenter, si quid durius acciderit. Ego reliquas portas circumeo et castrorum praesidia confirmo." 6. Haec cum dixisset, se in praetorium contulit summae rei diffidens et tamen euentum exspectans.

---

198 Como se pode ver, o ataque inicial era feito com armas de arremesso (*pila*); só depois a luta se decidia com arma branca.

199 A insólita e, pelo relato, eficiente tática de atacar e anular a cavalaria pompeiana com a infantaria veio acompanhada, segundo Plutarco (*César*, 45), da ordem de César de que procurassem visar e atingir o rosto dos adversários com golpes de lança, uma vez que, pertencendo à classe social abastada, fariam de tudo para evitar que se lhes desfigurassem os belos traços fisionômicos.

200 Há autores que estranham o fato de César não fazer comentário sobre esse desconcertante comportamento de Pompeu. Ora, parece-nos que esse distanciamento crítico, essa maestria narrativa de se ausentar deixando o leitor à vontade para julgar por si próprio conferem ao relato credibilidade e presunção de imparcialidade.

voltaram-se para suas espadas.[198] 3. Simultaneamente, a cavalaria do flanco esquerdo de Pompeu arremeteu em peso, conforme lhe tinha sido ordenado, e a multidão dos arqueiros se espalhou. 4. A nossa cavalaria não resistiu ao ataque deles, mas, desalojada, o recuo foi pequeno; e a cavalaria de Pompeu pôs-se a nos pressionar com mais violência ainda, a desdobrar-se em esquadrões e a envolver nossas linhas pelo flanco aberto. 5. Tão logo César notou a situação, fez sinal para a quarta linha, que ele tinha formado de seis coortes. 6. Elas avançaram rapidamente e com seus estandartes à frente atacaram com tal fúria os cavaleiros de Pompeu que nenhum deles resistiu e todos, dando volta às rédeas, não só abandonaram a posição como em fuga desabalada se dirigiram para as elevações mais altas.[199] 7. Com o afastamento deles, todos os arqueiros e fundibulários, abandonados, sem armas e proteção, foram exterminados. 8. Com ímpeto igual cercaram o flanco esquerdo, onde os pompeianos lutavam ainda e resistiam em formação, e os atacaram pelas costas.

[94] 1. Ao mesmo tempo, César dá ordem de ataque à terceira linha, que até aquele momento estivera inativa e que tinha permanecido em sua posição. 2. Assim, como soldados frescos e intactos se revezavam com os cansados e como outros atacavam pelas costas, os pompeianos foram incapazes de resistir e fugiram em massa. 3. Na verdade, César não estava enganado ao pensar que o início da vitória viria daquelas coortes que tinham sido colocadas numa quarta linha contra a cavalaria, como ele próprio proclamara no discurso de exortação aos soldados. 4. Foi por elas que inicialmente a cavalaria foi rechaçada, foi por elas que os arqueiros e fundibulários foram massacrados, foi por elas que a linha do flanco esquerdo de Pompeu foi envolvida, desencadeando a fuga. 5. Ora, Pompeu, tão logo viu a cavalaria em debandada e que a parte da tropa em que punha toda a sua confiança estava tomada de pânico, desiludido também com os outros setores, abandonou as fileiras e rapidamente se dirigiu a cavalo ao acampamento e, aos centuriões que colocara de guarda na porta pretoriana, disse em voz alta, para que os soldados ouvissem: "Protegei o acampamento e o defendei com todo o empenho, se ocorrer algum contratempo maior. Quanto a mim, irei percorrer as outras portas e reforçar a defesa do acampamento." 6. Dito isso, se recolheu ao pretório, descrente do desfecho, aguardando, porém, o resultado.[200]

[95] 1. Caesar, Pompeianis ex fuga intra uallum compulsis, nullum spatium perterritis dari oportere existimans milites cohortatus est ut beneficio Fortunae uterentur castraque oppugnarent. 2. Qui, etsi magno aestu fatigati (nam ad meridiem res erat perducta), tamen ad omnem laborem animo parati imperio paruerunt. 3. Castra a cohortibus, quae ibi praesidio erant relictae, industrie defendebantur, multo etiam acrius a Thracibus barbarisque auxiliis. 4. Nam qui acie refugerant milites et animo perterriti et lassitudine confecti, missis plerique armis signisque militaribus, magis de reliqua fuga quam de castrorum defensione cogitabant. 5. Neque uero diutius qui in uallo constiterant multitudinem telorum sustinere potuerunt, sed confecti uulneribus locum reliquerunt, protinusque omnes ducibus usi centurionibus tribunisque militum in altissimos montis, qui ad castra pertinebant, confugerunt.

[96] 1. In castris Pompei uidere licuit trichilas structas, magnum argenti pondus expositum, recentibus caespitibus tabernacula constrata, Luci etiam Lentuli et nonnullorum tabernacula protecta edera, multaque praeterea quae nimiam luxuriam et uictoriae fiduciam designarent, ut facile existimari posset nihil eos de euentu eius diei timuisse, qui non necessarias conquirerent uoluptates. 2. At hi miserrimo ac patientissimo exercitui Caesaris luxuriam obiciebant, cui semper omnia ad necessarium usum defuissent. 3. Pompeius, iam cum intra uallum nostri uersarentur, equum nactus, detractis insignibus imperatoris, decumana porta se ex castris eiecit protinusque equo citato Larisam contendit. 4. Neque ibi constitit, sed eadem celeritate, paucos suos ex fuga nactus, nocturno itinere non intermisso, comitatu equitum XXX ad mare peruenit nauemque frumentariam conscendit, saepe, ut dicebatur, querens tantum se opinionem fefellisse, ut, a quo genere hominum uictoriam sperasset, ab eo initio fugae facto paene proditus uideretur.

---

201 Aqui, como no cerco de Marselha, os que menos interesses tinham a defender eram os que mais bravamente lutavam: os estrangeiros e os bárbaros; é mais uma alfinetada de César à falta de brio dos partidários da classe senatorial.

202 O leitor deveria estar lembrando a iniciativa de Labieno (*B.C.* 3,13), que fez todo o exército jurar que ninguém abandonaria o general e que todos amarrariam seus destinos ao dele.

[95] 1. Como os pompeianos em fuga se tivessem precipitado no interior da paliçada, César, pensando que não se devia permitir trégua ao inimigo em pânico, exortou os soldados a aproveitar o favor da Fortuna e tomar de assalto o acampamento. 2. Eles, extenuados pela canícula – pois a ação tinha-se prolongado até ao meio-dia – obedeceram, porém, à ordem dada, dispostos que estavam a qualquer sacrifício. 3. As coortes destacadas para a defesa do acampamento defendiam-no denodadamente e os trácios e as tropas auxiliares bárbaras o faziam com mais tenacidade ainda.[201] 4. Pois aqueles soldados que, tendo deixado o campo de batalha, se refugiaram no acampamento, aterrorizados e exaustos, em sua maioria tinham atirado fora as armas e as insígnias e mais pensavam em prosseguir na fuga do que em defender seu campo. 5. Mas nem mesmo os que permaneciam nas trincheiras conseguiram suportar por muito tempo a saraivada de projéteis; cobertos de feridas, abandonaram o lugar e, sem perda de tempo, todos, guiados por centuriões e tribunos militares, refugiaram-se nas montanhas mais altas, contíguas ao acampamento.

[96] 1. No acampamento de Pompeu podiam-se ver construções de pérgulas, grande exposição de baixelas de prata, tendas atapetadas de grama recente, até mesmo as tendas de Lúcio Lêntulo e de alguns outros cobertas de hera e muitas outras coisas reveladoras do excesso de luxo e de confiança na vitória, a ponto de se poder naturalmente pensar que esses homens, que andavam à cata de prazeres nada essenciais, não tinham a menor apreensão sobre o resultado dos acontecimentos daquele dia. 2. E, no entanto, foi essa gente que tachou de dissoluto o exército de César, paupérrimo e extremamente resignado, ao qual faltou sempre todo o essencial. 3. Quando os nossos já se encontravam dentro da paliçada, Pompeu, tendo apanhado a primeira montaria à vista e arrancado as insígnias de comandante, atirou-se para fora do acampamento pela porta decumana e imediatamente, chamando o cavalo às esporas, partiu para Larissa.[202] 4. E nem aí teve paradeiro, mas, encontrando-se com alguns companheiros de fuga, com igual velocidade e em contínuas caminhadas noite adentro, sob escolta de trinta cavaleiros, veio dar no mar; embarcou num navio cargueiro, lamentando-se amiúde – segundo se dizia – de se ter profundamente enganado, a ponto de se sentir quase traído por aquelas pessoas em que depositava a esperança da vitória e que deram início à debandada.

[97] 1. Caesar castris potitus a militibus contendit ne in praeda occupati reliqui negotii gerendi facultatem dimitterent. 2. Qua re impetrata, montem opere circummunire instituit. Pompeiani, quod is mons erat sine aqua, diffisi ei loco, relicto monte, uniuersi iugis eius Larisam uersus se recipere coeperunt. 3. Qua re animaduersa Caesar, copias suas diuisit partemque legionum in castris Pompei remanere iussit, partem in sua castra remisit, IIII secum legiones duxit commodioreque itinere Pompeianis occurrere coepit et progressus milia passuum VI aciem instruxit. 4. Qua re animaduersa, Pompeiani in quodam monte constiterunt. Hunc montem flumen subluebat. Caesar milites cohortatus, etsi totius diei continenti labore erant confecti noxque iam suberat, tamen munitione flumen a monte seclusit, ne noctu aquari Pompeiani possent. 5. Quo perfecto opere, illi de deditione missis legatis agere coeperunt. Pauci ordinis senatorii, qui se cum eis coniunxerant, nocte fuga salutem petiuerunt.

[98] 1. Caesar prima luce omnes eos qui in monte consederant ex superioribus locis in planiciem descendere atque arma proicere iussit. 2. Quod ubi sine recusatione fecerunt passisque palmis proiecti ad terram flentes ab eo salutem petiuerunt, consolatus consurgere iussit et pauca apud eos de lenitate sua locutus, quo minore essent timore, omnes conseruauit militibusque suis commendauit ne qui eorum uiolaretur, neu quid sui desiderarent. 3. Hac adhibita diligentia, ex castris sibi legiones alias occurrere et eas, quas secum duxerat, in uicem requiescere atque in castra reuerti iussit eodemque die Larisam peruenit.

[99] 1. In eo proelio non amplius CC milites desiderauit, sed centuriones, fortes uiros, circiter XXX amisit. 2. Interfectus est etiam fortissime pugnans Crastinus, cuius mentionem supra fecimus, gladio in os aduersum coniecto.

[97] 1. César, já senhor do acampamento, instou com os soldados que, sem preocupações com recolher os despojos, não deixassem escapar a oportunidade de liquidar com a operação. 2. Obtido o que pretendia, tomou a decisão de envolver a montanha com uma linha fortificada. Por não dispor ela de aguada, os pompeianos não se sentiam seguros nessa posição; abandonando a montanha, eles se puseram em retirada pelos picos da serra, na direção de Larissa. 3. Percebendo essa manobra, César dividiu sua tropa: ordenou que uma parte permanecesse no acampamento de Pompeu e fez retornar ao seu a outra parte; tomou consigo quatro legiões e, por um caminho mais fácil, se pôs a interceptar os pompeianos; tendo avançado seis mil passos, dispôs a tropa em linha de batalha. 4. À vista disso, os pompeianos se detiveram em um monte em cujo sopé corria um rio. César dirigiu aos soldados palavras de encorajamento, e não obstante estarem eles esgotados pelo esforço contínuo de todo um dia e se fazer a noite já iminente, isolou o rio da montanha por uma linha de fortificação, para que os inimigos não pudessem se abastecer de água no período noturno. 5. Terminada a obra, eles, com o envio de emissários, deram início às negociações para a rendição. Uns poucos membros da ordem senatorial, que se tinham juntado à tropa, trataram de se salvar, fugindo à noite.

[98] 1. Ao alvorecer, César ordena que todos os que tinham ocupado posições no monte desçam de lá para a planície e deponham as armas. 2. Eles obedeceram sem nenhuma resistência e, de mãos estendidas, prostrados por terra, pediam aos prantos que os poupassem. César, confortando-os, mandou que se pusessem de pé e, dirigindo-lhes umas poucas palavras sobre sua clemência para minorar-lhes o medo, a todos poupou; recomendou a seus soldados que não praticassem violência alguma e não tirassem nada do que lhes pertencia. 3. Após essas medidas de precaução, dá ordem para que as outras legiões deixem o acampamento e se reúnam a ele e que, por sua vez, as que tinham estado em atividade com ele, descansem e retornem ao acampamento. No mesmo dia chegou a Larissa.

[99] 1. Nessa batalha, César lamentou a perda de não mais de duzentos soldados, tendo ainda baixa de cerca de trinta centuriões, gente de coragem. 2. Crástino, de quem fizemos menção acima, foi morto por um golpe de espada no rosto, quando combatia com

3. Neque id fuit falsum quod ille in pugnam proficiscens dixerat. Sic enim Caesar existimabat eo proelio excellentissimam uirtutem Crastini fuisse optimeque eum de se meritum iudicabat. 4. Ex Pompeiano exercitu circiter milia XV cecidisse uidebantur, sed in deditionem uenerunt amplius milia XXIIII (namque etiam cohortes quae praesidio in castellis fuerant sese Sullae dediderunt), multi praeterea in finitimas ciuitates refugerunt; signaque militaria ex proelio ad Caesarem sunt relata CLXXX et aquilae VIIII. 5. L. Domitius ex castris in montem refugiens, cum uires eum lassitudine defecissent, ab equitibus est interfectus.

[100] 1. Eodem tempore D. Laelius cum classe ad Brundisium uenit eademque ratione qua factum a Libone antea demonstrauimus, insulam obiectam portui Brundisino tenuit. 2. Similiter Vatinius, qui Brundisio praeerat, tectis instructisque scaphis elicuit naues Laelianas atque ex his longius productam unam qninqueremem et minores duas in angustiis portus cepit, itemque per equites dispositos aqua prohibere classiarios instituit. 3. Sed Laelius tempore anni commodiore usus ad nauigandum onerariis nauibus Corcyra Dyrrachioque aquam suis supportabat neque a proposito deterrebatur neque ante proelium in Thessalia factum cognitum aut ignominia amissarum nauium aut necessariarum rerum inopia ex portu insulaque expelli potuit.

[101] 1. Isdem fere temporibus C. Cassius cum classe Syrorum et Phoenicum et Cilicum in Siciliam uenit, et cum esset Caesaris classis diuisa in duas partes, dimidiae parti praeesset P. Sulpicius praetor ad Vibonem, dimidiae M. Pomponius ad Messanam, prius Cassius ad Messanam nauibus aduolauit quam Pomponius de eius aduentu cognosceret, 2. perturbatumque eum nactus nullis custodiis neque ordinibus certis, magno uento et secundo completas onerarias naues taeda et pice et stupa reliquisque rebus, quae sunt ad incendia in Pomponianam classem immisit atque omnes naues incendit XXXV, e quibus erant XX constratae. 3. Tantusque eo facto timor incessit ut,

---

203 As baixas sofridas pelo exército de Pompeu apresentadas no texto não coincidem com a cifra de seis mil mortos citados por Plutarco e Apiano.

extraordinária bravura. 3. E não foram falazes as palavras que pronunciara ao partir para a luta. Pois César acreditava que a coragem de Crástino tinha sido excepcional naquela batalha e julgava que lhe era devedor de grande reconhecimento. 4. Do exército de Pompeu parece que os caídos foram perto de quinze mil, mas os que se renderam foram mais de 24 mil (com efeito entregaram-se a Sila também as coortes que se encontravam de guarda nas fortificações)[203]; muitos outros se refugiaram nas cidades vizinhas. Foram trazidos a César do campo de batalha 180 estandartes militares e nove águias. 5. Lúcio Domício, quando fugia do acampamento para a montanha, não se aguentou de cansaço e foi morto pela cavalaria.

[100] 1. Pela mesma época, Décimo Lélio veio a Brundísio com uma esquadra e, empregando o mesmo sistema usado por Libão, de que acima falamos, ocupou a ilha em frente ao porto dessa cidade. 2. Do mesmo modo, Vatínio, comandante de Brundísio, tendo dotado alguns barcos de cobertura e equipagem, atraiu os barcos de Lélio e, na embocadura do porto, capturou uma quinquerreme que se tinha aventurado um pouco demais e dois outros navios menores; através de postos de cavalaria, também tomou medidas para impedir aos marinheiros o abastecimento de água. 3. Mas Lélio, aproveitando a estação mais favorável à navegação, trazia de Corcira e Dirráquio água aos seus marinheiros, em navios cargueiros; ele não desistia de seu intento, e nem a humilhação pela perda dos navios nem a falta de gêneros essenciais puderam expulsá-lo da ilha e do porto, senão quando veio a saber do resultado da batalha na Tessália.

[101] 1. Quase ao mesmo tempo, Cássio vem à Sicília com a frota da Síria, da Fenícia e da Cilícia. A frota de César estava dividida em duas partes, das quais o pretor Públio Sulpício comandava uma metade, sediada em Vibão, e Marcos Pompônio a outra em Messina. Cássio disparou com seus navios para Messina antes que Pompônio pudesse ouvir falar de sua chegada; 2. surpreendeu-o numa situação de desorganização, sem serviço algum de segurança e os navios sem formação correta; ajudado por um vento forte e favorável, ele lançou contra a frota de Pompônio navios cargueiros cheios de resina, piche, estopa e todo tipo de material inflamável, incendiando todos os nossos 35 navios, dos quais vinte eram de cobertura. 3. Foi tal o pavor provocado por esse fato que, embora uma legião estivesse estacionada em

cum esset legio praesidio Messanae, uix oppidum defenderetur, et nisi eo ipso tempore quidam nuntii de Caesaris uictoria per dispositos equites essent allati, existimabant plerique futurum fuisse uti amitteretur. 4. Sed opportunissime nuntiis allatis oppidum fuit defensum; Cassiusque ad Sulpicianam inde classem profectus est Vibonem, applicatisque nostris ad terram nauibus [propter eundem timorem] pari atque antea ratione egerunt; Cassius secundum nactus uentum onerarias naues praeparatas ad incendium immisit, et flamma ab utroque cornu comprensa naues sunt combustae quinque. 5. Cumque ignis magnitudine uenti latius serperet, milites qui ex ueteribus legionibus erant relicti praesidio nauibus ex numero aegrorum ignominiam non tulerunt, 6. sed sua sponte naues conscenderunt et a terra soluerunt impetuque facto in Cassianam classem quinqueremis duas, in quarum altera erat Cassius, ceperunt; sed Cassius exceptus scapha refugit; praeterea duae sunt depressae triremes. 7. Neque multo post de proelio facto in Thessalia cognitum est, ut ipsis Pompeianis fides fieret; nam ante id tempus fingi a legatis amicisque Caesaris arbitrabantur. Quibus rebus cognitis, ex his locis Cassius cum classe discessit.

[102] 1. Caesar omnibus rebus relictis persequendum sibi Pompeium existimauit, quascumque in partes se ex fuga recepisset, ne rursus copias comparare alias et bellum renouare posset, et quantumcumque itineris equitatu efficere poterat, cotidie progrediebatur legionemque unam minoribus itineribus subsequi iussit. 2. Erat edictum Pompei nomine Amphipoli propositum uti omnes eius prouinciae iuniores, Graeci ciuesque Romani, iurandi causa conuenirent. 3. Sed utrum auertendae suspicionis causa Pompeius proposuisset, ut quam diutissime longioris fugae consilium occultaret, an ut nouis dilectibus, si nemo premeret, Macedoniam tenere conaretur, existimari non poterat. 4. Ipse ad anchoram unam noctem constitit et, uocatis ad se Amphipoli hospitibus et pecunia ad necessarios sumptus corrogata cognitoque Caesaris aduentu, ex eo loco discessit et Mytilenas paucis diebus uenit. 5. Biduum tempestate retentus nauibusque aliis additis actuariis in Ciliciam atque

---

204 Cidade da Macedônia por onde passava a *Via Egnatia*.

205 Mitilene era a principal cidade da ilha de Lesbos, hoje território da Grécia.

A Guerra Civil – Livro Terceiro

Messina, a cidade a custo foi defendida e, se exatamente nessa ocasião não tivessem chegado, trazidas por cavaleiros estafetas, notícias sobre a vitória de César, era opinião quase geral que ela estaria perdida. 4. A cidade foi defendida graças às novidades chegadas em momento dos mais oportunos. Cássio se dirigiu então a Vibão contra a esquadra de Sulpício e, como os nossos navios, uns noventa, tinham sido levados à terra em razão do mesmo pavor, os inimigos empregaram a mesma tática adotada antes: Cássio, tirando partido do vento favorável, atirou navios cargueiros preparados para o incêndio; o fogo lavrou pelas duas extremidades e consumiu cinco navios. 5. E, como o fogo se alastrasse com a violência do vento, soldados de antigas legiões, feridos em combates e lá deixados para a guarda dos navios, não suportaram a humilhação; 6. por iniciativa própria, meteram-se em navios, zarparam e, tendo atacado a esquadra de Cássio, capturaram duas quinquerremes; em uma delas estava Cássio, mas ele, recolhido por um barco, conseguiu escapar. Mais duas trirremes foram apreendidas. 7. Não muito tempo depois se teve conhecimento da batalha ferida na Tessália, à qual até mesmo os pompeianos passaram a dar fé, pois até aquela data estavam convencidos de que a notícia era forjada por agentes e amigos de César. A par dos acontecimentos, Cássio de lá partiu com sua esquadra.

[102] 1. César pensou que, deixando de lado qualquer outra preocupação, devia sair ao encalço de Pompeu aonde quer que, depois da fuga, batesse ele em retirada, para que não tivesse ele condições de reunir novas forças e recomeçar a guerra; diariamente avançava tanto quanto era possível percorrer com a cavalaria, tendo deixado instruções para que uma legião o seguisse em marcha menos forçada. 2. Em nome de Pompeu, fora publicado em Anfípolis[204] um edito segundo o qual todos os jovens daquela província, gregos e cidadãos romanos, deviam lá comparecer para prestar juramento. 3. Mas não era possível saber se Pompeu promulgara o edito com intuito de despistar, na tentativa de ocultar o maior tempo possível seu plano de fugir para mais longe, ou se pretendia com os novos recrutamentos assegurar o controle da Macedônia, caso ninguém o acossasse. 4. Por uma noite esteve ele ancorado, convocou para um encontro os amigos de Anfípolis e recolheu o dinheiro pedido para as despesas necessárias; e ao saber da vinda de César, partiu de lá, chegando poucos dias depois a Mitilene.[205] 5. Esteve lá retido por dois dias em razão do mau tempo

inde Cyprum peruenit. 6. Ibi cognoscit consensu omnium Antiocensium ciuiumque Romanorum, qui illic negotiarentur, arma capta esse excludendi sui causa nuntiosque dimissos ad eos qui se ex fuga in finitimas regiones recepisse dicerentur, ne Antiochiam adirent: id si fecissent, magno eorum capitis periculo futurum. 7. Idem hoc L. Lentulo, qui superiore anno consul fuerat, et P. Lentulo consulari ac nonnullis aliis acciderat Rhodi; qui cum ex fuga Pompeium sequerentur atque in insulam uenissent, oppido ac portu recepti non erant missisque ad eos nuntiis ut ex his locis discederent, contra uoluntatem suam naues soluerant. 8. Iamque de Caesaris aduentu fama ad eas ciuitates perferebatur.

[103] 1. Quibus cognitis rebus, Pompeius, deposito adeundae Syriae consilio pecunia societatis sublata et a quibusdam priuatis sumpta et aeris magno pondere ad militarem usum in naues imposito duobusque milibus hominum armatis, partim quos ex familiis societatum delegerat, partim a negotiatoribus coegerat, quos ex suis quisque ad hanc rem idoneos existimabat, Pelusium peruenit. 2. Ibi casu rex erat Ptolomaeus, puer aetate, magnis copiis cum sorore Cleopatra bellum gerens, quam paucis ante mensibus per suos propinquos atque amicos regno expulerat; castraque Cleopatrae non longo spatio ab eius castris distabant. 3. Ad eum Pompeius misit, ut pro hospitio atque amicitia patris Alexandria reciperetur atque illius opibus in calamitate tegeretur. 4. Sed qui ab eo missi erant, confecto legationis officio liberius cum militibus regis colloqui coeperunt eosque hortari ut suum officium Pompeio praestarent neue eius fortunam despicerent. 5. In hoc erant numero complures Pompei milites, quos ex eius exercitu acceptos in Syria Gabinius Alexandriam traduxerat belloque confecto apud Ptolomaeum, patrem pueri, reliquerat.

[104] 1. His tunc cognitis rebus, amici regis, qui propter aetatem eius in procuratione erant regni, siue timore adducti, ut postea praedicabant, sollicitato exercitu regio, ne Pompeius Alexandriam Aegyptumque occuparet, siue despecta eius fortuna, ut plerumque in calamitate ex amicis inimici

---

206 A Cilícia era região da Ásia, limitada a oeste pela Panfília, ao norte pela Capadócia e ao sul pela Síria. À frente da Cilícia e ao noroeste da Síria ficava a ilha de Chipre.

207 Antióquia, grande centro comercial na Antiguidade, às margens do rio Orontes, ficava na província romana da Ásia, hoje território da Síria.

208 Cidade da ilha do mesmo nome, situada ao largo do litoral da Lídia, na Ásia Menor, hoje território grego.

e, tendo incorporado alguns navios ligeiros, foi dar na Cilícia[206] e de lá em Chipre. 6. Lá ficou sabendo que, por decisão unânime, todos os habitantes de Antióquia e os cidadãos romanos que ali comerciavam tinham pegado em armas para barrá-lo e enviado representantes àqueles que nas cidades vizinhas eram tidos com refugiados, aconselhando-os a não virem a Antióquia[207]; se o fizessem, correriam sério perigo de vida. 7. Coisa idêntica ocorreu em Rodes[208] com Lúcio Lêntulo, que no ano anterior havia sido cônsul, e com o ex-cônsul Públio Lêntulo e alguns outros; como eles fossem atrás de Pompeu em fuga e tivessem chegado à ilha, não foram acolhidos no porto e na cidade e lhes foram enviados mensageiros para que deixassem aqueles lugares; a contragosto tiveram que zarpar. 8. E já se divulgavam por aquelas cidades as notícias da chegada de César.

[103] 1. A par desses fatos, Pompeu desiste do projeto de ir à Síria, retira fundos das companhias arrecadadoras de impostos, levanta empréstimos de particulares, carrega em navios grande quantidade de moedas de bronze para pagamento do soldo, embarca dois mil homens armados, uma parte deles recrutada dentre os escravos das companhias, a outra, requisitada dos comerciantes, cuja aptidão para as armas estava a critério dos seus donos, e chega a Pelúsio. 2. Acontecia de reinar ali um garoto, Ptolomeu, que com tropa numerosa fazia guerra com a irmã Cleópatra a quem, havia poucos meses, ele expulsara do trono com a ajuda de parentes e amigos; o acampamento de Cleópatra não distava muito do dele. 3. Enviou-lhe Pompeu uma delegação pedindo que, em nome da hospitalidade e da amizade do pai, lhe desse asilo em Alexandria e o protegesse com seus recursos naquele momento de infortúnio. 4. Ora, os mensageiros de Pompeu, após se desincumbirem da missão, puseram-se a conversar mais francamente com os soldados do rei e a estimulá-los a prestar seus serviços a Pompeu e a não desdenhar sua desventura. 5. Nisso estavam empenhados muitos soldados de Pompeu que, engajados em seu exército da Síria, Gabínio havia transferido para Alexandria, e que após o término da guerra tinha deixado junto de Ptolomeu, pai do garoto.

[104] 1. A notícia dessas conversas chegou ao conhecimento dos favoritos do rei, regentes do reino por causa da idade dele. Ou porque temiam que Pompeu sublevasse o exército real e se apoderasse de Alexandria e do Egito, conforme depois andaram alardeando, ou

exsistunt, iis qui erant ab eo missi palam liberaliter responderunt eumque ad regem uenire iusserunt; 2. ipsi clam consilio inito Achillam, praefectum regium, singulari hominem audacia, et L. Septimium, tribunum militum, ad interficiendum Pompeium miserunt. 3. Ab his liberaliter ipse appellatus et quadam notitia Septimi productus, quod bello praedonum apud eum ordinem duxerat, nauiculam paruulam conscendit cum paucis suis: ibi ab Achilla et Septimio interficitur. Item L. Lentulus comprehenditur ab rege et in custodia necatur.

[105] 1. Caesar, cum in Asiam uenisset, reperiebat T. Ampium conatum esse pecunias tollere Epheso ex fano Dianae eiusque rei causa senatores omnes ex prouincia euocasse, ut his testibus in summam pecuniae uteretur, sed interpellatum aduentu Caesaris profugisse. 2. Ita duobus temporibus Ephesiae pecuniae Caesar auxilium tulit [...]. 3. Item constabat Elide in templo Mineruae, repetitis atque enumeratis diebus, quo die proelium secundum Caesar fecisset, simulacrum Victoriae, quod ante ipsam Mineruam collocatum esset et ante ad simulacrum Mineruae spectauisset, ad ualuas se templi limenque conuertisse. 4. Eodemque die Antiochiae in Syria bis tantus exercitus clamor et signorum sonus exauditus est, ut in muris armata ciuitas discurreret. Hoc idem Ptolomaide accidit. 5. Pergami in occultis ac reconditis templi, quo praeter sacerdotes adire fas non est, quae Graeci adyta appellant, tympana sonuerunt. 6. Item Trallibus in templo Victoriae, ubi Caesaris statuam consecrauerant, palma per eos dies inter coagmenta lapidum ex pauimento exstitisse ostendebatur.

[106] 1. Caesar paucos dies in Asia moratus, cum audisset Pompeium Cypri uisum, coniectans eum in Aegyptum iter habere propter necessitudines regni reliquasque eius loci opportunitates cum legione una, quam se ex Thessalia sequi iusserat, et altera, quam ex Achaia a Q. Fufio legato euocauerat, equitibusque DCCC et nauibus longis Rhodiis X et Asiaticis paucis Alexandriam

porque desprezavam sua desventura – como é comum na adversidade os amigos se tornarem inimigos –, responderam aos emissários com demonstrações públicas de cordialidade e convidaram Pompeu a visitar o rei. 2. Mas, após decisão secreta, despacharam Aquilas, prefeito do rei, homem de um atrevimento a toda prova, e Septímio, tribuno militar, com a missão de dar cabo de Pompeu. 3. Acolhido cordialmente por eles e iludido porque tinha um relativo conhecimento de Lúcio Septímio, que havia comandado uma centúria sob suas ordens na guerra contra os piratas, Pompeu sobe a bordo de um pequeno barco com alguns dos seus. Aí é morto por Aquilas e Septímio. Lúcio Lêntulo também é preso por ordem do rei e assassinado na prisão.

[105] 1. César, ao chegar à Ásia, apurava que Tito Ámpio tinha tentado retirar o tesouro do templo de Diana, em Éfeso, e, a esse propósito, convocara todos os senadores da província para servirem de testemunhas sobre a quantia de dinheiro a ser usada, mas, interrompido pela chegada de César, tinha fugido. 2. Assim, em duas circunstâncias César socorreu o tesouro de Éfeso [...]. 3. Refazendo-se o cálculo dos dias passados, constatou-se também que no templo de Minerva em Élida, no dia em que César concluíra com êxito a batalha, a estátua da Vitória, que estava colocada diante da própria Minerva e que a olhava de frente, voltara-se para a porta e o limiar do templo. 4. No mesmo dia, em Antióquia da Síria, por duas vezes ouviu-se tão forte alarido de tropa e sons de trombetas que a cidade, em armas, acorreu às muralhas. 5. Também em Ptolomaida e em Pérgamo, nas partes secretas e recônditas do templo, que os gregos chamam *adyta* e aonde não se permite acesso senão aos sacerdotes, ressoaram os tímpanos. 6. Em Trales também, no templo da Vitória, onde se tinha consagrado uma estátua de César, exibia-se uma palma brotada naqueles dias, por entre as juntas das pedras do piso.

[106] 1. César, tendo-se demorado alguns dias na Ásia, ficou sabendo que Pompeu havia sido visto em Chipre e, deduzindo que ele estava a caminho do Egito, não só por suas estreitas relações com aquele reino, mas também pelas vantagens desse lugar, partiu para Alexandria com a legião à qual havia dado instrução de segui-lo da Tessália, e com uma segunda legião que fez vir da Acaia sob o comando de seu legado Quinto Fúfio, além de oitocentos cavaleiros, dez navios de guerra vindos de Rodes e alguns outros procedentes da Ásia.

peruenit. 2. In his erant legionibus hominum milia III CC; reliqui uulneribus ex proeliis et labore ac magnitudine itineris confecti consequi non potuerant. 3. Sed Caesar confisus fama rerum gestarum infirmis auxiliis proficisci non dubitauerat, aeque omnem sibi locum tutum fore existimans. 4. Alexandriae de Pompei morte cognoscit atque ibi primum e naue egrediens clamorem militum audit, quos rex in oppido praesidii causa reliquerat, et concursum ad se fieri uidet, quod fasces anteferrentur. In hoc omnis multitudo maiestatem regiam minui praedicabat. 5. Hoc sedato tumultu crebrae continuis diebus ex concursu multitudinis concitationes fiebant, compluresque milites in uiis urbis omnibus partibus interficiebantur.

[107] 1. Quibus rebus animaduersis, legiones sibi alias ex Asia adduci iussit, quas ex Pompeianis militibus confecerat. Ipse enim necessario etesiis tenebatur, qui nauigantibus Alexandria flant aduersissimi uenti. 2. Interim controuersias regum ad populum Romanum et ad se, quod esset consul, pertinere existimans atque eo magis officio suo conuenire, quod superiore consulatu cum patre Ptolomaeo et lege et senatusconsulto societas erat facta, ostendit sibi placere regem Ptolomaeum atque eius sororem Cleopatram exercitus quos haberent dimittere et de controuersiis iure apud se potius quam inter se armis disceptare.

[108] 1. Erat in procuratione regni propter aetatem pueri nutricius eius, eunuchus nomine Pothinus. Is primum inter suos queri atque indignari coepit regem ad causam dicendam euocari; 2. deinde adiutores quosdam consilii sui nactus ex regis amicis exercitum a Pelusio clam Alexandriam euocauit atque eundem Achillam, cuius supra meminimus, omnibus copiis praefecit. 3. Hunc incitatum suis et regis inflatum pollicitationibus, quae fieri uellet, litteris nuntiisque edocuit. 4. In testamento Ptolomaei patris heredes erant scripti ex duobus filiis maior et ex duabus filiabus ea quae aetate antecedebat. 5. Haec uti fierent, per omnes deos perque foedera quae Romae

2. O efetivo dessas legiões era de 3,2 mil homens; os demais, feridos em combates, vencidos pelo cansaço e pela extensão da marcha, não lograram alcançá-lo. 3. César, fiando na repercussão de suas façanhas, não hesitara em se pôr em marcha com débeis recursos, estimando que qualquer lugar lhe seria seguro. 4. Em Alexandria, fica sabendo da morte de Pompeu, e assim que desce do navio ouve os protestos dos soldados que o rei havia deixado na cidade, como guarnição; vê que eles se precipitam em sua direção, porque se fazia preceder de feixes consulares. A multidão toda proclamava que com essa atitude se aviltava a majestade real. 5. Serenou-se esse tumulto, mas nos dias seguintes as concentrações de massa provocavam frequentes desordens, e muitos soldados eram mortos pelas ruas em todas as partes da cidade.

[107] 1. Alertado por esses acontecimentos, César ordena que lhe tragam da Ásia outras legiões, que formara com os soldados de Pompeu. Ele próprio era forçado a permanecer na cidade em razão dos ventos etésios, que sopram com extrema violência contra os navios que saem de Alexandria. 2. Enquanto isso, ele achava que, por ser cônsul, o litígio entre os reis era da competência sua e do povo romano e tanto mais lhe dizia respeito porque no seu primeiro consulado, por lei e decreto do Senado, fora concluída uma aliança com Ptolomeu pai; em vista disso, fez ver que era sua vontade que o rei Ptolomeu e sua irmã Cleópatra desmobilizassem seus exércitos e que perante ele discutissem suas divergências à luz do direito e não com o recurso às armas.

[108] 1. Dada a idade do garoto, estava na regência do reino seu tutor, um eunuco de nome Potino. Inicialmente se pôs ele a reclamar e manifestar indignação entre os seus por ter sido o rei convocado a apresentar sua defesa; 2. depois, tendo ganhado adeptos para seu plano entre os favoritos do rei, fez vir secretamente o exército de Pelúsio a Alexandria e deu o comando de toda a tropa àquele mesmo Aquilas de quem acima fizemos menção. 3. Animou-o com as promessas próprias, enfatuou-o com as do rei e o instruiu através de cartas e emissários sobre suas intenções. 4. No testamento de Ptolomeu pai figuravam como herdeiros, dentre os dois filhos, o mais velho, e dentre as duas filhas, a de mais idade. 5. Para cumprimento dessas disposições, Ptolomeu, no mesmo testamento, apelava ao povo romano em nome de todos os

fecisset, eodem testamento Ptolomaeus populum Romanum obtestabatur. 6. Tabulae testamenti unae per legatos eius Romam erant allatae, ut in aerario ponerentur (hae cum propter publicas occupationes poni non potuissent, apud Pompeium sunt depositae), alterae eodem exemplo relictae atque obsignatae Alexandriae proferebantur.

[109] 1. De his rebus cum ageretur apud Caesarem, isque maxime uellet pro communi amico atque arbitro controuersias regum componere, subito exercitus regius equitatusque omnis uenire Alexandriam nuntiatur. 2. Caesaris copiae nequaquam erant tantae, ut eis, extra oppidum si esset dimicandum, confideret. Relinquebatur ut se suis locis oppido teneret consiliumque Achillae cognosceret. 3. Milites tamen omnes in armis esse iussit regemque hortatus est ut ex suis necessariis, quos haberet maximae auctoritatis, legatos ad Achillam mitteret et quid esset suae uoluntatis ostenderet. 4. A quo missi Dioscorides et Serapion, qui ambo legati Romae fuerant magnamque apud patrem Ptolomaeum auctoritatem habuerant, ad Achillam peruenerunt. 5. Quos ille, cum in conspectum eius uenissent, priusquam audiret aut cuius rei causa missi essent cognosceret, corripi atque interfici iussit; quorum alter accepto uulnere occupatus per suos pro occiso sublatus, alter interfectus est. 6. Quo facto, regem ut in sua potestate haberet Caesar efficit, magnam regium nomen apud suos auctoritatem habere existimans, et ut potius priuato paucorum et latronum quam regio consilio susceptum bellum uideretur.

[110] 1. Erant cum Achilla eae copiae, ut neque numero neque genere hominum neque usu rei militaris contemnendae uiderentur. 2. Milia enim XX in armis habebat. Haec constabant ex Gabinianis militibus qui iam in consuetudinem Alexandrinae uitae ac licentiae uenerant et nomen disciplinamque populi Romani dedidicerant uxoresque duxerant ex quibus plerique liberos habebant. 3. Huc accedebant collecti ex praedonibus latronibusque Syriae Ciliciaeque prouinciae finitimarumque regionum. Multi praeterea capitis damnati exulesque conuenerant. 4. Figitiuis omnibus nostris certus erat Alexandriae receptus certaque uitae condicio, ut dato nomine militum

deuses e dos tratados de aliança concluídos em Roma. 6. Uma cópia do testamento tinha sido levada a Roma por embaixadores para ser depositada no erário público (mas, como não pôde, por problemas políticos, ser arquivada, Pompeu ficou sendo seu depositário); uma segunda cópia, idêntica e autenticada, ficava exposta em Alexandria.

[109] 1. Enquanto se discutia essa questão diante de César, sumamente interessado, como amigo e árbitro comum, em apaziguar a disputa entre os reis, eis que de repente se informa que o exército e a cavalaria reais estavam a caminho de Alexandria. 2. As tropas de César de forma alguma eram tão numerosas a ponto de inspirar confiança, caso se tivesse de combater fora da cidade. Restava-lhe a alternativa de manter suas próprias posições na cidade e conhecer o plano de Aquilas. 3. César dá ordens aos soldados para que fiquem de armas à mão e aconselha o rei a enviar a Aquilas, como emissários, os íntimos de maior influência, fazendo-lhe saber qual era sua vontade. 4. Foram enviados pelo rei Dioscórides e Serapião, que tinham sido embaixadores em Roma e granjeado grande prestígio junto a Ptolomeu pai; e foram eles ter com Aquilas. 5. Este, assim que os teve em sua presença, antes mesmo de ouvir ou saber o motivo da missão, mandou prendê-los e executá-los; um deles, recebido o golpe, foi prontamente apanhado pelos seus e retirado como morto, o outro foi morto. 6. Depois dessa ocorrência, César tratou de manter o rei sob seu controle, convencido de que o nome real gozava entre os seus súditos de grande prestígio, e deu a entender que a guerra tinha sido empreendida antes por iniciativa pessoal de um pequeno grupo de bandidos do que por decisão do rei.

[110] 1. A tropa que estava sob as ordens de Aquilas, pelo número, pela qualificação das pessoas e pela experiência militar, não era de se menosprezar. 2. Dispunha ele de vinte mil homens em armas. Era uma força formada dos soldados de Gabínio, que já se tinham habituado à vida desregrada de Alexandria, esquecido o nome e a disciplina do povo romano, estavam casados e a maioria com filhos. 3. A esses se juntavam homens recrutados entre piratas e bandidos das províncias da Síria, da Cilícia e das regiões vizinhas. Além desses, lá haviam se reunido muitos condenados à morte e exilados. 4. Todos os nossos escravos fugitivos tinham em Alexandria asilo seguro, situação segura de vida: bastava dar o nome para ser integrado no exército; se

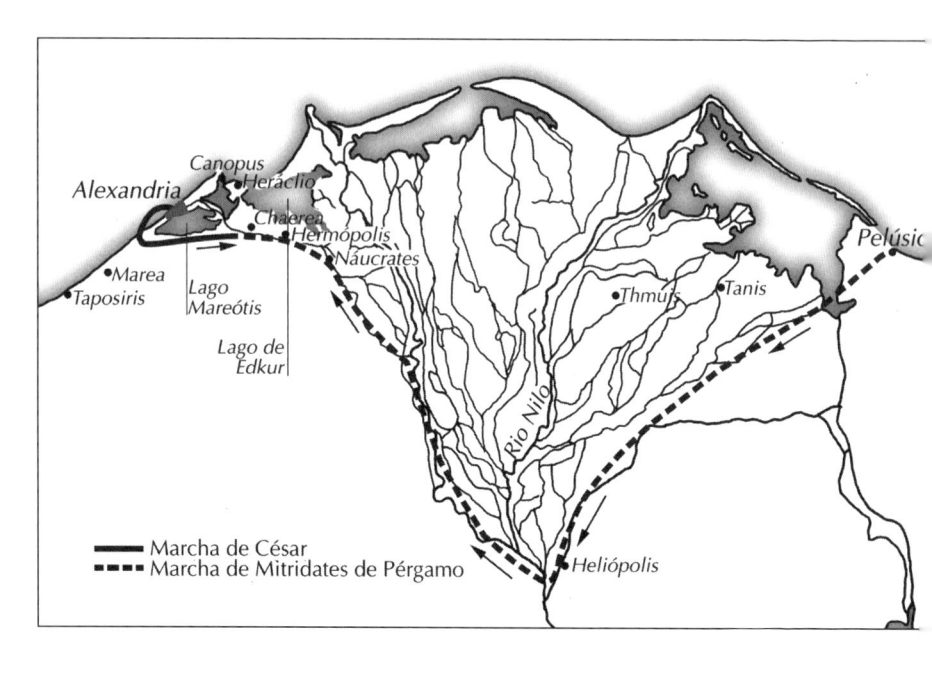

Delta do Nilo, com Alexandria e Pelúsio

Adaptado de: Carcopino, Jerôme. *Histoire Romaine de 133 à 44 avant J.-C.*, vol. II, 4ª ed. Paris: PUF, 1950.

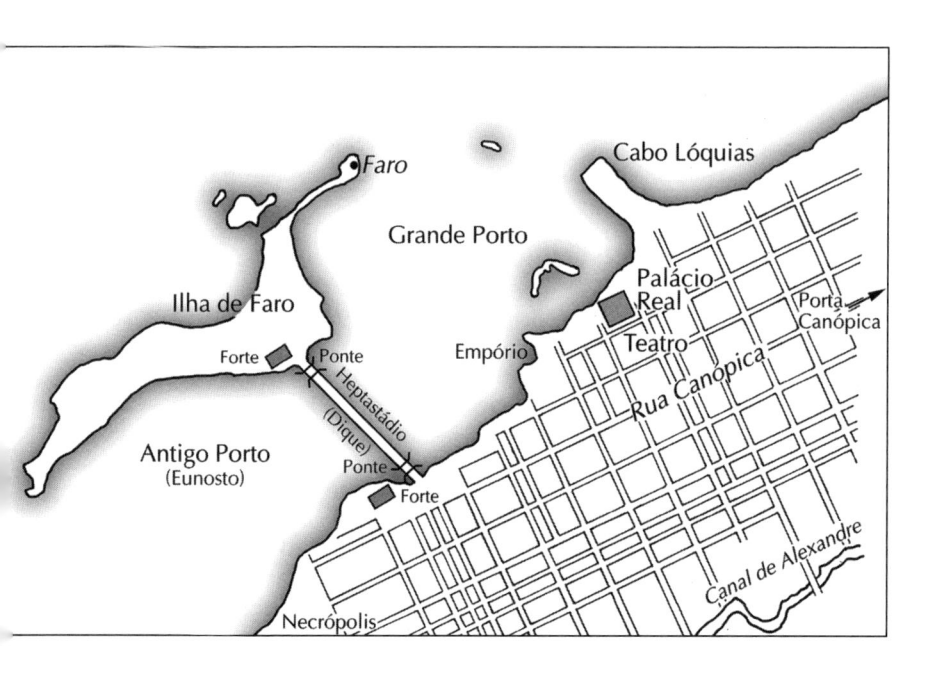

Alexandria na época de Júlio César

Adaptado de: Carcopino, Jerôme. *Histoire Romaine de 133 à 44 avant J.-C.*, vol. II, 4ª ed. Paris: PUF, 1950.

essent numero; quorum si quis a domino prehenderetur, consensu militum eripiebatur, qui uim suorum, quod in simili culpa uersabantur, ipsi pro suo periculo defendebant. 5. Hi regum amicos ad mortem deposcere, hi bona locupletum diripere, stipendii augendi causa regis domum obsidere, regno expellere alios, alios arcessere uetere quodam Alexandrini exercitus instituto consuerant. Erant praeterea equitum milia duo. 6. Inueterauerant hi omnes compluribus Alexandriae bellis; Ptolomaeum patrem in regnum reduxerant, Bibuli filios duos interfecerant, bella cum Aegyptiis gesserant. Hunc usum rei militaris habebant.

[111] 1. His copiis fidens Achillas paucitatemque militum Caesaris despiciens occupabat Alexandriam praeter eam oppidi partem quam Caesar cum militibus tenebat. Primo impetu domum eius irrumpere conatus; sed Caesar, dispositis per uias cohortibus, impetum eius sustinuit. 2. Eodemque tempore pugnatum est ad portum, ac longe maximam ea res attulit dimicationem. 3. Simul enim diductis copiis pluribus uiis pugnabatur, et magna multitudine nauis longas occupare hostes conabantur; quarum erant L auxilio missae ad Pompeium proelioque in Thessalia facto domum redierant, quadriremes omnes et quinqueremes aptae instructaeque omnibus rebus ad nauigandum, praeter has XXII quae praesidii causa Alexandriae esse consuerant, constratae omnes; 4. quas si occupauissent, classe Caesari erepta portum ac mare totum in sua potestate haberent, commeatu auxiliisque Caesarem prohiberent. 5. Itaque tanta est contentione actum quanta agi debuit, cum illi celerem in ea re uictoriam, hi salutem suam consistere uiderent. 6. Sed rem obtinuit Caesar omnesque eas naues et reliquas quae erant in naualibus incendit, quod tam late tueri parua manu non poterat, confestimque ad Pharum nauibus milites exposuit.

[112] 1. Pharus est in insula turris magna altitudine, mirificis operibus exstructa; quae nomen ab insula accepit. 2. Haec insula obiecta Alexandriae portum efficit; sed a superioribus regibus in longitudinem passuum DCCC

o patrão deitasse mão num deles, era libertado por consenso comum dos soldados, que repeliam a violência contra seus camaradas, como se se tratasse de perigo pessoal, uma vez que todos se encontravam na mesma situação de culpa. 5. Já tinham o hábito de exigir a morte dos favoritos do rei, de saquear os bens dos ricos, de assediar o palácio real por aumento de soldo, de banir do poder uns e de convocar outros, de acordo com antiga prática do exército alexandrino. Havia ainda dois mil cavaleiros. 6. Todos esses homens eram veteranos nas muitas guerras de Alexandria; tinham reconduzido ao trono Ptolomeu pai, assassinado dois filhos de Bíbulo, guerreado com os egípcios. Tal era sua experiência militar.

[111] 1. Aquilas depositava confiança nessa tropa e olhava com desprezo a exiguidade do exército de César; tinha o domínio sobre Alexandria, com exceção da parte da cidade que César ocupava com seus soldados. Num primeiro ataque, o inimigo tentou irromper pela casa em que César se alojava; mas ele, com coortes distribuídas pelas ruas, neutralizou a investida. 2. Simultaneamente houve luta na zona portuária e isso deu aos combates a sua maior dimensão. 3. Combatia-se ao mesmo tempo com pequenos destacamentos em muitas ruas, e o inimigo, em grande número, tentava apoderar-se dos navios de guerra; deles, cinquenta tinham sido enviados a Pompeu como reforço, e com o término da batalha da Tessália retornaram à pátria; eram todos quadrirremes e quinquerremes, equipados e dotados de todos os recursos de navegação; havia também 22 navios que normalmente permaneciam em Alexandria para guarda do porto, todos com pontes. 4. Se os inimigos se apoderassem deles, privariam César de sua frota, teriam sob seu controle o porto e o mar todo, interceptariam o abastecimento e os reforços de César. 5. A ação teve toda a sanha que a situação estava a exigir; é que, na visão de uns, dessa operação dependia uma vitória rápida, na de outros, estava em jogo a própria vida. 6. Mas a César coube a palma: incendiou todos esses navios e os outros que estavam nos estaleiros, pois não tinha condições de proteger com uma pequena tropa uma área tão vasta, e sem tardar desembarcou com soldados perto do Faro.

[112] 1. Faro é uma torre de grande altura e arquitetura magnífica; fica numa ilha da qual tirou ela seu nome. 2. Essa ilha, situada diante de Alexandria, forma o porto; mas os reis antigos, por um dique que

in mare iactis molibus angusto itinere et ponte cum oppido coniungitur. 3. In hac sunt insula domicilia Aegyptiorum et uicus oppidi magnitudine; quaeque ubique naues imprudentia aut tempestate paulum suo cursu decesserunt, has more praedonum diripere consuerunt. 4. Iis autem inuitis a quibus Pharus tenetur, non potest esse propter angustias nauibus introitus in portum. 5. Hoc tum ueritus Caesar, hostibus in pugna occupatis, militibus expositis, Pharon prehendit atque ibi praesidium posuit. 6. Quibus est rebus effectum uti tuto frumentum auxiliaque nauibus ad eum supportari possent. Dimisit enim circum omnes propinquas prouincias atque inde auxilia euocauit. 7. Reliquis oppidi partibus sic est pugnatum ut aequo proelio discederetur et neutri pellerentur (id efficiebant angustiae loci), paucisque utrimque interfectis Caesar loca maxime necessaria complexus noctu praemuniit. 8. In eo tractu oppidi pars erat regiae exigua, in quam ipse habitandi causa initio erat inductus, et theatrum coniunctum domui, quod arcis tenebat locum aditusque habebat ad portum et ad reliqua naualia. 9. Has munitiones insequentibus auxit diebus, ut pro muro obiectas haberet neu dimicare inuitus cogeretur. 10. Interim filia minor Ptolomaei regis uacuam possessionem regni sperans ad Achillam sese ex regia traiecit unaque bellum administrare coepit. 11. Sed celeriter est inter eos de principatu controuersia orta; quae res apud milites largitiones auxit; magnis enim iacturis sibi quisque eorum animos conciliabat. 12. Haec dum apud hostes geruntur, Pothinus, nutricius pueri et procurator regni in parte Caesaris, cum ad Achillam nuntios mitteret hortareturque ne negotio desisteret neue animo deficeret, indicatis deprehensisque internuntiis a Caesare est interfectus. [Haec initia belli Alexandrini fuerunt.]

avança pelo mar numa extensão de novecentos passos, ligaram-na à cidade por meio de um caminho estreito e uma ponte. 3. Nessa ilha há moradias de egípcios e um povoado do tamanho de uma cidade. Qualquer navio, onde quer que seja, que, por desatenção ou mau tempo, se desvia um pouco de sua rota, é normalmente saqueado pelos habitantes dessa ilha, como fazem os piratas. 4. Por outro lado, se aqueles que moram no Faro se opõem, é impossível aos navios terem acesso ao porto, em razão da estreiteza da entrada. 5. Temendo isso, César, num momento em que os inimigos se empenhavam em combates, desembarca seus soldados, apodera-se de Faro e lá coloca uma guarnição. 6. O resultado dessa medidas foi que víveres e reforços podiam chegar por mar até ele com segurança. Ele despachou emissários para todas as províncias vizinhas e delas requisitou tropas. 7. Nos outros lugares da cidade, a luta teve resultados iguais, nenhuma das partes era repelida (e a razão disso era o espaço muito restrito) e dos dois lados as perdas eram pequenas. César estabeleceu um cordão em volta das posições essenciais e as fortificou durante a noite. 8. Nessa área da cidade ficava uma parte pequena do palácio real onde, no início, o tinham alojado, bem como o teatro, contíguo ao palácio, que funcionava como cidadela, com acesso para o mar e os estaleiros. 9. Nos dias seguintes, César reforçou essas fortificações para torná--las barreira ao inimigo e não ser forçado a lutar contra sua vontade. 10. Nesse ínterim, a filha caçula do rei Ptolomeu, esperando contar com a posse do reino em vacância, se transfere do palácio para o campo de Aquilas e se põe com ele a comandar a guerra. 11. Mas logo surgiu entre eles a controvérsia sobre a qual deles cabia a liderança, fato que fez aumentar as liberalidades aos soldados, pois cada um, à custa de muitos gastos, procurava ganhar para si o apoio deles. 12. Enquanto esses fatos ocorriam no campo inimigo, Potino despachava emissários a Aquilas e o encorajava a não desistir da refrega, nem fraquejar. Os emissários foram denunciados e presos e ele foi morto por ordem de César. [Esse foi o início da guerra alexandrina.]

ESTE LIVRO FOI COMPOSTO EM GATINEAU CORPO 10 POR 12 E
IMPRESSO SOBRE PAPEL AVENA 90 g/m² NAS OFICINAS DA RETTEC
ARTES GRÁFICAS E EDITORA, SÃO PAULO — SP, EM DEZEMBRO DE 2019